初中版 （第三册）

U0719948

读者

教我写文章

共学编写组 编

海南出版社

·海口·

图书在版编目（CIP）数据

读者教我写文章：初中版：全三册 / 共学编写组

编 . —— 海口：海南出版社，2023.7

ISBN 978-7-5730-1141-1

Ⅰ . ①读… Ⅱ . ①共… Ⅲ . ①作文课 – 初中 – 教学参

考资料 Ⅳ . ① G634.343

中国国家版本馆 CIP 数据核字 (2023) 第 077724 号

读者教我写文章　初中版（第三册）

DUZHE JIAO WO XIE WENZHANG　CHUZHONG BAN (DI-SAN CE)

编　　者：共学编写组

出 品 人：王景霞

策　　划：彭明哲

责任编辑：闫　妮

执行编辑：姜雪莹

封面设计：任　佳

责任印制：杨　程

印刷装订：三河市兴达印务有限公司

读者服务：唐雪飞

出版发行：海南出版社

总社地址：海口市金盘开发区建设三横路 2 号

邮　　编：570216

北京地址：北京市朝阳区黄厂路 3 号院 7 号楼 101 室

电　　话：0898–66812392　　　010–87336670

电子邮箱：hnbook@263.net

经　　销：全国新华书店

版　　次：2023 年 7 月第 1 版

印　　次：2023 年 7 月第 1 次印刷

开　　本：889 mm×1 194 mm　1/16

印　　张：46.25

字　　数：1 050 千字

书　　号：ISBN 978-7-5730-1141-1

定　　价：168.00 元（全三册）

编写人员

主　　编：高晓岩

副 主 编：武圆圆

编 撰 者：武圆圆　孔　娟　孔令元　张　寒　高　博

目 录
MULU

第一部分　中考技法

初中议论文写作必读

议论文的定义与要素 …………… 002

议论文的结构 …………… 007

议论文的四个重点 …………… 013

中考作文试题精选 …………… 017

中考作文押题 …………… 022

第二部分　文本品读

爱与美的交响

幸福的秘密 …………… 028

光和影的游戏 …………… 029

爱心故事 …………… 030

爱是最好的老师 …………… 031

把苦日子过甜 …………… 032

年龄 …………… 033

乐在奋斗中 …………… 034

梦结束的地方 …………… 035

你有没有虚度此生 …………… 036

求助自己 …………… 036

会说话的遗产 …………… 037

心灵的暖春 …………… 038

想象中的病人 …………… 039

天堂与地狱 …………… 041

震撼 …………… 042

"低海拔"体质与"高海拔"风景 … 043

友谊与棉花糖 …………… 044

师旷的眼睛 …………… 044

奇迹在坚持中 …………… 045

克莱因蓝 …………… 046

"乱画嘛！" …………… 047

读与思

向书致谢 …………… 049

没有书不好过日子 …………… 050

假如乾隆遇见华盛顿 …………… 051

奴隶的自由与门客的尊严 …………… 052

不违，如愚 …………… 053

闻香识人 ···················· 055

中国鲍鱼与法国蜗牛 ···················· 056

思乡与蛋白酶 ···················· 057

虚室生白 ···················· 060

别想摆脱书 ···················· 061

植物的呼吸与矿物的记忆 ···················· 061

飞升与落地 ···················· 063

野味读书 ···················· 064

钢琴家的脚 ···················· 065

传统不死 ···················· 067

一枝动，百枝摇 ···················· 068

满船空载明月归 ···················· 069

有趣 ···················· 071

三思而不行 ···················· 072

孔子赞赏的"中庸" ···················· 072

打开一本书的钥匙 ···················· 074

重返古希腊的意义 ···················· 075

什么是好诗 ···················· 076

阅读的要素 ···················· 078

人性的墓碑 ···················· 079

中国历史上最不幸的人 ···················· 080

如果下降两厘米 ···················· 092

如果犯错，记得幽默 ···················· 092

服从的意义 ···················· 093

割舍的气度 ···················· 094

勇于信人 ···················· 095

你不是已经努力了吗？ ···················· 097

早餐革命 ···················· 097

桌与案 ···················· 098

大小猫洞 ···················· 100

刷新 ···················· 101

突破你的思维局限 ···················· 103

虚幻不实的美 ···················· 104

图难于易，为大于细 ···················· 105

规则与人情 ···················· 105

自知者不怨人，知命者不怨天 ···················· 106

为什么青年才俊总有机会？ ···················· 107

用事件表取代时间表 ···················· 109

香蕉原则 ···················· 110

打破"富不过三代"魔咒 ···················· 112

衰老是一个被灌输的概念 ···················· 114

给年轻科学家的一封信 ···················· 116

我看见了一朵水花

把信带给加西亚 ···················· 085

一颗枣核支撑大坛 ···················· 087

你激起的水花可以掀动世界 ···················· 088

两根沉木条 ···················· 089

风暴之夜你能否安眠？ ···················· 090

无知无畏 ···················· 091

灵感的翅膀有多长

一期一会 ···················· 118

分享信任的时刻 ···················· 119

从罗丹得到的启示 ···················· 120

酒店的卫生纸为什么要折成三角？ ···················· 121

厨房修辞学 ···················· 122

美器 ···················· 124

惜物即惜福 ……………………… 124

经济学能帮多大的忙? …………… 125

让规则看守世界 ………………… 127

花钱的事 ………………………… 128

鱼香肉丝与现代汽车 …………… 129

别想在飞机上吃好 ……………… 131

禀赋效应 ………………………… 132

画什么更值钱 …………………… 134

长故事的陪伴 …………………… 135

有故事的云霄飞车 ……………… 136

当理性醒来之后

真理也要修饰 …………………… 137

生命 ……………………………… 138

跟随你的心 ……………………… 139

古代妈妈的一封信 ……………… 141

当猪开始独立的时候——留给

　　儿子的信 …………………… 142

野心的权利 ……………………… 144

奥巴马给女儿的一封信 ………… 145

米洛的维纳斯 …………………… 147

警惕"成熟" ……………………… 148

生活原本没有痛苦 ……………… 149

难演的角色 ……………………… 150

莫须有与想当然 ………………… 151

法治的基本要义 ………………… 152

成本最高的邮件 ………………… 152

当心优秀陷阱 …………………… 153

等那个你接不住的东西 ………… 154

科学和艺术 ……………………… 155

左拉与左拉们 …………………… 156

清白的记录 ……………………… 158

让规则看守世界 ………………… 160

世界需要天真 …………………… 161

只画鱼儿不画水 ………………… 163

顶尖选手的表情 ………………… 164

大幕拉开 ………………………… 164

美貌的力量 ……………………… 165

人生的觉悟

人生如诗 ………………………… 168

时间的故事 ……………………… 169

光阴的故事 ……………………… 170

一心一境 ………………………… 171

下棋 ……………………………… 171

安静的角落 ……………………… 173

小物养清趣 ……………………… 175

二手时间 ………………………… 176

另一种时间 ……………………… 177

相遇 ……………………………… 179

闲 ………………………………… 180

时间的证词 ……………………… 181

坐下来聆听 ……………………… 181

人生教我的四十五个功课 ……… 182

乔布斯说 ………………………… 184

七大恶 …………………………… 185

一语惊心 ………………………… 187

脱口而出 ………………………… 188

人生的四种力量 …………… 189

皮克斯讲故事的十一条法则 …… 190

三习一弊疏 …………………… 192

一个比喻 ……………………… 193

旧酒痕 ………………………… 194

三分生 ………………………… 194

人生的两条真理 ……………… 195

大自然的声音

画里画外 ……………………… 198

孤独的树 ……………………… 199

对一朵花微笑 ………………… 201

美丽的兽性 …………………… 202

鸟人 …………………………… 203

远志：最励志的本草 ………… 204

繁缕 …………………………… 205

火烈鸟的启示 ………………… 207

品味春风 ……………………… 208

满溪流水香 …………………… 209

你见过那棵树吗？ …………… 210

逆风的香 ……………………… 211

曾是今春看花人 ……………… 212

一种为"美国梦"献身的鸟 …… 213

一柿情缘 ……………………… 214

巴西木 ………………………… 216

关于海洋，给儿子的一封信 …… 217

虎鲸的反击 …………………… 219

考拉之死 ……………………… 221

鹪鹩还在唱歌 ………………… 223

动物为什么不锻炼 …………… 224

进入宁静之地 ………………… 226

荒木寂然 ……………………… 227

人类创造的畸形宠物 ………… 228

北极熊 ………………………… 230

第一部分

中考技法

初中议论文写作必读

议论文是中学生需要掌握的常用三大文体（记叙文、说明文、议论文）之一。在《义务教育语文课程标准（2022年版）》的"课程目标"中，对初中阶段议论文的阅读和写作有如下明确要求：能根据题目选择议论文文体，能阅读议论文文体并掌握基本方法，能进行简单议论性文体的写作。接下来就对议论文写作的基本知识作一介绍。

议论文的定义与要素

定义

议论文并无一个统一的定义，"百度百科"这样界定：议论文，又叫说理文，是一种剖析事理、论述事理、发表意见、提出主张的文体。作者通过摆事实、讲道理、辨是非、举例子等方法，来确定某观点正确或错误，树立或否定某种主张。议论文具有观点明确、论据充分、语言精练、论证合理、有严密的逻辑性的特点。一些论著这样定义：议论文是以阐释、议论、论辩为主的说理文章。综合以上说法，可以认为，议论文是对问题或事情进行分析、评论，表明自己观点、态度的一种文体。

一般而言，议论文具有三要素，即论点、论据、论证。

论点

论点是作者对事物所持的观点、态度和看法。论点应该鲜明、准确，绝不可模棱两可，让人捉摸不定。比如爱是最好的孝顺、信任造就忠诚等都是观点鲜明的论点。

论据

1. 论据是用来证明论点的材料，主要包括事实论据和道理论据。

事实论据是对事物真实的描述和概括，具有真实性，是证明论点的有说服力的论据。

事实论据包括具体事例、概述事实、亲身经历等。如：

> 坦然是一种精神，一种百折不挠的精神。贝多芬就是这样的人，他的一生多灾多难：情人抛弃了他，疾病死缠着他，他最终甚至失去了音乐家最宝贵的听觉。可他却说："我要扼住命运的咽喉。"在这种顽强精神的支撑下，他创作出了许多如《命运交响曲》一样的经典乐曲。

以上文段中的第一句话是论点，后面三句话就是一个非常典型的事实论据，用贝多芬的人生经历来证明观点。

选用事实论据要注意，与记叙文的表述不同，议论文中论据的表述要精练简要，只要表述出与论点相关的内容即可。

道理论据是对某个问题或者观点进行论证时，所引用的一些经典著作、名人名言、原理、定律、公式等。如：

> 学业的精深来源于勤奋。华罗庚曾说"勤能补拙是良训，一分辛劳一分才"，说的就是这个道理。

以上文段中的第一句话是论点，第二句话引用了华罗庚的名言，强调"勤"的作用。

选择和使用论据时，要注意以下问题：

（1）论据能够证明论点。论据是论证论点的根据，是为论点服务的，因此它必须与论点保持一致，这就是通常所说的"观点与材料的统一"，这是议论文最基本的要求。

（2）论据要真实。如果所选论据不真实，不但不能使论点得到证明，反而会动摇论点。一般来说，道听途说的没有充分调查的事例、主观臆造的事例、由不合理推测得来的事例等都不能用作事实论据。涉及人名、国籍、年代、出处等，都要力求准确。

（3）论据要典型。典型即具有代表性和普遍意义，论据典型，能产生以少胜多的效果。许多典型材料可以作为论据，使文章丰满。

（4）论据要新颖。不少学生写议论文时喜欢用一些陈旧的事例，如一写到挫折就是司马迁，一写到浪漫就是李白，一写到成功就是居里夫人，这样的文章缺少新鲜感，就不会有吸引力。如果能够关注现实，选用新颖的素材，一定会让读者眼前一亮，收到意想不到的效果。正如有人所说："选择新鲜的、别人尚未用过的论据是金子；选择别人已用的论据，若能变换角度去用是银子；选择别人经常用的而又照搬照用的是石子。"

2. 论据使用分为单个材料的使用和多个材料的使用。

单个论据材料的使用，基本方法是剪裁取舍、概括叙述。即不使用描写，删去与论点关系不大的内容。

第一，要学会简明扼要地叙述，用概述，不用描述。如有篇名为《打破常规的重要性》一文的段落：

奥地利作曲家莫扎特从小就显示出很高的音乐才能。他儿时曾从师于著名的作曲家海顿。有一次，他与老师半开玩笑地说："我写了一段曲子，老师您也不一定弹奏得了。"莫扎特将自己写好的曲子递给了老师。海顿弹奏了一阵后惊呼起来："这是什么样的曲子呀，当两手分别弹响钢琴两端时，怎么会有一个音符出现在键盘中间呢？看来任何人也无法弹奏这样的曲子。"莫扎特接过乐谱说："我来试试看。"于是，他坐上琴椅弹奏起来，当遇到那个在键盘中间的音符时，他便俯身弯腰向前埋头，用鼻子弹出了那个音符。莫扎特的这个动作令海顿惊叹不已。

这个文段过于啰唆，描写内容太多，不符合议论文论据使用的基本要求。可以删去其中的描写部分，精练为：

莫扎特曾写了一段曲子，并将自己写好的曲子递给了老师海顿。海顿无法弹奏这样的曲子。于是，莫扎特坐上琴椅弹奏起来，当遇到那个在键盘中间的音符时，他用鼻子弹出了那个音符。

第二，要根据论点的需要，进行定向叙述。不仅要学会裁剪，还必须学会根据论点的需要，将事例中隐藏的东西挖掘出来，增补一些与论点相近甚至相同的词句。如联系以下文段，思考如何挖掘增补，用这个事例证明"要善于抓住机遇"的论点：

被誉为"科学幻想之父"的法国著名科学幻想小说家凡尔纳，十八岁时在巴黎学法律。有一次，他参加了一个上流社会的晚会。当他从楼上走下来的时候，童心未泯的凡尔纳像孩子一般从楼梯扶手上往下滑，结果撞在一个胖胖的绅士身上。此人正是法国著名作家大仲马。从此，凡尔纳结识了大仲马，并在大仲马的影响下走上了文学创作之路。

原文段虽长，但重点不突出，缺乏论点，论据与论点对应的内容也不够充分，经过修改，添加了部分论据，使内容更加突出，结构也更加完整：

法国科幻小说家凡尔纳，就是一个善于抓住机遇的典型。他十八岁在巴黎学法律时，一个偶然的机会让他参加了一个上流社会的晚会。当时，凡尔纳从楼梯上往下滑，正好撞在法国大作家大仲马的身上。这个偶然的机会让他兴奋不已，他觉得这是个难得的机会，是命运之神的安排，必须抓住它。于是，凡尔纳主动结识大仲马，并在大仲马的影响下走上了文学创作之路，成为一代科幻小说家，被誉为"科学幻想之父"。凡尔纳终生庆幸自己能抓住那次机遇。

有些素材，经过分析，进行定向转述，可以达到一例多用的目的。

多个论据材料的使用要学会列举排比，采用列举的方式，一口气铺陈若干事例，形成奔腾的气势。

还可以成段使用论据。

第一种方法是面例法，就是略举一组事例的写法，分为对比式和例证式两种。

对比式是用一个正面事例和一个反面事例，也可用两个或两个以上正面事例、至少一个反面事例来论证论点的方法。如本书所选《假如乾隆遇见华盛顿》：

> 十八世纪中期以后，历史开始跑步前进。其后的一百多年，正好是英国经历产业革命的全过程，工农业产值成百倍、千倍增加。与此同时，政治文明的进步同样迅猛，西方各国人民通过立宪制和代议制实现了对统治者的驯化，把他们关到了法律的笼子里。
>
> 与西方相比，东方的情景则恰成对比。清代的皇权专制尤胜于明代。明王朝取缔了宰相制度，集独裁于皇帝一身，不过它还有内阁制，大臣尚能公开议政。而到了清代，则以军机处取代内阁，将一国政事全然包揽在皇室之内，皇家私权压制行政公权，无复于此。

例证式是用两个或两个以上事例排列组合来论证分论点的方法。如本书所选《克莱因蓝》：

> 19岁那年，他开始创作《单音—静默交响乐》。这段音乐分为两部分，首先是一段连续的单音调旋律，接着，是一段持续的静默。这一交响乐后来被认为是克莱因"单色画"的声音表现形式。22岁那年，他开始沉迷于用水粉和水彩创作"单色画"，黄的、绿的、粉的……什么颜色他都尝试。只是，这些"单色画"看起来多么不像画啊，看上去只是色彩填满了画布而已。

第二种方法是点例法。详举一例称为"点"，前面先详举事例，然后进行议论分析。

可以进行事例析因。先列举事例，后分析原因。如本书所选《顶尖选手的表情》中的文段，先在开头列举事例，然后在最后一句话进行原因分析：

> 田径运动员史蒂文·斯科特在长跑比赛中，通过最后一个弯道时的动作舒展自如，表情坚定而放松；跳水运动员格雷格·洛加尼斯在跳板上准备起跳时，神情专注；体操运动员彼得·维德马在自由体操比赛中，尽管正做着令人眼花缭乱的翻腾动作，但他的表情依旧镇定自若；NBA球星卡里姆·阿布杜尔·贾巴尔在球场上使出自己的绝技，成功越过对方防守队员得分时，脸上呈现出发自内心的喜悦。
>
> 平静、持续，热爱练习本身，甚至热爱困境，热爱自己的平台期，这才是来自世界顶级运动员的启示。

论证

论证是运用论据来证明论点的方法。常见的论证方法有举例论证、道理论证、比喻论证、对比论证等。

举例论证，是列举有代表性的事例证明论点的方法。这种方法一般是先分论后结论，即开门见山提出论题，然后围绕论题运用材料证明论点，最后得出结论。运用举例论证要求有一定的典型性，同时尽可能不要同类重复，以增强论述的力量和说服力。如：

> 专注铸就成功。居里夫人小时候读书一丝不苟、专心致志。她读书时，伙伴们在她身后放了一摞凳子，只要她一动便会倒下来。但是伙伴们玩耍回来后，她依然在读书，对身后的凳子丝毫没有察觉。正因为专注，她才从几吨材料中提取出几克镭，成为著名科学家。

文段使用居里夫人的论据，并通过最后一句的论证分析，证明了"专注铸就成功"的论点。

道理论证，是用经典著作、名人名言、原理、定律、公式等来证明论点，使论述有权威性，增强说服力。如本书所选《勇于信人》一文结尾："不信任人，不能成大业。一个人要是不信任人，也不能成为伟人。美国哲学家和诗人爱默生说：'你信任人，人才对你忠实。以伟人的风度待人，人才表现出伟人的风度。'"引用爱默生的话作结，增加了说服力。

对比论证，是用正反两方面的论点或论据作对比，在对比中证明论点，从而揭示事物的本质，使所阐述的事理更加深刻，更有说服力。如用真与假的对比去伪存真，用善与恶的对比抑恶扬善，用是与非的对比拨乱反正。因此，运用正反对比论证比单从正面说理论证更有力，观点更鲜明。如本书所选《用事件表取代时间表》中就有一段运用对比论证的论述：

> 我们在工作中需要干的事情，绝不可能像上课那样以固定的时间长度为单位。工作有意思的时候，你可能一连几天只干一件事；工作没意思的时候，你可能上一整天网。因为我们实际上不可能真正执行什么时间表，所以时间表就完全没有督促作用了。但这还不是最可怕的。最可怕的是那些真正执行了这种时间表的人。他们的才华受到了禁锢，很可能最终一事无成。因为他们不是时间的主人，而是时间的奴隶。

文段用例子说明人们无法执行时间表，又从反面说明，一个人若真的执行了时间表，反倒会大受其害。这样的正反对比论证非常有说服力。

比喻论证，是用人们熟知的事物作比喻来证明论点。这种方法是用容易理解和浅显的事物来说明不易理解和较深的事理，将抽象的道理具体化，深入浅出、形象生动，加强对论点的证明。如本书所选《传统不死》一文：

> 传统一直存在，正像这代代相传的老盐，虽然每一年都会加一点新生力量进去，但在时间的化学作用下，新老交替相融。

议论文的结构

议论文的基本结构通常由"引论、本论、结论"三部分组成。开头必须提出论题或论点，主体部分选用材料分层次地论证论点，结尾归纳总结。而本论是文章的主体，是对问题的分析。

某省语文阅卷组组长有一个形象的说法：议论就是分析，打个比方，中心论点如西瓜，一个好瓜在手，你盘来盘去，即使把西瓜摩热了，它到底还是一个只见表皮的西瓜；如果你操起解剖刀将它切成两半，就可以审视、研究其内部构造和内在矛盾了，你对西瓜的认识和评说就会深化。

根据议论文主体部分结构的不同，可以形成议论文的四种基本结构。

并列式结构

这是最常用的一种议论文结构。在论证思路中，为了论述方便，将文章中心论点分解成几个平行、并列的分论点，论证的几个层次或段落之间的关系是平行的，这就是并列式结构。

这种结构一般先提出总论点，然后从几个方面分别对总论点加以论述，并列式的几个分论点常常放在每段开头，以显示清晰的层次。其基本结构是：

> 总：提出中心论点
> 分论点1：论据＋分析论证
> 分论点2：论据＋分析论证
> 分论点3：论据＋分析论证
> 总：总结全文

如作文《奋斗》，文章在亮出中心论点"奋斗是成功的前提"之后，便从三个方面展开了充分的论述：奋斗是刻苦、奋斗是惜时、奋斗是向上。最后交代中心论点"要想成功，必须奋斗"。

运用这种结构形式的关键，是对一个总论点能够从不同的侧面来加以认识，并能够并列地排出几个能说明总论点的分论点。一定要防止各部分内容雷同化，避免重复论证中心论点。

对比式结构

把两种事物或观点加以对比，或者用另一种事物或观点来烘托某种事物或观点，这就是对比式结构。可用正与反的对比、现在和过去的对比、此事物与彼事物的对比、同一事物不同发展阶段的对比等。其基本结构如下：

> 总：提出论点
>
> 论点正：论据、小结
>
> 论点反：论据、小结
>
> 总：照应开头，总结全文

这种结构在学生作文中很少通篇使用，因为学生使用这种结构会感觉写不够作文字数。所以，一般在一个段落中会使用这种结构。这种结构还有很多变体形式，如反—正、正—反—正、反—反—正等。

递进式结构

在论证中，按分析的客观事物的内在联系，由此及彼、由表及里、由粗到精、由浅入深，层层深入，步步推进，这就是递进式结构。

它的特点是各层的前后顺序有严格要求，不能随意变更。一般采取"提出问题—分析问题—解决问题"，或"是什么—为什么—怎么样"的思路，即体现递进式结构的特点。

如作文《要钻牛角尖》，使用递进式结构可以这样搭建文章主体部分：

> 是什么——对任何事情，哪怕是极细小的事情，都采取认真钻研的态度。
>
> 为什么——搞学问"钻牛角尖"才会有所成就，搞科技"钻牛角尖"才有发明创造。
>
> 怎么办——要有认真的态度，要有锲而不舍的精神，要掌握科学的方法。

如果说以上这种递进式结构是纵向开拓，步步推进，深化议论，那么还有另一种横向递进式结构。这种作文结构上表现为并列式，但是分论点之间形成递进关系。如高考优秀作文《举手投足之间》，考生所写三个分论点为：

> 举手投足之间，流露出一个人的修养。
>
> 举手投足之间，表现出一个城市的品格。
>
> 举手投足之间，彰显出一个国家的素质。

分论点逐层递进，人—城市—国家，表现范围逐步扩大，内容不断深化。这种写作思路可以进一步延展，形成个人—集体—国家、中国—外国—世界、历史—现实—未来等写作思路，拓宽对议论文结构认识的视野。

还要注意，各部分顺序的安排要符合逻辑。来看一个题为《从小要树立远大理想》的议论文结构：

第一部分：怎样才能实现远大理想。

第二部分：什么是远大的理想。

第三部分：为什么要树立起远大的理想。

这样的结构就不符合逻辑，对"远大理想"的概念还没做界定，一上来就先说如何实现远大理想，是不符合逻辑的。一般来讲，应该是这样一个顺序：是什么—为什么—怎么样。

引—议—联—结

"引—议—联—结"是议论文的一种经典结构，近年来却逐渐被淡忘和忽视。其实这种结构特别适合写社会热点式的议论文。灵活运用这种经典结构，不仅会使文章前后勾连、和谐统一，也会增强文章逻辑性，使联系实际的效果更加突出。

1. 引——引述材料，得出观点

"引"是第一步，是引论部分，是提出问题。要求在第一自然段用一种现象、一件事情，或简要引述材料后，恰当引出总论点。这里要特别注意的是，"引"不是照抄，而是对原材料进行分析后，或概述，或摘要，取其精要，并据此提出观点。如：

阅读下面一段材料，根据要求写一篇不少于 800 字的文章。

孔子有个学生看到一个孩子掉进湍急的河里，就奋不顾身地跳下去把他救起。这个孩子的父亲送他一头牛表示感谢，他高兴地接受了。大家议论纷纷，认为他太贪心。孔子却对他说："你做得对，因为你的行为向社会宣告：只要冒着危险救了人，无论多大的奖赏都可以收下，这样可以鼓励更多的人去救人。"

春秋时鲁国政府有一条规定，鲁国人到国外旅行，凡是看见在外国沦为奴隶的本国人，可以先垫钱把他赎回来，回国后再到政府去报账。孔子的一个学生赎人后却没有去报账，人们夸他品格高尚。孔子却严厉地批评他，说他的行为妨碍了更多的鲁国奴隶被赎回来，因为人们假如垫钱赎了奴隶，不报账自己会蒙受损失，而报账了则说明自己的品格不如孔子的学生，于是以后就只好假装没有看见。

材料的立意十分清楚，孔子对两件事的看法之所以和众人的看法不一致，归根结底，是因为孔子能够站在更高的角度去分析问题，关照事物，视野更加宽广，能分析事情带来的全局性、普遍性的影响和效果。所以，立意确定为：一切应从实际出发，从长远角度思考问题，重视事件的影响和后果。

在写文章第一段时，就可以通过开篇简要引材料，提出自己的中心观点。如以下的开头，就很好地做到了这一点：

孔子老先生赞扬接受谢礼的学生而批评没有报账的学生，此番举动旨在以一人之行影响众人之为。而透过这两件事看人生，是要面子还是要实在，道德与利益的进退维谷该如何把握？我认为，一切应从实际出发，重实在，扬德行；以客观的眼光看事情，以积极的态度做事情，发挥连锁反应的作用。

开头第一句简要引用原材料，第二句用设问修辞，引起读者注意，并进行过渡，第三句在过渡后提出文章的中心论点。没有多余的话，言简意赅，语约义丰，简练清晰。

2. 议——分析材料，分析观点

"议"是第二步，即进入本论部分和分析问题阶段。在这一阶段中，可以运用分论点多角度剖析，要求语言简洁凝练、思路清楚、紧扣中心论点。同时合理使用论据，准确、真实、不杜撰，有典型性和代表性。看下题：

阅读下面的材料，根据要求写一篇不少于 800 字的议论文。

喜鹊，每天都为大树唱颂歌："你长得多么高大，多么挺拔！你的枝叶多么繁茂！"这歌声使大树深深地陶醉了。一天清晨，正在酣睡的大树被一阵"当、当、当"的响声惊醒了。原来是一只啄木鸟落在树干上，不停地用它那又尖又硬的长嘴敲打着树干。

"啄木鸟，你吵得我心烦意乱，啄得我皮肉疼痛，快滚开吧！"啄木鸟含着泪水飞走了。此后，大树成了蛀虫的乐园，树干几乎被蛀空了，在一个风雨交加的夜晚，它在痛苦的呻吟中倒下了。

题目的立意十分清晰，生活中需要讲真话的人，需要敢于一针见血地提出意见的人，生活中"啄木鸟"带给人们的"噪音"是"痛苦"的。然而，却又能矫正错误，治病救人，是无私和高尚的。人们往往会犯大树一样的错误，喜欢听奉承，讨厌被批评。良药苦口利于病，忠言逆耳利于行。放下身段，听一听别人善意的批评，甚至是冷嘲热讽，如此，就会冷静下来，反思自己的言行，从反思中得到益处，调整自己的生活航向，完善自己的道德修养。

有位考生在引用材料提出观点后，用"分析原因"的方法展开行文：

原因就十分明确了——它被喜鹊的赞歌洗了脑，从而展开了美好生活的新画卷，自然不愿意被啄木鸟从美梦中叫醒……我们不禁要问一问，为什么它会不懂得这个道理呢？

为什么？因为它不了解自己。这是缺乏对自己的认知，可以明显地看到，那大树不过是空有大的躯壳，而灵魂还没睡醒……

为什么？还因为它不知道自省。曾子"吾日三省吾身"的做法确实是令人敬佩的，即便大树不知道该把自己放到什么位置上，不一定得"一日三省"，但自省是认识自己的一条必由之路……

三段分析从原因的角度切入，层层深入剖析问题。先分析总的原因，接着又宕开一笔，分析原因中的原因：一是不了解自己，二是不知道自省。既切中论题，又能深入分析，由果溯因，直达议论核心要素。这种写法值得借鉴。

3. 联——联系实际，纵横拓展

"联"是第三步，也是提升议论文的关键性因素。在这个部分，可以联系的内容有很多，可以从容选择。然后反反正正、多角度多侧面地阐述，把中心论点阐述得深刻有力。还可以指出论点在现实生活中的指导意义。要注意的是，从"联"的内容来看，和"议"是不能分开的，它的主要任务是从现实层面对中心论点做分析论证。所以，"议"的内容，实际上也是"联"的内容，"联"是文章的关键。如上述题目，如果联系实际，还可深入议论，写成以下内容：

> 现实生活中的我们，有时难免会被无数赞誉蒙蔽了双眼，沉浸于昔日的光荣当中，对"逆耳"的忠言置之不理，甚至厌弃。这样做很可能会让我们无法正视缺点，停滞不前。因此，及时并正确地认识警醒背后的善意，无疑会减少人生路途上的挫折，让我们学会虚心接受批评，及时校正人生航向。

从寓言故事写到现实生活中的自身，从抽象事理分析转向具体现实分析，说理思路大开，更接地气。

4. 结——总结全文，升华观点

"结"是最后一个阶段，是对全文内容进行回顾和总结。可以回应前文，强调观点，也可以提出希望，发出号召。不管采用哪种方式结尾，都必须与前文贯通，浑然一体。

从这四步的内容看，在写作时，应该努力做到概述材料不啰唆，亮出观点不含糊，展开分析不杂乱，联系实际不空泛，小结全篇不离题，照应材料不重复。

几种新颖的议论文结构

就议论文写作而言，学生目前存在的一个突出问题是结构较为单一，只能运用常见结构，且谋篇布局缺乏逻辑性，前后内容不能勾连。如果将几种常见结构进行优化重组，形成议论文新的谋篇布局方式，会给人一种耳目一新的感觉。下面介绍几种较为新颖的议论文结构。

1. 对比层递式结构

将常见的正反对比式和递进式结构综合起来，形成一种"对比层递式"结构。首先在文章开头段落确定论点，接着分别从正面和反面设置分论点，并用一组正反对比的事例论证分论点。然后站在正反对比基础之上再进一步，形成一种层进，在这个基础之上再进一步，深入论证，结尾部分进行归纳小结。如本书所选《勇于信人》一文结构：

总论点：人活在世上需要信任别人，犹如需要空气和水。我们如果不信任别人，对人便无法诚恳。

正面论证：如果和信任我们的人相处，我们会放心自在。心理学家欧弗斯屈说："我们不但可以卫护别人，面且在许多方面也影响别人。"信任或防范，能铸就别人的性格。

反面论证：我们为什么这样难以互相信任呢？主要原因是我们害怕。

递进论证：对别人信任需要有孤注一掷的精神——赌注是爱，是时间，是金钱，有时候甚至是性命。

结尾照应：不信任人，不能成大业。一个人要是不信任人，也不能成为伟人。

可以看出，采用这种结构之后，说理更加深刻，形成整体递进式的说理思路，有效提升了思考深度。

2. 双层对比式结构

将传统的正反对比方法运用两次，两次之间呈现出递进的逻辑关系。第一段提出中心论点，接下来设置第一个分论点，从正面和反面两个角度分别展开论证。然后用过渡句承上启下，总结上一分论点，引出下个分论点，再用一组正反对比论证的方式进行论证，结尾点题总结。如本书所选《美貌的力量》一文结构：

总论点：美貌拥有巨大的力量。

分论点一：美貌能令人神魂颠倒。

正面论证一：从古至今，哲学家们一直在思考关于它的问题；言情小说家们一直在提供关于它的描述。

反面论证一：纵观人类历史，人们为了得到美忍受过无数的痛苦与煎熬，但对美的追求始终是那样的强烈和难以抑制。

过渡句：虽说人不可貌相，但是美丽的容貌确实能左右我们对人的感觉、态度和行为。

正面论证二：从幼年到长大成人，不论是男人还是女人，只要长得漂亮，就容易获得优待与肯定。

反面论证二：相貌出众的成年人，特别是女性，若是有入店行窃或考试作弊等行为，往往会逃过重罚。我们应当摒弃这种约定俗成的观念——凡是美的就一定是好的，因为这种观念否定了人性的反复无常和不确定性。

提出结论：美容需要耗费金钱、时间和心神。但在这方面，女人总能获得丰厚的回报。

文章使用两组正反对比的结构方法，形成递进式思路，逻辑性很强。中间穿插过渡的方式，承上启下，层次非常清晰，对总论点的阐释十分清楚且有深入拓展。

3. 纵横交错并列式结构

并列式结构是一种常见的议论文结构，学生运用较多。如果积累的论据比较丰富，可以采用古今中外并列式结构。具体做法是：在文章开头提出总论点，然后设置分论点，从纵向时间角度出发，古代和当下各选一例展开论证，然后稍加过渡，再从横向空间的角度出发，从国内外事例中再各举一例，最后进行总结。

4. 七段综合式

七段综合式是将最基本的几种议论文结构有机结合在一起，遵循"引—议—析—联"的基本结构，用八个左右自然段组成文章。

第一段从现实生活或引用材料内容出发，提出中心论点。

第二段和第三段展开议论，可以用正反论证的方式，论证中心论点。

第四段和第五段展开分析，可以用辩证的思维方式、因果的思维方式或其他逻辑思维方式展开深入分析，和第二、三段形成层进。

第六段联系现实生活，从对现实生活的意义出发再进一步展开论述。

第七段进行总结，升华全文，呼应开头内容。如《信息时代我惶恐不安》一文结构：

第一段提出总论点：进入大数据时代，与人类文明发展不协调的音符也随之而来，信息时代令人惶恐不安。

第二段和第三段正反论证：阳光与阴影，就似一朵并蒂花，总是相生相随。我们在享受信息带来的无限便利中，却也被信息悄无声息地侵蚀着身心。

第四段和第五段展开因果分析：由果溯因，分析原因，辩证认识。

第六段联系现实生活：进入大数据时代，我们不能失去独立思考的能力。社会进步离不开思考，思考更应成为一种习惯，思想和大脑绝不能成为数据信息的跑马场。

第七段升华总结。

第一段提出总论点，第二段和第三段分别从优势和弊端展开分析，属于正反论证。第四段和第五段用因果思维关系深化辩证认识。第六段得出结论。第七段升华总结。

议论文的四个重点

分论点

分论点是作者为了体现说理的层次性，运用思想解剖刀将中心论点进行切割、分解的产物。一种常用的方法是分解中心论点，然后用几个分论点依次对中心论点进行论证或阐述。各分论点之间的关系，有横向并列、纵向递进、正反对比等几种，这样就形成了不同的论点和结构框架。

设置分论点的角度主要有是什么（阐释内涵）、为什么（分析理由）、怎么样（探寻方法）、辩证法（辩证分论）和综合式。

"是什么"的角度主要是以阐释论题的内涵为破题方法。如以"涵养"为题目，从"是什么"角度可写三个分论点：分论点1，涵养是面对成功时不狂妄、不自傲，放远眼光，总结经验，面向未来；分论点2，涵养是面对失败时不气馁、不畏惧，冷静头脑，吸取教训；分论点3，涵养是面对邪恶时不作无谓的愤怒，冷静智慧地批判、抵抗。这种破题方法适合写概念性较强、较为抽象、内涵较丰富的题目。

"为什么"的角度主要是分析事物产生、选择、发展等的理由。如《谈意气》一文，就是用这种方法设置三个分论点：人有意气，才能有豁达的胸襟；人有意气，才能摧不垮、压不倒，追求不泯、意志不衰；人有意气，才能在国家危难时挺身而出，流芳百世。分析事物产生、发展、变化、结果的原因，可以由表及里、由浅入深，探寻事物表象背后的规律，增强议论的深刻性和针对性。

"怎么样"的角度主要是探寻解决问题的方法。如以"涵养"为题，从"怎么办"角度写论点，论点可以写成：分论点 1，要有涵养，就要有一颗真诚善良的心灵，要有一种海纳百川的胸襟；分论点 2，要有涵养，就要不断读书，丰富人文素养，就要培养健康的审美情感；分论点 3，要有涵养，就要高扬理想的风帆，要有为人民谋幸福的志向。这种设置方法在写作时要注意，若使用不得当，会导致偷换概念甚至偏题的风险。

"辩证分论"即辩析考证分论法，是指一分为二看问题的方法，常用于二元关系型作文中，如论证"成才与逆境"，可以写两个分论点：①逆境可以造就人才，古今中外有许多事实证明了这一点；②并非所有的逆境都可以造就人才。这种写法可对中心论点作补充说明，避免论证过度化或绝对化。

以上几种设置分论点的方法，在实际运用中，往往是交叉、综合使用的。只要掌握好围绕中心论点设置分论点的原则，一切问题就都迎刃而解了。

设置分论点的基本要求是分得开、排得顺、扣得住。

有的分论点混在一起，交叉重复，这就违背了"分得开"的基本要求。如作文《关注》，设置分论点：①关注我们学习的地方；②关注我们成长的地方。这就出现了问题，学习和成长属同一个层次，重复叠加，所以不好作文。再看另一个例子，作文《突破》的分论点设置为：①突破权威与经典的束缚，科学在呐喊声中辉煌灿烂；②突破习惯与停滞的惰性，艺术在翩翩起舞中将美丽与魅力挥洒得淋漓尽致；③突破自身的缺陷与软弱，人类在自己的舞台上创造辉煌，演绎精彩。三个分论点分别关注科学、艺术、人类三个领域，互不重复，体现了较高的结构水平。不仅分得开，而且排得顺。

有的分论点不扣题，与文章讨论的中心话题无关或游离，如作文《做人》的分论点：①我们需要诚实做人；②我们需要悠闲做人；③我们需要积极做人。这三个分论点中，"悠闲"和"做人"扣不上，就违背了"扣得住"的基本要求。

一般来讲，分论点放在每一段的开头。一篇议论文至少要有两个分论点，最好有三个或三个以上分论点。分论点的语言要精练，一般控制在三十字以内。分论点句子的结构最好基本一致，使中间几段构成排比或准排比段。分论点的表述要尽量紧扣话题的关键字眼，以保证每一段都扣题。

标 题

眼睛是心灵的窗户，标题就是文章的门户。在议论文中，一个好的标题能让人眼前一亮，能让阅卷人快速把握文章主旨。那么，如何拟定议论文的标题呢？

1. 直陈观点式

即直接把文章总论点作为标题，如《人性的墓碑》《重返古希腊的意义》等。这种写法直截了当，开门见山，会让阅卷人觉得直接、明确、清晰，从而迅速把握文章中心。如果考生在写作时不知如何写标题，不妨就用这种最简单的办法。

2. 修辞式

即使用各种修辞手法，增强标题的表现力。如《品味春风》《你激起的水花可以改变世界》都使用了比喻手法，形象生动地表明观点，又带有美感。古人曾说写作文要做到凤头、猪肚、豹尾。"凤头"的意思是文章开头像凤头，要小巧精美。修辞式可很好地满足这一要求。

3. 引用式

即引用或化用名言警句、诗词俗语、歌词等拟题。这些题目语约义丰，使标题新颖生动，如《一种为"美国梦"献身的鸟》《图难于易，为大于小》。

4. 数字定理式

即把数字、公式、定理等内容植入标题，使标题形象直观，吸引阅卷者的注意力，如《我的人生不等式：1+1 > 2》《读万卷书 + 行万里路＝美好人生》。

5. 植入新词语式

即把流行新词新语植入标题，以浓厚的时代气息吸引读者阅读，如《"健康码"何时消失？》《拒绝"躺平"人生》。

开头段 ▶

开头段是议论文的第一段，第一段的主要目的是概括分析材料，或引入话题，或吸引读者，最终的目的是引出中心论点或中心话题。进行考场作文的写作，在完成第一段后，如果作文的中心论点或话题仍未出现，第一段的写作就是失败的。因题目不同，作文的第一段没有固定的写法，下面介绍几种常用写法：

1. 直亮观点

如本书所选《思乡与蛋白酶》一文，开篇就交代中心论点："有玩笑说，中国文化只剩下了个'吃'。如果以为这个'吃'是为了中国人的胃，那就错了。这个'吃'，是为中国人的眼睛、鼻子和嘴巴的，即所谓的'色、香、味'。"这种写法单刀直入，直入主题，简洁凝练。

2. 隐喻题旨

如有作文题目为《灯塔·路标·理论》，开头是"在暗礁四伏的海上航行，需要灯塔指点迷津；在岔道口上，需要路标指引方向。否则就要触礁，迷路。同样，在人生的路途中，我们需要科学理论的指导"。这里的"灯塔"和"路标"就具有了隐喻的含义，不仅指生活中实际的物体，也指指引人生方向的航标。

3. 故事引入

即用一个故事引入主题，如本书所选《植物的呼吸与矿物的记忆》一文的开头："从2007 年 4 月开始，加拿大作家扬·马特尔坚持每两周给一个人寄去一本书，并随书附一封信。收书人是时任加拿大总理的斯蒂芬·哈珀。"故事引入的方法可以吸引读者阅读，增强说理的形象性。

4. 名句引入

这里所说的名句，包括古今中外名人名言、格言谚语、诗词歌赋等。如作文《责任》，开头这样写道："英国王子查尔斯曾经说过：'这个世界上有许多你不得不去做的事情，这就是责任。'"名句引入可以增强说理的深刻性。但要注意，引用的名言必须和中心论题一致，且不能太长。

5. 排比解释

即使用排比手法开头，写三个或三个以上排比句，引入中心论题。如本书所选《人生的两条真理》的开头："房子有了爱便成了家；城市有了道义就成了社会；红砖有了真理就成了学堂；陋室有了宗教就成了圣殿；人类全方位的努力有了正义就成了文明。把这一切全放在一处，完善它们，使之精益求精。而这一切有了在人类获得救赎后那永远无欲无求的远景，便成就了一个充满希望的绚烂未来。"

6. 分析引入

有的作文题目类型属于材料作文，这时候可以通过简要引述材料的方式来提出论点。通过分析，材料与论点建立了纽带关系，论点应运而生，十分自然。这也是材料作文开头段的一种常规写法。

结尾段 ▶

结尾段在议论文中发挥着重要作用，如可以提出办法、完善论点；回扣题目、重申文章观点；总结全文、深化议论话题；联系迁移生活，适当展望未来等。

结尾段的常见写法如下：

1. 首尾呼应法

首尾呼应，就是与开头第一段或题目进行照应。这样写是为了再次突出强调中心论点，使文章结构完整、浑然一体，给读者留下更深刻的印象。

2. 名言收束法

作文《诗意地生活》结尾："去留无意，看庭前花开花落；宠辱不惊，望天空云卷云舒。人生本如梦，何不随心顺意，活出诗意？"使用名言收束，增添了一丝诗意。

3. 补充观点法

即在文章结尾段继续深入论证，或补充观点，使文章论证不断走向深入。如作文《人才与平台》，在前文论述了不仅人才本身应提升境界、努力做下一级平台，整个社会也应对平台与人才投入更多的关注之后，最后一段补充观点，继续深入论证："对于平台，国家也应投入与对于人才相同甚至更多的关注，让埋没的人才不需要摸黑探索改命之路，让个例变为普遍，让一个人、一个组织一时的努力成为长久有效的机制。就让我们以此作为努力的方向，让龙凤不再屈卧草野。"

4. 关键词复现法

即将论点或分论点中的关键词语重复出现，强调论点。如本书所述《思乡与蛋白酶》一文的结尾："你如果尽早地接触到不同的文化，你就不太会大惊小怪。不过我总觉得，文化可能也有它的'蛋白酶'，比如母语，制约着我这个老盲流。"再次出现"蛋白酶"一词，就是在强调关键词。

••• 中考作文试题精选 •••

一、2022 年浙江省宁波市中考题

阅读下面的文字，任选一个写作任务，按要求写作。

常常有这样的情境——

太吵了……静一点。

太闹了……静一点。

太烦了……静一点。

任务一：以"静一点"为题，写一篇记叙性文章。

写作标准：

侧重写实：紧扣"静一点"合理选材，中心明确，价值观正确；写清楚事情的过程，细节真实，详略得当；思路清晰，语言连贯。

侧重虚构：根据题目"静一点"构思，写清楚人物的困境是什么，发生了什么冲突，人物采取什么行动面对冲突，结局是什么。

任务二：以"静一点"为题，写一篇议论性文章。

写作标准：

围绕"静一点"表达明确的观点，观点要符合正确的价值观；论据要经得起推敲，使用的论据要能支撑论点；选择恰当的论证方法，论证合乎逻辑，思路清晰；如果写演讲稿，还要做到：心中有听众。

要求：（1）按照写作标准写作；（2）文章不少于500字。

写作指导

这是一篇命题作文。任务二要求以"静一点"为题写一篇议论性文章。通过分析材料，可以看出，三句话涉及的三个情境都围绕"静"字展开。静一点，会减少"吵"的分贝，会让环境更安静，提高学习和工作的效率。静一点，会减少"闹"的氛围，会让人心静下来，倾听自己内心的声音。静一点，会降低"烦"的概率，会让人心平气和地处理问题，有利于矛盾的化解。

行文时，可以围绕"静一点"展开思考，确定几个分论点。如"静"可以带给人们美的享受，净化心灵；"静"能生慧，能改变人浮躁的心态；安静一点，去追寻梦想，去踏实创造出不平凡的业绩；心平气和一点，去冷静处理矛盾和问题，开启新的天地。

二、2022 年广西壮族自治区玉林市中考题

阅读下面的文字，按要求作文。

（1）哲学家冯友兰在《青年的五种修养》中认为青年"要注重兴趣"。他说，一个人如果对于某一件事感到兴趣，那么那件事和他的性情一定是很相近的。你的兴趣在哪一方面，你的才能就在哪一方面。社会一天比一天进步，无论是在政治、经济、学术、体育、艺术、工业、商业哪一方面都需要人才。无论你的才能是在哪一方面，都可以使它尽量地发展。

（2）北大年轻教师、人称"韦神"的韦东奕：我就是对数学比较感兴趣。

（3）熊庆华是湖北省仙桃市永长河村人。上初中时，美术老师的一句"你会是个伟大的画家"，让熊庆华坚信自己是"为画画而生"的人。他因痴迷绘画，从不下地干活，被人们认为这人废了。1999 年，熊庆华结婚后有了孩子，生活压力倍增，他去深圳打工，但没多久就辞工回家，在自己的小屋子里昼夜不停地画画。在"啃老""废物"之后，又多了"吃软饭的"称谓，众人对他的嘲笑和讥讽从来没有停止过。2010 年，同学从深圳回老家探亲看到他的画作极为惊讶，拍下照片上传至各大论坛网站，震惊了书画界。2015 年至今，熊庆华在北京举办了多场个人画展，画作被抢购一空。

为了促进全校学生德智体美劳全面发展，在"五四"青年节来临之际，你校晨光中学举办演讲比赛、家校通信、征文比赛等系列活动。请你从下面三个情景中选取一个完成写作任务：

（1）语文老师请你以"兴趣是成才之母"为题写一篇演讲稿，代表班级在学校举办的"成长大家谈"演讲会上演讲。

（2）有的家长不顾自己孩子的兴趣，盲目跟风，给孩子报多种"兴趣班"，不仅加重了孩子的学业负担，不利于孩子的健康成长和兴趣发展，也对学校的教育教学工作造成干扰和影响。针对以上问题，为了加强家校联系，帮助学生和家长树立正确的成才观和成长观，学校请你根据自己的认识和实际，以"给晨光中学全体家长的一封信"为题，以"晨光中学一名学生"的名义写一篇文章，表达自己的真情实感。

（3）校刊以"跟随自己的兴趣成长"为题开展征文比赛活动，请你写一篇记叙文向校刊投稿。

写作指导

题目属于三选一型，前两个作文题目都属于议论文范畴，我们重点作一解析。"兴趣是成才之母"是一个常规题目，作为演讲稿的写作，首先要注意演讲稿的基本格式。其基本格式包括顶格写称谓语（如尊敬的老师、亲爱的同学们）、下一行空两格写问候语（如大家好、您好）、开场白（可自我介绍，也可直入主题）、正文、结束语（如我的演讲完毕，感谢大家的倾听）五部分，写作时缺一不可。

论述正文时，要注意切分分论点。要深入理解"兴趣是成才之母"这句话，就要

写作指导

思考、提炼两个要素，辨析两者之间的关系："兴趣"和"成才"之间是什么关系？是不是有了"兴趣"就能"成才"？从材料二看，除了具有"兴趣"，还需要"坚持""努力"等品质，才能助力"成才"，仅有"兴趣"是不行的。结合材料一，可谈努力培养"兴趣"对"成才"的重要意义。再结合材料二和三，谈"坚持""努力"在"成才"中的重要价值。这样写，文章会更加深刻。当然，也可单纯谈"兴趣"对"成才"的意义。

题目二设置了一个日常生活情境，体现了中考作文情境化命题的特点。加重学生负担的"兴趣班"，不仅不利于孩子的健康成长，无法发展真实的兴趣，也对学校的教学造成影响。作为一名学生，应该设身处地站在学生的角度，思考什么是"真兴趣"，什么是"假兴趣"。要告诉家长正确对待"兴趣"，鼓励孩子天性的健康成长，做好陪伴，在发掘天性中做好引导，发现孩子真正的"兴趣"。尊重孩子的想法，让孩子成为自己的主导者。而不是拔苗助长，先入为主，自己觉得什么"兴趣"重要就给孩子报班，这样只会扼杀天性，导致平庸化发展。可以安排的结构是：先说明父母的做法有积极意义，但做法欠考虑，不利于孩子的健康成长，结合实际产生的危害谈做法。再结合材料，列举一些"兴趣"引起成才的事例，告诉家长，要结合孩子自身优势所在，多听听孩子的想法，尊重孩子的天性，发展孩子的兴趣。写作时还需注意信件格式的基本要求。

三、2022年湖北省武汉市中考题

阅读下面的材料，按要求作文。

某地一家饭店承诺为有需要的人提供免费晚餐，求助者只需进店告诉店员点"套餐A"，找地方坐下，店员就会端上一大碗热乎乎的牛肉面，求助者吃完可直接离开，不用付费。

"套餐A"是一个有温度的代号，它的暖心之处在于：店家平等地对待求助者，让他们感到自己与其他顾客没有差别，顾及了求助者的颜面，呵护了他们的尊严，让他们感受到温暖，或许还能为他们带来希望和力量。

呵护他人的尊严，可以点亮生命之光，让社会更温暖。

请你根据对上述文字的理解和思考，或叙述生活经历，或论述其中道理，写一篇文章。

要求： 依据材料的整体语意立意，自拟标题，不少于600字。

写作指导

　　材料来源于真实发生的一个故事，由三段内容组成，第一、二段讲述故事，饭店帮助求助者的方式非常巧妙，既帮助了求助者，又顾及了求助者的尊严，让他们感受到温暖。第三段用"呵护他人的尊严，可以点亮生命之光，让社会更温暖"的主旨句揭示材料寓意，可从中提取"善待他人""尊重别人""呵护他人的尊严"等关键词作为议论角度，展开写作。人与人之间人格平等，善待并尊重他人，我们才能得到别人的尊重和善待。

四、2022年湖北省黄冈、咸宁、孝感三市中考题

　　读下面的材料，你会有什么联想或感悟？请任选角度，自拟题目，自定立意，写一篇作文。

　　唐伯虎小时候在画画方面显示出了超人的才华，并拜在大画师沈周门下学习绘画。唐伯虎的绘画功底深厚，加上刻苦勤奋地练习，在一年的时间内很快地提高了绘画技艺，沈周经常称赞他。

　　渐渐地，唐伯虎有了自满的心理，细心的沈周察觉到了。一天，沈周把唐伯虎叫来吃饭。席间，唐伯虎提到自己已经学有所成，希望老师能同意他回家。沈周笑着说："有些热，你去把窗户打开吧。"于是唐伯虎上前去开窗，可是怎么也推不动那两扇窗。他这才发现，那窗户竟是老师画的一幅画。唐伯虎脸红了，他走到老师跟前说："老师，请您原谅弟子的无知，我要留下来继续学习。"

　　从此，唐伯虎再也不提回家的事了。他专心致志，一丝不苟，加倍努力地学习画画，终于成了著名的大画家。

写作指导

　　本题属于典型的材料作文。材料作文审题立意的方法有很多，比如抓关键句、由果溯因、多人多角度等。本题目可用几种基本方法审题。比如抓关键句"老师，请您原谅弟子的无知，我要留下来继续学习""他专心致志，一丝不苟，加倍努力地学习画画，终于成了著名的大画家"，思考专心致志、踏实认真的意义。还可以根据结果追溯原因，如唐伯虎开始想回家，原因是觉得自己已学有所成，当他意识到自己的无知后，就知道自己还有很大潜力，不能骄傲自满。还可分别从唐伯虎、沈周二人的角度确定文章的立意，如从唐伯虎角度可写学无止境，不能浅尝辄止，半途而废；从沈周角度可写身教重于言教、重视教育方法等。可由材料联想到自己的学习生活，最好把自己摆进去，设身处地思考所写内容的价值。

五、2022年云南省昆明市中考题

阅读下面的材料，从中选择一个角度构思立意，自拟题目，写一篇文章。可叙述经历，可抒发情感，可发表议论。（文章主旨必须从所给材料中提炼，不得对材料进行改写、扩写、续写）

碰到任何困难都要赶快往前走，不要"欣赏"那个让你摔倒的坑。——黄永玉

我相信，每一个活过的人，都能给后人的路途上添些光亮，也许是一颗巨星，也许是一把火炬，也许只是一支蜡烛。——史铁生

如果你想让人造一艘船，不要让他去收集木头，也不要发号施令，而是要激发他对海洋的渴望。——《小王子》

三则材料给我们这样一些启示：不要因暂时的困难而停止前行的脚步；无论能力大小，都要努力发挥自己的光和热；源自内心的动力是实现目标的关键。

要求：（1）按要求拟题，然后写作；（2）立意自定，文体自选（诗歌除外）；（3）不少于600字。

写作指导

本题属于材料作文，三则材料分别是两句名言以及《小王子》中的话，可分别提炼出立意：不要因暂时的困难而停止前行的脚步；无论能力大小，都要努力发挥自己的光和热；源自内心的动力是实现目标的关键。

三则材料的立意都非常简单，主要是素材选择一定要新颖、准确、到位。如五十六岁的航天员邓清明，被称为"超级替补"，他终于圆梦的素材就能很好地表现立意。他不知有多少次从训练室出来，身体僵硬，手会不自觉地抖，吃饭时夹起的菜，抖着抖着就掉在桌上、地上。为了圆梦太空，邓清明几乎付出了所有，他放弃假期和业余时间，将家庭托付给妻子，自己全身心投入训练中。无论多苦多累，他都始终坚持比别人多训练一会儿，逼自己再练一回。这样的坚持，没有因为暂时的困难而放弃，终成正果。

●●● 中考作文押题 ●●●

1. 请以"我读_____"为题目，写一篇不少于600字的文章。

要求：将横线上的内容补充完整，选好角度，明确立意，自选文体；不要脱离题目的范围作文。

写作指导

半命题作文题目限制小，可以写的内容很多，为自由发挥提供了非常好的机会。作为一道半命题作文，首先应该将题目补充完整，确定写作内容。在确定写作内容时，需要把握题目中的关键字"我"和"读"，"我"是这个题目的主语，是"读"的主体，因此在写作时必须从自身感受出发，写熟悉和有独特思考的内容。

"读"是"我"发出的动作，这里的"读"可以有两种理解：第一种是比较实在的意义，指具体的书籍阅读；第二种比较泛化，有品味、思考的意义。因此，在确定题目时，就有两种路径：一种是从实处着眼，侧重阅读，比如可以写对某本书的阅读感受，如《我读〈城南旧事〉》《我读〈自然与人生〉》，但这样写可能会使行文思路变得狭窄。另一种是从较为宽泛的角度着眼，开拓出广阔的写作空间：可以品读某个人，如《我读老子》《我读苏东坡》《我读鲁迅》等；可以品味某种事物，进行思考，如《我读四季》《我读战争》《我读月光》《我读宇宙》等；也可以品味某种抽象的内容，获得理性思考，如《我读青春》《我读真诚》《我读失败》《我读那份情》；还可以联系现实，思索某种现象，如《我读团队精神》《我读社会公信力》等。

由于材料审题难度不大，可以进行写作的内容很多，本题目在写作时应注意以下几点：

首先，要选取自己最熟悉的内容进行写作。最熟悉的内容往往能写出较好的文采和深入的思考，因此要充分调动素材储备，写好作文。

其次，应根据内容选择适合的文体。每个人都有自己擅长的文体，决定文体的因素主要是写作内容。因此，在确定写作内容之前的构思阶段，应该想一想自己擅长什么样的文体，想写什么样的文体。如以写景见长，不妨找找大脑中最流连忘返的景色；以记叙见长，可以通过描写写好一个人或一件事；如善于思考，长于议论，可以思考某种社会现象、抽象哲理；如果酷爱阅读，那完全可以选择你最喜欢的一本书或一个作者展开。

写作时还要有结构和文体意识。拿到一个很容易上手的题目，写得心应手的内容，是一件多令人高兴的事情。但这时也许就会被喜悦冲昏头脑，随手就写，写出来的东西可能就会"四不像"，缺乏文体意识。因此，写作前应根据内容先确定文体。如写议论文，最基本的论点、论据、论证是必须要有的。而且，还要注意段落间的结

写作指导

构，要注意段与段之间的过渡和衔接，注意文章整体的结构安排。这样两种意识，对于写作是非常重要的。

常见的写作误区有二：

一是选择的话题太泛，显得过于空洞。如有学生写《我读失败》，先谈自己在失败中的收获，再谈找到了自己的不足，最后写要有信心。这样的文章"读"的成分太少。还有学生选取某个自己非常熟悉的歌手，写了大量的歌词，很少有自己的感悟，作文里"我"的成分太少。

二是不能将题目中补充的抽象内容化为具体。如写《我读远方》，应该首先将"远方"这个抽象概念化为具体的东西。作文切入时要善于"虚题实作"，能将一个虚拟性话题写成抒发真情实感的文章。

2.阅读下面的文字，根据要求写一篇不少于600字的文章。

一百多年前，挪威的阿蒙森团队、英国的斯科特团队，都想完成一个壮举——首个到达南极点。最后阿蒙森团队率先到达，而斯科特团队则晚到了一个多月。之后，阿蒙森团队又顺利地返回了原来的基地，而斯科特团队则无一人生还。对此，奥地利作家茨威格用他饱含感情的文学笔调写了一篇文章，颂扬斯科特团队为事业献身的崇高精神和强烈的集体主义精神，这便是《人类群星闪耀时》中的名篇《伟大的悲剧》。

事后，许多人理智分析了斯科特团队失败的原因。有人经过比较，认为其中一条就是斯科特团队计划不周：阿蒙森团队虽然人少，但他们充分估计到环境的困难，准备了3吨的物资；而斯科特团队的人多，却只有1吨的物资——如果过程中不犯任何错，刚好够。但当你的计划制订得太紧的时候，则是非常危险的。

要求： 选准角度，明确立意，自选文体，自拟标题；不要脱离材料内容及含意的范围作文。

写作指导

本题共有两段材料，可用由果溯因法和提取关键词句法联合进行审题。

本题材料清晰，包括了事件的"因"和"果"。第一段说明了事件的结果：阿蒙森团队率先到达，而斯科特团队则晚到了一个多月。第二段引用别人的话，通过两个团队之间的对比，实际上已经分析了事物的原因：斯科特团队计划不周。"计划不周"是关键词。因此，本文的核心立意就是"做好周密的计划"，有了周密的计划，对困难做充分估计，就能成就事业；没有周密计划或计划不周全，就会贻误良机，导致行动失败。

写作指导

此外，还可抓住另一关键句"但当你的计划制订得太紧的时候，则是非常危险的"，确定立意：留出一些空白，留出余地，留下犯错、改正的机会。也可以从细节的角度立意：细节决定成败。

材料作文审题时，要注意甄别材料中的关键语句和辅助型材料。

关键语句一般是指揭示主题、分析原因、阐述结果、总结概括类语句。辅助型材料多为故事背景的补充与说明。材料中第一段列举茨威格的话，就属于辅助性材料。这个材料的主要目的是说明斯科特团队的名气和返回途中悲壮牺牲的结果，并不是赞扬这个团队的献身精神。因此，这些材料并不是审题时重点关注的内容。如果将这些内容作为重点去进行立意，产生诸如"理性认识失败"此类的立意，就容易偏题。

3. 阅读下面的材料，根据要求写一篇不少于600字的议论文。

喜鹊每天都为大树唱颂歌："大树啊，你长得多么高大，多么挺拔！你的枝叶多么繁茂！"这歌声使大树深深地陶醉了。一天清晨，正在酣睡的大树被一阵"当、当、当"的响声惊醒了。原来是一只啄木鸟落在树干上，不停地用它那又尖又硬的长嘴敲打着树干。

"啄木鸟，你好讨厌！你吵得我心烦意乱，啄得我皮肉疼痛，快滚开吧！"啄木鸟含着泪水飞走了。从这以后，大树成了蛀虫的乐园，没过多久，树干几乎被蛀空了。最后，在一个风雨交加的夜晚，它痛苦地倒下了。

要求：根据材料内容及范围立意，自选角度，自拟题目，不得套作，不得抄袭。

写作指导

从题型看，这篇作文属于材料作文。材料是一则寓言故事，有明确的寓意。通过分析材料涉及的人或物，可确定立意。材料涉及的主要有大树、喜鹊和啄木鸟，可从这三种角度进行立意：

①从大树的角度切入。人们往往会犯大树一样的错误，喜欢听别人的奉承，讨厌批评。其实，良药苦口利于病，忠言逆耳利于行，人们应放下身段，听一听善意的批评，甚至是冷嘲热讽。

②从喜鹊的角度切入。在社会生活中，适当的鼓励、赞扬固然是必要的，但过分的、不合情理的赞扬，并不是好事情，会使人目中无人，做出危及自身安全的举动，甚至坠入深渊。

③从啄木鸟的角度切入。生活中需要讲真话的人，需要敢于一针见血地提出意见的人，"啄木鸟"的"噪音"固然让人觉得"痛苦"，却能帮助人矫正错误，走出困境。社会需要"啄木鸟"这样的人，要为"啄木鸟"发挥作用提供良好的社会支持。

写作指导

　　除上述审题方法之外，对于具备完整情节的寓言类材料，可采用"由果溯因"的审题方法，即从材料的结果出发，去追溯结果产生的原因，这样得出的原因就是材料的立意。这则材料的结果是"大树倒下了"，大树倒下的原因是多方面的，外因是喜鹊的赞扬和啄木鸟的飞走，但外因总是通过内因起作用。最根本的原因还是内因，即大树不善于听取他人好的意见，偏听偏信，导致自我毁灭。这是材料告诉我们的核心内容。

　　在写作时，可以在充分论述的情况下，适当联系生活实际，使文章的立意更加高远，使内容更加深刻。此外，谋篇布局方式的选择也很重要，如"引—议—联—结"结构就特别适合写这种题目。灵活运用这种经典结构，不仅会使文章前后勾连，也会增强文章逻辑性，使联系实际的效果更加突出。

第二部分

文本品读

••• 爱与美的交响 •••

导言

我是谁？我从哪里来？我将到哪里去？

这是人类从蒙昧中醒来的三大天问。

一个人，如果不能弄明白这些问题，注定会浑浑噩噩度过一生。

从宇宙学的视角看，人生没有意义，但对每一个个体而言，你仅有一次的人生，有无意义，全在于你是否赋予它意义。

少年如日之初升，蕴含无尽的生机与活力，即将向着明亮的天空投射自己的光芒。

该怎样实现这仅有一次的生命价值？又该怎样才能领悟人生的真谛？

仅有学校是不够的。课堂上的道理，并不是人世间所有的道理，恐怕也不是最重要的道理。小文章往往讲大道理，而且能讲出好道理。《读者》杂志的文章即是如此。它教你懂得爱，感受爱，并去爱人类和万物；它教你懂得美，感知美，并去爱美和创造美。

以爱和美成就自己，以爱和美抵抗黑暗和空虚，你的人生将朝气蓬勃，你那轮生命的太阳将在空中释放耀眼的光芒，温暖这个阴晴不定的世界。

努力吧，同学们！

幸福的秘密

[巴西] 保罗·科埃略

孙成敖 译

有位商人，把儿子派往世界上最有智慧的人那里，去讨教幸福的秘密。这位少年历尽艰辛，走了四十天终于找到了智者那美丽的城堡。

我们的主人公走进了城堡，没有遇到一位圣人，相反，却目睹了一个热闹非凡的场面：商人们进进出出，每个角落都有人在进行交谈，一支小乐队在演奏轻柔的乐曲，一张桌子摆满了那个地区的美味佳肴。智者正一个个地同所有的人谈话，所以少年必须要等上两个小时才能轮到。

智者认真地听了少年所讲的来访原因，但说此刻他没有时间向少年讲解幸福的秘密。他建议少年在他的宫殿里转上一圈，两个小时后再来找他。

"与此同时我要求你办一件事，"智者边说边把一个汤匙递给少年，并在里面滴进了两滴油，"当你走路时，拿好这个汤匙，不要让油洒出来。"

少年开始沿着宫殿的台阶上上下下，眼睛始终盯着汤匙不放。两个小时之后，他回到了智者面前。

"你看到我餐厅里的波斯地毯了吗？看到园艺大师花了十年心血创造出来的花园了吗？注意到我图书馆那些美丽的羊皮卷文献了吗？"智者问道。

少年感到十分尴尬，坦率承认他什么也没看到，他当时唯一关注的只是智者交付给他的事，即不要让汤匙里的两滴油洒出来。

"那你就转回去见识一下我这里的种种珍奇之物吧，"智者说道，"如果你不了解一个人的家，你就不能信任他。"

少年轻松多了，他拿起汤匙重新回到宫殿里漫步。这一次他注意到了天花板和墙壁上悬挂的所有艺术品，观赏了花园和四周的山景，看到了花儿的娇嫩和每件艺术品都被精心摆放在恰当的位置上。当他再回到智者面前时，少年仔细地讲述了他所见到的一切。

"可是我交给你的两滴油在哪里呢？"智者问道。

少年朝汤匙望去，发现油已经洒光了。

"那么，这就是我要给你的唯一忠告，"智者说道，"幸福的秘密在于欣赏世界上所有的奇观异景，同时永远不要忘记汤匙里的两滴油。"

点评

少年每次都只集中注意力于一个目标上，两次都未能完成智者嘱托的任务。智者最后告诉少年，幸福的秘密就在于：当我们抬头欣赏美景的时候，也不要忘记当下手中把握的东西。以有趣的故事阐述道理，让读者在美的情境中得到启迪。

光和影的游戏

邓　笛译

这是一个阳光明媚的冬日。我兴致勃勃地往曼琪亚塔楼走去。在塔楼的天井，我注意到一个盲人。他皮肤苍白，头发乌黑，身材瘦长，戴着一副墨镜，给人一种很神秘的感觉。他和我一样往塔楼的售票处走去。我心中好奇，放慢脚步，跟在他的后面。

我发现售票员像对待常人一样卖给他一张票。待盲人离开后，我走到售票台前对售票员说："你没有发现刚才那人是一个盲人？"

售票员茫然地看着我。

"你不想想盲人登上塔楼会干什么？"我问。

他不吱声。

"肯定不会是看风景，"我说，"会不会想跳楼自杀？"

售票员张了一下嘴巴。我希望他能做点儿什么。但是或许他的椅子太舒服了，他只毫无表情地说了句："但愿不会如此。"我买了一张票，匆匆往楼梯口跑去。

我赶上盲人，尾随他来到塔楼露台。曼琪亚塔楼高一百零二米，曾有很多自杀者选择从这里往下跳。我准备好随时阻止盲人的自杀行为。但盲人一会儿走到这里，一会儿走到那里，根本没有要自杀的迹象。我终于忍不住了，朝他走了过去。"对不起，"我尽可能礼貌地问道，"我很想知道你为什么要到塔楼上来。"

"你猜猜看。"他说。

"肯定不是看风景。难道是要在这里呼吸冬天的清新空气？"

"不。"他说话时神采飞扬。

"跟我说说吧。"我说。

他笑了起来。"当你顺着楼梯快要到达露台时，你或许会注意到——当然，你不是盲人，你也可能不会注意到——迎面而来的不只是明亮的光线，还有和煦的阳光，即便现在是寒冬腊月——阴冷的楼道忽然变得暖融融起来——露台的阳光也是分层次的。你知道，露台围墙的墙头是波浪状，一起一伏的，站在墙后面你可以感觉到它的阴影，而站在墙头缺口处你可以感觉到太阳的温暖。整个城市只有这个地方光和影的对比如此分明。我已经不止一次到这里来了。"

他跨了一步。"阳光洒在我的身上，"他说，"前面的墙有一个缺口。"他又跨了一步。"我在阴影里，前面是高墙头。"他继续往前跨步。"光，影，光，影……"他大声说，开心得就像是一个孩子玩跳房子游戏时从一个方格跳向另一个方格。

我被他的快乐深深感染。

我们所置身的这个世界如此丰富，美好的东西到处都是，我们有时感觉不到，是因为我们时常视它们为理所当然而不加以重视，不知道感谢，不懂得欣赏。这些美好的东西不但包括自然美景，也包括许多我们眼前手边随时可得的东西，比如光和影，比如人与人之间的善意、亲情和友爱。

点 评

这是一个标准的感发式文章结构：先讲故事，再做议论。叙事有条不紊，描写细致，对话生动，议论水到渠成。

爱心故事

[美国]特里·杜布森

彭嵩嵩 译

那是一个令人昏昏欲睡的午后，列车快速地行驶在东京郊区。车站到了，车门打开。突然，宁静被一个男人打破。他块头很大，醉醺醺、脏兮兮的。他狂呼乱叫、不知所云地怒骂着。醉汉摇摇晃晃走进车厢，尖叫着扑向一位怀抱婴儿的妇女。这一扑使得母亲倒在了一对老夫妇的腿上。所幸婴儿没有受伤。老夫妇吓坏了，他们跳起来向一旁逃走，我则站了起来。

那一幕发生在二十多年前，那时我很年轻，有一副健壮的好身板。醉汉见我站起来便咆哮道："啊哈！一个外国人！你需要上一节日本礼仪课！"他冲到我面前，就在他要动手的一刹那，有人大喊一声："嗨！"这一声真是震耳欲聋。我们回头，看到一位矮小的日本老人：他大约七十多岁，穿着整洁的和服坐在那里。他没有看我，却冲着那个醉汉眉开眼笑。"到这儿来，"那位老人以舒缓的方言说道，"到这儿来，和我聊聊天。"

醉汉挑衅地站到老绅士面前，吼声盖过了车轮的咔嚓声："混蛋，凭什么和你聊天？"老人家仍旧微笑："你喝的是什么酒啊？"他眼睛里闪烁着饶有兴趣的光芒。"我喝的是清酒！"醉汉怒吼道，唾沫星子飞溅到老人身上。

"哦，太好了，"老人说道，"我也喜欢清酒。每天晚上，我和我妻子——哦，她今年七十六岁了——我们温上一小瓶清酒拿到花园里，坐在长凳上看日落，还要查看柿子树的长势。那棵树是我曾祖父种的，我们一直担心它能否从去年的冰灾中恢复过来。不过，它的情况比预想的好！"他抬头看着醉汉，眼里闪着光。

醉汉不耐烦地听着，脸色却渐渐缓和下来，紧握的拳头慢慢松开。"我也喜欢柿子树……"他答道。"是吗？"老人笑着说，"那你肯定也有一位好妻子吧。""不，我的妻子死了。"醉汉开始啜泣，"我不应该没有家，不应该没有工作。我真为自己感到羞耻。"眼泪从他的脸颊上滚落。

这时，火车抵达了我要下的车站。当车门打开时，我听见老人悲怜地感叹道："唉，那实在是很艰难的状况啊。在这里坐下来，和我说一说吧。"我扭头看了他们最后一眼：那个醉汉躺在坐椅上，他的头靠在老人的膝上，老人正温柔地摩挲着他那肮脏而粗糙的头发。

列车开走了，我的心里却在感慨：本来想用拳头解决的问题，却被几句体贴的话轻易化解，其中的奥秘就在于一个"爱"字。

点评

因为老人的介入，一场冲突就这样化解了。核心情节是老人跟醉汉聊天，讲柿子树和妻子的故事。一篇故事文，支撑它的便是核心情节，写好了，就立住了。细节描写也令人赞叹，三言两语写出醉汉的狂怒失礼，寥寥几笔就勾勒出老人的良善。二者的对比，让人物形象愈加鲜明。

爱是最好的老师

[美国] 诺曼·文森特·皮尔

王启国 编译

许多年前，有一个叫约翰·霍普金的教授给他教的毕业生布置了这样的作业：去贫民窟，找二百个年龄在十二岁到十六岁之间的男孩，调查他们的家庭背景和成长环境，然后预测出他们的未来。

那些学生运用社会统计学知识，设计了问题，跟男孩们进行了交谈，分析了各种数据，最后得出结论：那些男孩中有90%的人将有一段在监狱服刑的经历。

二十五年后，教授给另一批学生也布置了一个作业：检验二十五年前的预测是否正确。学生们又来到贫民窟。以前的男孩，都已经长大成人。有的还在那里住着，有的搬走了，还有的已经去世了。但最终学生们还是与原来的二百个男孩中的一百八十个取得了联系。他们发现其中只有四人曾经进过监狱。

为什么那些男孩住在犯罪多发的地方却有这么好的成长记录呢？研究人员感到很纳闷也很吃惊，后来他们被告知：有一个老师当年教过那些孩子……

通过进一步调查，他们发现75%的孩子都是一个妇女教过的。研究人员在一个"退休教师之家"找到了那个妇女。

究竟那个妇女是怎样把良好的影响带给那些孩子的？为什么这么多年过去了，那些孩子还记着那个妇女？研究人员迫切地想知道这些问题的答案。

"不知道，"妇女说，"我真的回答不了你们。"她回想起多年前和孩子们在一起的情景，脸上浮起了笑容，自言自语地说："我只是很爱那些孩子……"

> **点 评**
>
> 　　这篇文章通过两组调查数据的对比引出问题，通过对问题的分析挖掘，最后得出答案："我只是很爱那些孩子……"结尾点题，仅此一句，胜过千言万语。写作方法值得借鉴。首先，让统计数字说话，数字作为论据，令人信服。其次，巧用设问，激发读者的阅读兴趣。

把苦日子过甜

赵晓东

有一次到美国观光，导游说西雅图有个很特殊的鱼市场，在那里买鱼是一种享受。同行的朋友听了，都觉得好奇。

那天，天气不好，但市场并非鱼腥味刺鼻，迎面而来的是鱼贩们欢快的笑声。他们面带笑容，像合作无间的棒球队员，让冰冻的鱼像棒球一样，在空中飞来飞去，大家互相唱和："啊，五条鳕鱼飞到明尼苏达去了。""八只螃蟹飞到堪萨斯。"这是多么和谐的生活，充满乐趣和欢笑。

我问当地的鱼贩："你们在这种环境下工作，为什么会保持愉快的心情呢？"

他说，事实上，几年前的这个鱼市场本来也是一个没有生气的地方，大家整天抱怨。

后来，大家认为与其每天抱怨沉重的工作，不如改变工作的品质。于是，他们不再抱怨生活的本身，而是把卖鱼当成一种艺术。再后来，一个创意接着一个创意，一串笑声接着另一串笑声，他们成为鱼市场中的奇迹。

他说，大伙练久了，人人身手不凡，可以和马戏团演员相媲美。这种工作的气氛还影响了附近的上班族，他们常到这儿来和鱼贩用餐，感染他们乐于工作的好心情。有不少没有办法提升工作士气的主管还专程跑到这里来询问："为什么一整天在这个充满鱼腥味的地方做苦工，你们竟然还这么快乐？"他们已习惯了给这些不顺心的人排疑解难，"实际上，并不是生活亏待了我们，而是我们期求太高以至忽略了生活本身。"

有时候，鱼贩们还会邀请顾客参加接鱼游戏。即使怕鱼腥味的人，也很乐意在热情的掌声中一试再试，意犹未尽。每个愁眉不展的人进了这个鱼市场，都会笑逐颜开地离开，手中还会提满了情不自禁买下的货，心里似乎也会悟出一点道理来。

点评

> 把生存变成生活，一切就会改变。一篇描写议论融为一体的文章，活泼可读。

年　龄

蔡　澜

在我们的生命中，唯一觉得老是一种乐趣的，只有在我们是儿童的时候吗？

"你多少岁了？"人家问道。

"我四岁半。"

当你三十六岁时，你绝对不会回答："我三十六岁半。"

四岁半的人长大了一点，给人一问，即刻回答："我十六岁了！"

也许，那时候，你只有十三岁。

到了二十一岁那天，你伸直了手，握着拳，大叫："Yes！我已经二十一岁了！"

恭喜你，转眼间，你已三十岁，再也不好玩了！天呀，那么快！一下子变四十岁，怎么办？怎么挽留也没用，你不止变四十岁，五十岁也即将来到。这时候你的思想已经改变："我会活到六十岁吗？"

你从"已经"二十一岁，"转为"三十岁，"快要"四十岁，"即将"五十岁，到"希望"活到六十岁，"终于"七十岁。最后，你问自己"会不会"有八十岁的寿命。很幸运地你九十岁了，你会说："我快要九十一岁了！"

这时候，有一件很奇怪的事发生。人家问起："你多少岁了？"

你返老还童地回答："我一百岁半。"

快乐的人把岁数、体重、腰围等等数字从窗口扔了出去。让医生去担心那些数字吧！

生命并非以你活了多少岁来计算，是以你活得有没有意义来衡量。

每一天都问自己活得怎么样。散散步，看看花，是免费的。

点评

采用虚拟对话的方式，活泼生动。文章由浅入深，层层推进，说理令人信服。叙述使用第二人称，给人以亲切之感。

乐在奋斗中

[美国] 威廉·吉尔兰德

父亲退休时已有六十多岁了。在那以前，他做了大约三十年乡间邮差，一个星期有六天他都跋涉在佐治亚州东北部的山区里，为人们送信。

在他八十岁生日时，我送给他一封信，信中特别说了几句表示孝心的话。我说我们全家人都希望他身体健康，心情愉快，能够在欢乐中安度晚年。总之，我希望他永远快乐。在信的最后，我建议他和我母亲不要再干活了，应当完全放松自己，好好歇息。我认为，父亲操劳了一辈子，现在他们终于有了舒适的家和丰厚的退休金，几乎有了他们想要的一切，应该学学如何享受生活了。

后来，父亲回信了。他首先感谢了我的好意，然后笔锋一转："虽然我很感谢你的赞美，但是你让我完全放松自己却吓了我一跳。"父亲承认没有人喜欢走坑洼不平的路，就像他走了三十年的崎岖山路那样，"但是如果我们事事都顺心如意，从来都碰不到困难的话，那或许是世界上最糟糕的事了。"

父亲在信中写道："人生的意义不在于马到成功，而在于不断求索，奋力求成。每一件有意义的事都需要我们以坚强的信念去完成，这样，我们的生活才会更加充实，意志更加坚强。"

从他流畅的行文中，我似乎看到了父亲写信时高兴的表情："我们一生中最美好、最愉快的日子，不是还清了所有欠款的时候，也不是我们真正得到这套靠血汗换来的住所的时候，这些都不是。我记得在很多年前，我们全家挤在一套很小的住宅里，为了糊口，我们拼命工作，根本分不清白天还是黑夜。你还记得吗？我最多每天只睡四个小时。直到现在，我都不明白当时为什么不知道什么叫累，又怎么会觉得生活是那么美好。我想大概是因为我们那时是在为生存而奋斗，是为保护和养活我们所爱的人而拼搏吧。"

"在奋斗中求成功这方面，我认为最有意义的，不是那些获得成就的伟大时刻，而是那些小小的胜利，或是那些遇到挫折、僵局甚至失败的时刻。我想，假如人人都轻而易举地成功了，那么我们就不是人生的参与者，而是生活的旁观者了。要记住，重要的是追求，而不是到达。"

> **点 评**
>
> 以书信作为主体，使文章充满情感，说理就更加令人信服。

梦结束的地方

栖　云

有人做过统计，迄今为止，大约有五百人成功地登上了珠穆朗玛峰顶，亦大约有五百人在攀登过程中献出了宝贵的生命。无论这个统计数字属实与否，都不折不扣地表明，攀登珠峰生死系于一线，代价极其残酷。

因攀登珠峰而遇难的勇士阎庚华去世后，笔者走进他独居的家，目睹的是一个痴迷的登山者的世界：墙上贴满了登山明星照、珠峰风景画，挂满了登山爪、登山靴、滑雪杆。他用十三年的漫长岁月做准备，为此放弃了婚姻，离开了心爱的女儿，甚至不惜失去生命。

无限风光，唯有触天者才领略得到吧！一位朋友成功地登上了海拔6400米的一座山峰，我问他，那种高处不胜寒的峰巅之感一定惊魂动魄吧？没有一丝尘埃的繁星，广袤深邃如宝石样的天宇，还有洁白无瑕的冰雪，一定让人的肺腑都透明了！朋友却一本正经地摇头道："完全不是这样，冰天雪地的山头上能有什么吸引力？天幕、繁星、晶莹的冰雪，那是诗人塑造的仙境。当时的情形根本不浪漫，巨大的风裹着彻骨严寒，满眼白茫茫的，就这些。"

真就这些，这么令人失望吗？答案如此肯定。那么，为什么要登山呢？不要命地登那么高的山，想证明什么英雄气概？挑战极限的能力？我费解而焦急地望着朋友。朋友悠悠地说："那一刻，我只觉得一颗心从喉咙里咯噔一下回到胸膛里去了，就像做了一个痛苦而漫长的梦，我终于可以释怀。"

那是梦结束的地方，高耸入云。这梦牵扯着生命的脚步，一路跋涉，万水千山，赴汤蹈火。无论那座山叫什么名字，在地壳上，在实验室中，还是在书本里，都充满了诱惑。

明白了吗？生命原来是梦想的一架梯子，可以一直延伸到梦想成真的那一刻，只要你永不放弃。

> **点 评**
>
> 这是一篇让人震撼的文章。首段提出观点，即攀登珠穆朗玛峰代价惨重，然后以一位遇难者为例证明。接着由一个成功登顶者回答为什么登顶的问题：只是为了一个梦想的释怀。借此展开联想，升华主题：生命原来是梦想的一架梯子，只要永不放弃，就有可能梦想成真。这种用强说服力事例证明观点的方法，值得借鉴。

你有没有虚度此生

李荷卿 编译

那个星期天是一个寒冷的冬日。教堂的停车场很快就停满了汽车，当我走出我的汽车时，我注意到我的教友们正一边向教堂走去一边低声议论着什么。当我走近时，看见一个男人正斜靠着教堂外面的墙壁躺在地上，好像睡着了似的。他上身穿着一件几乎已经破成碎片的军用防水短上衣，头上戴一顶破帽子，那顶帽子被拉下来遮住了他的脸。他的脚上穿着一双看起来差不多有三十年历史的旧鞋子，而且对他来说，那双鞋子也太小了，上面还布满了破洞，他的脚指头都露在了外面。

我猜这个男人是一个无家可归的流浪汉。我继续朝前走进了教堂。我和我的教友们寒暄了一会儿，然后，有人提到了那个正躺在外面的男人。人们窃笑着，闲谈着，但是没有一个人请他进到教堂里来，包括我。过了一会儿，讲道开始了。

我们全都等待着牧师走到讲道坛上去，给我们讲道。就在这时，教堂的门开了。

进来的不是别人，正是那个无家可归的流浪汉。他低着头沿着走廊向前走去。人们屏着气，低声议论着，做着鬼脸。他步履蹒跚地走过走廊，登上讲道坛，脱掉了他的帽子和上衣。我的心沉了下去，前面站着的正是我们的牧师——那个"无家可归的流浪汉"。没有人说话。牧师拿出他的《圣经》，放到讲台上。"教友们，我想，不用我说，你们也知道我今天要讲什么内容了吧。"然后，他就开始唱下面这首歌：

如果在我经过的时候，我能帮助别人；

如果我能用一个字或者一首歌鼓励别人；

如果我能在别人犯错的时候为他指出来；

那我就没有虚度此生。

点 评

结尾用歌卒章显志，别有韵味。我们似乎能听到那穿云裂石的歌声，在歌声里你什么都明白了。可以尝试把歌词引入作文，给文章增添魅力。歌词也可以用在开头，或用在主体部分，甚至可以贯穿始终，形成主线。试一试吧！

求助自己

王文华

一位技艺高超的走钢丝的演员准备给观众带来一场不系保险绳的表演，钢丝的高度是十六米。海报贴出后，立即来了大批观众。他们都想知道这位演员如何在没有保护的情况下，从容自如地在细细的钢丝上完成一系列的高难度动作。

演出那天，观众黑压压地坐满了整个表演场。他一出场，就引来全场观众热烈的掌声。他开始走向钢丝，钢丝微微抖着，但他的身体像一块磁石一样吸在钢丝上。一米、二米……抬脚、转身、倒走……动作如行云流水。助手站在钢丝的一端紧张而又欣赏地看着他，暗暗为他加油。

突然，他停止了表演，停止了所有动作。刚才还兴奋的观众马上被他的动作吸引住了，认为他有更为惊险的动作，整个表演场地马上平静下来。但助手觉得这极不正常，意识到他可能遇上了麻烦。钢丝越来越抖，他竭力平衡自己的身体，助手的额头也渗出了细密的冷汗。经验丰富的助手知道此刻不能向他问话，否则会使他分心，导致难以想象的后果。

时间一秒一秒地过去了，突然他开始向钢丝另一头走了一步，然后动作又恢复了正常。他很快表演完了，从云梯上回到地面。演员们全都围了过来，发现他的眼睛血红，好像还有泪痕，他在找他的助手，助手从远处跑来，他一把抱住了助手说："兄弟，谢谢你。亲爱的兄弟，这是魔鬼的恶作剧，一阵微风，吹下了屋顶的灰尘，掉入了我的眼睛，我在十六米高空中'失明'了。我对自己说，我应该坚持，我在心中一秒一秒地数着，就在刹那间，我感觉到泪水出来了，这是我救命的圣水，它很快把灰尘冲了出来。但是，如果你那时候唤我一声，我肯定会分心或者依赖你，但这样做谁都知道后果是什么……"

> **点　评**
>
> 本文跌宕起伏，含蓄蕴藉。故事扣人心弦，引人入胜，但并没有卒章显志，而是把道理蕴含在故事之中，读罢令人觉得别有一番韵味在里头。

会说话的遗产

流　沙

海琳·罗阿特是法国卢尔谷镇一位居民，她多年前从法国巴黎搬来居住，一直过着无人照顾的生活。

罗阿特在小镇生活的那几年，疾病缠身，痛苦不堪。但是，在这座不大的小镇上，没有人来关心她，也没有人问过她需要什么帮助。是的，这个小镇上的人都不在乎有这样一位老人，即使她步履蹒跚地从他们身边走过，他们也不知道她叫什么名字，为什么会出现在这里。

但是，小镇上的人做梦也没有想到，老人去世前，立下了遗嘱：把她两百万美元的遗产全部捐赠给小镇上的九百多人。这意味着小镇上的每个人都可以得到一笔钱。

老人下葬后，人们开始等着分这笔钱。但是律师出示了获得遗产的许多附加条件，这些附加条件让人们傻了眼。其中包括：领取遗产后镇上最长的街更名为罗阿特大街，镇长办公室里必须悬挂她最喜欢的油画，她的房子必须变卖给来自巴黎的人。最后还有一条，必须将她遗产中的大部分，用来建造公寓楼，提供给那些需要帮助的穷人。

小镇上的人都不明白，老人既然捐赠了遗产，为什么还要附加那么多的条件。

小镇上有位牧师知道这件事后，不停地忏悔。有人问他，你为什么要这样做？

牧师说，这是一笔会说话的遗产，难道你们还不明白吗？老人生前没有对小镇上的人说过她的名字，大家不了解她，也没有关心过她。她要求把小镇上最长的街改名为罗阿特大街，就是告诉大家，你们应该记住她的名字；镇长办公室里必须悬挂她最喜欢的油画，就是告诉大家，你们应该了解她，知道她的爱好。她要求把房子卖给来自巴黎的人，其实是想告诉大家，她来自巴黎。最后她要求将遗产中的大部分，用来建造公寓楼，提供给那些需要帮助的穷人，意思是说，你们每个人都要懂得帮助别人。

牧师的话很快传开了，小镇上的人羞愧难当，也没有人有勇气接受老人的馈赠了。

点评

标题是文章的眼睛。标题新颖别致，能激发读者的阅读兴趣。巧用修辞，是写好标题的关键。比喻使标题新颖形象，如书是镜子，人生如扁舟；双关使标题含蓄蕴藉，如鲁迅的《药》，巴金的《寒夜》。善于设置悬念也是本文一大特点，最后作者才抖出包袱，令人恍然大悟。

心灵的暖春

李作昕

法国作家让·季奥诺写过一篇著名的小说《植树的人》，讲的是一个离群索居的牧羊人，通过近半个世纪坚持不懈的植树，终于证实了"孤独者能够找到幸福"。

这位牧羊人，不知道1914年的战争，也不知道1939年的战争。他天天和树打交道，和树相依为命。他用心灵的语言和树谈心，默默地交流，过的是"淡泊生活"。他通过亲身经历"找到了过得美满幸福的好办法——爱让生活多份阳光"。

这位牧羊人几十年置身于荒无人烟的地域。他每种下一棵树，就感到在人世间又多了一位亲人。他在每棵树上寄托他的情感和希望。他立志要改变荒凉的现实。他只是劳作，不求回报。他经常和树默默谈心，因而得到了"心灵的宁静"。在他看来，他的事业是"堪与上帝媲美的事业"。由于充满了改造现实世界的强烈愿望和对树的极度热爱，这位牧羊人在实践中逐渐发现人与土地、人与自然相互依存的关系。他深深地意识到人生的价值在于为他人、为后人造福。爱是人生之源，一个人的心中倘若没有爱的泉水，那也就不会有人生的绿荫。有了爱，纵然是满眼阴云、遍地荆棘，你也会对这个世界充满无限的迷恋和神往。爱造就人，使人成为独一无二的动物。物质的贫乏只会导致人生的艰难，但若爱匮乏，则会使人生空虚、灵魂孤独。

心不乏则身不累。有人说，像蚂蚁一样工作，像蝴蝶一样生活。这样的人，其生命一定会像阳光般灿烂。成功学大师拿破仑·希尔曾说："人与人之间只有很小的差异，但是这种很小的差异却可以造成巨大的差异。很小的差异即积极的心态或消极的心态，巨大的差异就是成功或失败。"

爱能使人懂得忧伤与痛苦，同时也能使人摆脱忧伤与痛苦，令平凡的生活充满情趣与意义。人应该坚守自己的信念和操守，为追求心中的光明，耐得住孤独，耐得住寂寞。

爱是一种德行。崇高的爱，不但能体验美，还能创造美。爱是种子，谁播种爱，谁就能收获美丽。

> **点评**
>
> 说理的一个好方法就是"剥洋葱"，由表及里，逐层深入。本文先讲述牧羊人通过种树找到幸福的故事，再阐释他找到幸福的方法——"爱"，之后作者更进一步论证由于爱，牧羊人发现人与土地、人与自然相互依存的关系，爱是生命之源这些深层次道理，最后阐释爱的作用与意义。论证逐层深入，思路清晰。为了把道理说得令人信服，还可以使用引用论证的方法，借名人名言、诗词歌赋为论证增色。正反论证也能让文章放光芒，如"有了爱……""如果没有爱……"

想象中的病人

[英国] 杰罗姆·K.杰罗姆

闻春国 译

记得那一天，我到大英博物馆去查阅有关接触性枯草热的治疗情况，我猜我大概得了这种病。我取下那本书，一口气读完所有的相关内容，然后，我懒散地胡乱翻了几页，开始粗略地研究起疾病来。如今，我已经忘了我得的第一种疾病叫什么来着——反正是那种有点可怕的绝症。没等看完那一连串病症预兆，我便意识到，我恰恰得了这种病。

我坐在那里呆呆地发愣，陷入绝望之中。过了好一会儿，我又拿起那本书，翻了起来。翻到伤寒——仔细看了它的各种症状，我发现我又得了伤寒，想必我得此病已经好几个月了，竟然还茫然不知。不知道我是否还患有其他什么疾病！翻到舞蹈病，我发现，正如我预先料想的那样，我也患有这种疾病。我开始对自己的病情产生了兴趣，并决定一查到底。我开始按字母顺序逐个检查——翻到疟疾，我知道自己已经出现了。

疟疾的某些症状，两个星期后将处于急性发作期；翻到肾小球肾炎，我心中稍微感到一丝安慰。我得的只是其中较轻一种，就目前状况而言，我还可以活上几年。此外，我还染上了霍乱，并伴有严重的并发症。而白喉对我来说似乎是与生俱来的疾病。我不厌其烦地按照二十六个字母统统检查了一遍，结果发现，唯一没有得上的疾病就是髌前滑囊炎。

起初，我对此颇有些伤感，心中似有几分失落。为什么我没有得上髌前滑囊炎呢？为什么要出现这一令人遗憾的事？不过，过了一会儿，我的心渐渐变得宽宏大量起来。我想，从药理学讲，我不是已经得了其他各种常见的疾病了吗？没有得上髌前滑囊炎那就算了吧！而痛风已经处于恶性晚期了。怪了，我是什么时候得的？我怎么一无所知呢？传染病，显然我从小就有了。不过，传染病之后书上似乎没再列出什么疾病了。由此看来，我的病也就到此为止了。

我坐了下来，陷入沉思。我在想，从医学角度来说，我是一个非常有趣的病例；对于医学院学生来说，我更是一个极为难得的病例！有了我，学生们也就无须到医院去实习了，我就是他们的"实习医院"。他们所要做的就是在我身上研究研究，然后就可以拿到他们的毕业文凭了。

我不知道自己究竟还能活多久，我得作一番自我检查。我摸了摸自己的脉搏。起初，我什么也摸不着，随后不久那脉搏又突然跳了起来。我掏出怀表，测算出脉搏的次数，大概每分钟一百四十七次。我又摸了摸心脏，我竟然一下子摸不着心脏了。它已经停止跳动了！后来，我渐渐意识到我的心脏应该还在那里，想必也没有停止跳动。只是我对此无法解释而已。我拍遍了全身，从我所谓的腰部拍到我的头部，又沿着身体左右两侧小幅扭动了几下，再伸直腰杆子。可我还是什么也摸不着，什么也听不到。我看了看自己的舌头，尽量把舌头伸得长长的，闭上一只眼睛，用另一只眼来检查。我只能看见自己的舌尖，唯一得到的收获是，我比以前更加确信我得了猩红热。

走进阅览室的时候，我是一个健康、快乐的人，出来的时候我完全变成了一个拖着衰弱病躯的重症病人。

于是，我去看了医生。他是我的一位好友，他摸了一下我的脉搏，又看了一下我的舌头，后来不知怎么的又谈起了天气。我想我都病了，还说这些废话。我现在来找他就是给他一次机会。我想，医生所需要的无非就是业务，他应该得到我这份业务。从我身上他所得到的业务要强于成千上万只有一两种病症的普通病人。这样，我径直去找了他。

"哎，你究竟哪里不舒服？"他问。

我说："老兄，我不会告诉你我得了什么病，让你白费那么多时间。生命是短暂的，也许我还没死掉你就升入了天堂。不过，我可以告诉你我没有得什么病。我没有得髌前滑囊炎。至于为什么我没有得上，我无法告诉你，但我可以说我确实没有。除此之外，什么病我都有。"

我还把自己是如何发现这些疾病的如实地告诉了他。

随后，他解开我的衣服，俯视着我，然后紧握着我的一只手腕，在我的胸部一阵乱敲。我可不希望他这样做，他这样分明把我看作是一个孬种。紧接着，他又把脑门贴到我的身上。最后，他坐了下来，开了一个处方，然后把它叠了起来，递给我。我接了过来，随手把它揣进衣兜里，走了出去。

我没有打开处方，便带着它来到一家离得最近的药店。药剂师看了看处方，然后又将处方还给我。

他说他不收这种处方。

"你不是药剂师吗？"我问。

"我是药剂师。如果这里是一个合作商店兼营家庭旅馆的话，我倒是可以为你效劳。可我只是一个药剂师，看来我是无能为力了。"

我看了看那处方，上面写道：

> 一磅牛排，外加一品脱苦啤酒；
>
> 每隔六小时服用一次；
>
> 每天早晨散步十英里；
>
> 每天晚上十一点上床睡觉。
>
> 此外，不要满脑子装些你不明白的东西。

点 评

本文是一篇辛辣的讽刺小品。世间最难医治的是心病。文章虽写的是一个人的故事，但却写出了很多人共有的问题。第一人称的叙述角度，便于直接抒发作者的内心情感，也使文章真实可信。

天堂与地狱

黄永武

从前，吕蒙正刚被任命为副宰相的时候，大小官员都不服。有人竟当场指着他说："像你这种家伙也能参政议政？"吕蒙正的同僚想要追查此人的姓名，却立刻被吕蒙正制止，他说："知道了姓名，会终生难忘，多难过！不知道也就忘了，多快乐！"

汉代的刘宽驾着牛车回家，半路有一个农夫丢了牛，指着刘宽的牛车，硬说拉车的牛是他的。刘宽无可奈何，只得让农夫牵走牛，步行回家。后来农夫找回牛，十分惭愧地归牛谢罪，刘宽却说："相像的牛太多，难免弄错，你肯亲自送回来，我该谢你！"晋代朱冲家的牛犊，也被农人误认，强行牵走，但不久农人在林下找回牛犊，十分惭愧地归牛谢罪，朱冲却坚拒不受，让农人羞愧得无地自容。刘宽一念之间的春风，创造了人间天堂；朱冲一念之间的肃杀，却制造了人间地狱。

这些人间的天堂与地狱，还只是自己和外人之间的，少相见也就淡忘了。最难处的是家庭间的不睦，亲人之间恩怨纠缠，弄到戈矛相向，那真是步步荆棘、时时刀山，这就是自己制造的地狱；而如果懂得涵容宽厚，骨肉之间情深意重，全家熙熙然喜气迎人，这就是触手可及的天堂。

人之间的爱恨外，个人对苦乐的感受，也是升天或坠地的依凭。譬如听到别人有好事情，怀疑不肯相信；听到别人有坏消息，高兴且传播：这种人一肚子都是杀机，胸腔间就是地狱！

再如果没事就忧虑，对着美景也乐不起来，对这种有福不会享的福薄之人而言，处处是涉世的苦海，就活在地狱；而有人对着苦境也觉得甘甜，有事也能坦然面对，气宇间澄澈而宁泰，这种懂得乐自苦生的惜福之人，就常在天堂。

点评

巧用对比，层层深入，由远及近，是本文突出的论证手法。两个层次，四组对比，由远及近，让人深刻地感受到：创造天堂，还是制造地狱，完全在于自己，而且与自己的幸福息息相关。

震 撼

潘向黎

我曾看过一篇文章，说在"二战"期间，一群流浪汉保护了原本计划被炸毁的科隆大教堂。我最初以为是夸大其词，结果是真的。

当时，许多无家可归的流浪汉，每天晚上栖身于科隆大教堂地下的甬道。"二战"后期，盟军决定轰炸德军在西线的据点科隆。科隆人纷纷逃离。流浪汉知道无力保护大教堂不被炸毁，于是决定将教堂的彩色玻璃画都拆卸下来，保存起来留给后人。

他们不分昼夜地奋战，就在快要拆到最高层的时候，盟军的轰炸机呼啸而至。这些流浪汉放弃逃命的机会，继续拆卸，好几个人仅绑着一根绳子，整个身体悬在塔外，而轰炸机近在咫尺。

奇迹发生了，轰炸机的炸弹避开了大教堂。整个科隆被夷为平地，只有大教堂依然耸立。当时做出决定的盟军军官说："当你看到一群衣衫褴褛的人，将自己悬在高高的塔尖之上，不顾生死地抢救彩色玻璃画时，相信你也会做出同样的决定。"

虽然"震撼"这个词已经被滥用得不成样子，但我还是要以这个词最初的、纯净的意义说："我，被震撼了！"

如果人能够豁出性命，许多事情是可以改变的，奇迹也是会发生的。

如果这些流浪汉认为，靠他们在战火中保护教堂是不可能的，如果他们在飞机到达之前害怕了，那么教堂是保不住的。但是，他们没有。

如果愿望没有实现，不要归咎于他人、时代或者命运，不要说原本就不可能，请扪心自问：豁出性命去争取，我敢不敢？自然，命只有一条，人只能活一次，要何等强烈的热爱、心愿、念头，才能让人豁出性命呢？

议论文写作，怎样才能打开思路呢？本文给出了答案：巧用假设论证。假设论证的使用有三种情况：首先，可以从正面假设，比如"如果人能够豁出性命，许多事情是可以改变的，奇迹也是会发生的"；其次，可以从反面假设，比如"假如这些流浪汉没有豁出性命……"；再次，正反对比假设。尾段连用两个问句，"引而不发"，使文章余味无穷。

"低海拔"体质与"高海拔"风景

李筱懿

多年前我去铁力士山，出发前导游问大家是否有高原反应。其实我有一点，但我觉得山峰海拔不到 4000 米，不是很高，还有缆车，所以没吭声，跟着去了。

缆车上升的时候我已经觉得很不舒服，在山顶待了 5 分钟，便头晕不已。我不想影响周围人欣赏风景的心情，只能尽力忍住。

身边不时传来各种惊叹声，为了一朵壮观的云或者一座泼墨画般的山峰。我丝毫感受不到这些美。我闭着眼睛，脸色苍白，呼吸困难。最终，大家为了迁就我，只好全部提前下山。

当我到达山脚，呼吸到充足的氧气时，幸福感扑面而来。此刻，任何美景都不如舒适感重要。导游笑着说："以后，你这种'低海拔'体质不要挑战'高海拔'风景，平原一样很美，人这一辈子不可能看尽所有的风景，有些美景注定不属于你。"闻言，我心头一动。

有多少痛苦来自我们用"低海拔"的体质挑战了"高海拔"的风景？一样买不起的东西、一个爱而不得的人、一件总也做不好的事，它们就如同高海拔的铁力士山，如果我们没有体力，还有严重的高原反应，就注定得不到。

努力接近目标，如果力所不及，就考虑调整方向；承认已失去，接纳得不到，放弃无用功，也是生活的必修课。普普通通的日子尽管给不了人轰轰烈烈的成就，但是时光自有积少成多的力量，也许在某个转角会带给你意外的惊喜。

对比式标题颇有吸引力。议论文写作，说理要点面结合。本文先以我"低海拔"体质挑战"高海拔"风景，导致队友们不得不提前下山作为例子，总结出这样一个道理："人这一辈子不可能看尽所有的风景，有些美景注定不属于你。"但由一个事例归结出来的结论往往缺乏普适性，作者紧接着以设问将结论引向普遍化，说理点面结合，令人信服。最后作者还给出了解决问题的三种方法，使文章趋于完美。

友谊与棉花糖

王立群

据《后汉书》记载，山阳金乡范式（字巨卿）与汝南张劭（字元伯）是同窗好友，二人同在京师游学，后来一起告假返乡。范式对张劭说："两年后重回太学，我会到你家拜见你的父母，见见你的孩子。"二人遂约定了日期。待约期临近，张劭把这件事告诉母亲，请母亲准备酒菜招待范式。母亲问："分别两年，相隔千里，他会来吗？"张劭回答："范式是一个讲信用的人，他一定不会违约的。"母亲说："那我就为你酿酒。"到了约定之日，范式果然来了，两人登堂饮酒，尽欢而别。

后来张劭病死。临死时叹息道："遗憾的是没能再见一下我那生死与共的朋友。"而远在异地的范式，忽然梦见张劭匆匆赶来对他说："巨卿，我在某日死了，要在某日下葬，永归黄泉，你如果没有忘记我，能来再见一面吗？"范式醒来，放声大哭，身着丧服，快马加鞭前往奔丧。范式到时，灵车已行至墓穴。下葬之时，棺材突然怎么也抬不动了。张劭的母亲抚摸着棺材说："元伯，你是否还有什么未了的心愿呢？"于是就命人把棺材停放在墓边。一会儿，便看见远处有人素车白马，痛哭而来。张劭的母亲说："这一定是范巨卿了。"范式赶到，吊唁说："行矣元伯！死生路异，永从此辞。"参加葬礼的上千人"咸为挥涕"。范式牵引棺材下葬，随后还住在墓地边，为张劭种了树，然后才离去。

这个故事非常感人，"范张鸡黍"也成为生死之交的象征，后代文人不断使用这一典故，元代剧作家宫天挺还以此为素材写过一个剧本，就叫《死生交范张鸡黍》。

其实，真正的友情不是秀给人看的棉花糖，大多数时候它是默默无闻的。然而，"一死一生，乃知交情"，一个人在患难时刻，要看看谁还站在你身边，给你温暖、给你鼓舞、给你力量。记住他，然后一辈子对他好。

点 评

本文为一事一议式的文章范式。先讲好故事，再从中引申出观点。

师旷的眼睛

王鼎钧

——左手画方，右手画圆，则两皆无成。

师旷研习音乐，造诣未精，发觉"艺之不成，由心之不专，心之不专，由目之多视"。他用艾叶熏瞎自己的眼睛，从此心无旁骛，终于成为中国古代的大音乐家。

这个故事是教我们做瞎子吗？不是，它只是鼓励我们专心，专心始能有成。"上天很吝啬，他只允许一个人一生做好一件事。"这话虽然有些过分，却很值得人们警惕。

为什么专心才会成功？因为世界上大多数人都不肯专心。人生原是一种竞赛，不肯专心的人，不啻自动放弃了锦标，让别人后来居上。到了现代，学问与技术都愈专愈精，而社会上夺目驰神、分散精力的因素又愈多愈强，"专心"就尤其重要了。

所谓成功，就是专心的人彼此之间长期竞争而产生的结果。专心未必就能夺得冠军，还要看天分和机缘。然而在"专心"的行列里，即使站在最后一名，也还是置身于精英之列，比那些玩忽怠惰、因循无知的人领先很多。

——少年坐在蔷薇上，则老年坐在荆棘上。

人们尊敬青年人，犹如看重开奖前的奖券，不断地猜估它到底能中几等奖。这张"奖券"提高"行情"的唯一方法，就是自强不息。

什么时候"开奖"呢？中国传统的说法是三十岁，较新的说法是四十岁。孔夫子最宽大，把"不足畏"的极限延后到五十岁。总之，人要及早努力，以免"老大徒伤悲"。

当然，世间有无数的格言鼓励老年人继续学习，那些格言是为失去青春的人而写。你若还年轻，何必坐待老大再接受那种鼓励？

点评

文章由两个独立的片段构成。第一个片段给我们的启示是：写出是什么，分析为什么，讲出怎么做，议论文写作处理好"三个 W"之间的关系，就能将写作引向深入。第二个片段告诉我们：巧用比喻使说理显得形象生动。作者把人们对青年的尊敬，比喻为"对开奖前的奖券的看重"，把人取得事业成功的年纪，比喻为"开奖"的时候。这样的比喻充满智慧。

奇迹在坚持中

曹卫华

这是发生在我大学期间的一件事，至今犹记在心。

公共课"社会学"的老教授给我们出了这样一道题目：如果一件事的成功率是 1%，那么反复尝试 100 次，至少成功 1 次的概率大约是多少？备选答案有四个：10%、23%、38%、63%。

经过十几分钟的热烈讨论，大部分人都选了 10%，少数人选了 23%，极个别人选了 38%，而最高的概率 63% 却被冷落，无人问津。

老教授没作任何评价，沉默片刻后，微笑着公布了正确答案：如果成功率是 1%，意味着失败率是 99%。按照反复尝试 100 次来计算，那失败率就是 99% 的 100 次方，约等于 37%，最后我们的成功率应该是 100% 减去 37%，即 63%。

全班哗然，几乎震惊。一件事倘若反复尝试，它的成功率竟然由 1% 奇迹般地上升到不可思议的 63%。

有一句名言是这样说的："要在这个世界上获得成功，就必须坚持到底，剑至死都不能离手。"其实任何人成功之前，都会遇到许多的失意，甚至难以计数的失败。你选择了放弃，无疑就放弃了一个成功的机会，因为轰轰烈烈的成功之前的失败，往往离成功只有一步之遥。自古以来，那些所谓的英雄，并不比普通人更有运气，只是比普通人更有锲而不舍、坚持到最后的勇气罢了。

点评

数字是冰冷的，道理是温暖的。列数字，属于事实论据，比一般的事实论据更直观，更能触动人心，更有说服力。如果数字前后形成对比，就更能深化论点。尾段使用名言名句进一步增强论证力。

克莱因蓝

陆小鹿

"当我闭上双眼，想起伊夫·克莱因，脑海里便浮现出一个身影，整洁的衬衫、卷起的袖子，他那饱蘸蓝色颜料的滚筒刷，正将一块块空白填满……"这是朋克摇滚女王帕蒂·史密斯在其《第五元素》中描写的一段文字。

短短几十个字，栩栩如生地刻画出克莱因的形象——他爱穿白色衬衫，他的滚筒刷长年累月只浸润一种蓝色颜料，这种蓝色正是以他的名字来命名的——国际克莱因蓝。

伊夫·克莱因，1928 年生于法国尼斯，早年热爱武术，学习柔道，后来喜欢上绘画，最终成为一名前卫艺术家。

早期，"单色"是克莱因的独属标志。

19 岁那年，他开始创作《单音—静默交响乐》。这段音乐分为两部分，首先是一段连续的单音调旋律，接着，是一段持续的静默。这一交响乐后来被认为是克莱因"单色画"的声音表现形式。

22 岁那年，他开始沉迷于用水粉和水彩创作"单色画"，黄的、绿的、粉的、灰的……什么颜色他都尝试。只是，这些"单色画"看起来多么不像画啊，看上去只是色彩填满了画布而已。

不出所料，五年后，他带着自己最得意的作品《橙色》去沙龙，满心期盼能被展出，结果却被无情地拒绝了。他得到的评语是："这幅作品真的是不太好。如果您能接受至少添上一小道，或者哪怕是一点点别的颜色的建议，我们也许还会同意展出，但是如果只有一种颜色，不行，不可能的。"

普通人到这种时候往往会知难而退，但克莱因选择了坚持。

拒绝促进了克莱因的自省，他决定放弃其他单色，全力绘制蓝色，以世上绝无仅有的蓝色来开天辟地、乘风破浪。他说："天空或海洋等无限空间的蓝色，是唯一而且绝对迷人的色彩。"

1956 年秋天，克莱因和巴黎的化学家共同研制出一种近似群青蓝的色彩，他用这种蓝绘制出一系列蓝色单色画，并为这种颜色申请了专利，将其命名为国际克莱因蓝，从而开创了属于自己的蓝色王国。

他开始不断尝试新的艺术形式及表达方式。在"蓝色单色画"展览的开幕式上，他放飞了 1001 只蓝色气球。

克莱因又将这种风格从绘画领域拓展到行为艺术。他将一块涂了克莱因蓝的画布固定在自己的雪铁龙汽车上，从巴黎开到滨海卡涅，画布经过风吹雨淋，最后变得斑驳不堪，这就是一幅天然去雕饰的画卷。他站在高处，面朝天空，双臂先是交叉于胸前，而后张开纵身一跃，看起来不像坠落，反而如同起飞，完成了著名的新现实主义艺术作品——《跃入虚空》。

克莱因为什么那么喜欢蓝色呢？原因是——他的女友最喜欢蓝色。

我欣赏克莱因对色彩的坚持、专一和享受。在他的艺术作品展览会上，我看到一大片的蓝色矿物质色粉田，蓝得那般纯粹，足以震撼人心。单调的色彩也能唤起心灵的感知，我感受到了克莱因对蓝色的一往情深，情深如海。

点 评

本文先给人物画像，再按照时间顺序讲述人物经历，最后画龙点睛，卒章显志，升华主题："我欣赏克莱因对色彩的坚持、专一和享受。"你心中如果有一份热爱，也请坚持，说不定你的人生也会绽放出自己独特的色彩。

"乱画嘛！"

吴冠中

艺途茫茫，人海沉浮，我在学院里教过的学生都已跨过中年。如果以六十岁作为老年边界，则他们也渐臻老境了。有的学生头发斑白了，见了面，他们总是感慨地说："什么也没赶上先生，就是白发赶上了。"

"桃李遍天下"，是对教师们的颂词，教师手植之枝到底有多少开了花、结了果，他们心中应是清醒的。学生扬名了，师因生荣；老师成就卓著，生因师贵，但这些幸运者毕竟是少数，大部分桃李枯萎于穷乡僻壤。佼佼者易折，好苗偏偏难以成活。

我的小小门庭不敢接待贵客嘉宾，所以极少有高朋满座的热闹场面。但老学生从老远背着在苦难中创作的作品进京，来找老师求教的情况仍常出现，我每每感到悲凉甚于喜悦。社会上展览、出版的作品汗牛充栋，天南地北，国内国外，其实他们比我的见闻更广，我已很少到美术馆看展出了。我常常感到他们的功夫大都着眼于技法的更新，学人家的技法，并力求创出自己的独特技法，从颜料、纸张、笔法到题材、写实、抽象……都在尝试探索，真是用心良苦，呕尽心血。他们将功夫用在画内，在通往艺术殿堂的正道上吃力地移步，但是作品不感人。华丽也许令人羡慕，工整可能令人惊叹，俏巧往往赢得赏识，但都不是感人力量的源泉。"怎样的画法能感人呢？"学生惶惑了，问我。踏破铁鞋无觅处——你的心！**拿出你血淋淋的心才能感人！** 心拿不出来，但心忠诚的使者是情，情在呼唤知音，真情相拥，刀枪不入，剪不断，理还乱。学生又问："在绘画方面，作者该如何吐露真情呢？"首先是自己有感受，如能不择手段地表达你的感受，哪怕你短于辞令，甚至有些口吃，留得真情在图画，代代知音不绝！这是石涛和梵高不同于其他"大师""巨匠""画圣""画王"等的本质区别！

我担心给老学生们泼了一头冷水，他们却说，仿佛又洗了一次澡。为安慰他们，我讲了一个故事。当年在杭州艺专，有认真、用功的学生拿严谨但缺乏灵气的作品请教林风眠先生。和蔼可亲的林校长看后微微摇头，笑眯眯地说："乱画嘛！"校长教学生乱画，真是艺术世界中肝胆相照的肺腑之言。聪明的学生当然领会此"乱"非彼"乱"！这是解放心灵约束的同义语。林风眠用一个鲜明突出的"乱"字，像用一把尖刀刺破学生的愚昧，良师之言，一字千金！

点 评

文章先否定，后立论，最后给出方法。由面到点，定格于文末的故事。

•••　读与思　•••

导言

　　成长中的人，若无智慧的导引，必将如荒草一般疯长，最后成为无用之物。"觉醒的人只有一项任务，那就是成为自己。"这是德国作家黑塞的话，那么如何成为自己呢？答案是读书与思考。

　　读书与思考，是我们获得真知与智慧的路径。书有优劣，思想亦有真伪。不读经典，思维的底色难以养成，就无法远离赝品。

　　至于思考，思考者所处的状态非常重要。你若有一颗自由的心灵，思考不受约束，自然会有真正的思考；否则，所谓思考只是对教条的确认罢了。苹果公司掌门人库克有言："我并不担心机器人会像人一样思考，我担心人像机器人一样思考。"人被算法控制之后，思维就变成了纯粹的智力游戏，不再有属于自己的感情和思想。

　　本辑里的文章，或许可以让你懂得如何读书，真正值得读的书有何特质，健全的思维如何让人走出文化和思想迷局。

向书致谢

［奥地利］茨威格

米尚志 译

　　它们竖立在那儿，等待着，默不作声。它们不拥挤，它们不呼叫，它们不企求。它们静悄悄立在墙边。它们仿佛都睡着了，可是它们的每个名字又像是睁开一只眼睛在看着你。你的目光若只是一瞥而过，你的手若只是一触即往，它们也不会乞求着呼唤你，它们也不会拥上前炫耀自己。它们不企求。它们等待着，直到你去把它们开启，然后它们才开启自己。只有我们的周围寂静下来，只有我们的内心平静下来——在一个夜晚，当你经过困顿的旅途回到家中；在一个中午，当你不胜疲倦地离开人群；在一个早晨，当你昏昏然从睡梦中醒来——只有这时，你才为它们准备停当了。你想入梦，但要有音乐伴随。满怀着甜蜜尝试的享受性预感，你走向橱边，上百双眼睛，上百个名字默默地、耐心地迎着搜寻的目光，宛如苏丹宫殿里的女奴在迎候自己的主人，谦卑地听候使唤，同时对自己被选中、被享用而又感到欢欣。于是，犹如手指触动了琴键，你找到了内心旋律的音调。这沉默的洁白之物，柔弱地偎在你手上，它简直就是一把锁着的提琴，蕴涵了上帝的一切音符。你打开一本，读一行字句，咏一个诗节，可是在这一时刻它的声音却不那么清晰。你失望了，你几乎毫不留情，把这本书放了回去。合适的，对这一时刻正合适的书终于找到了。于是你忽然被拥抱起来，你的气息融进了陌生人的气息之中，好像你的身边卧了一个女性的温暖胴体。现在你把书拿到灯下，而它，这个被选中的幸运儿，仿佛放射出内在的光芒。魔术开始了，在梦境的轻云薄雾中，幻影袅袅升起。宽阔的道路伸展开去，遥远的地方攫走了你那熄灭之中的感觉。

有个钟在什么地方滴答滴答响着。不过这儿的时间已经超脱了自己，它是挤不进来的。计算钟点，这儿有另外的算法。这儿有书，在其话语传到我们的嘴唇以前，它们已经游荡了许多世纪；这儿有年轻人，他们昨天才出生，昨天才从一个嘴上无毛的孩子的困惑与苦难中成长起来。但它们说的是富有魔力的语言，不论是这一个还是那一个，都震荡我们的呼吸，令人心潮澎湃。而且，它们一面令你激动，一面也在安慰你；它们一面引诱你，一面又在平息你刚刚被挑起的欲望。于是你自身渐渐地沉浸到它们里边去，你会沉静下来，进行体验，泰然漂游在它们的旋律中，漂游在这世界彼岸的属于它们的那个世界。

阅读的时刻，你们是最纯洁的，你们脱离了白日的喧嚣。书啊，你们是最忠诚、最沉默寡言的伴侣，你们总是准备着随时听命，你们的存在，就是永久的保存，就是无穷无尽的鼓舞，我多么感谢你们啊！在那灵魂孤独的最黑暗的日子里，你们意味着什么啊！在野战医院，在军营，在监狱，在病榻，你们无处不在，你们时时守护着，你们赐人以幻想，并在烦躁与痛苦中给人献上一刻宁静！每当灵魂被掩埋在凡生之中的时候，你们这上帝的温柔磁石，总是能够把它们吸引走，使之回归自身的本质要素，每当阴沉昏暗的时候，你们总是把我们内心的天空扩展到远方。

你们小小的躯体，无穷无尽，静静地排列在一无装饰的墙边。你们这样立在我们的屋里，毫不起眼。可是，一旦有双手解放了你们，一旦有心灵触摸了你们，你们便会无形之中冲破日常劳作的房间；你们的语句就会像驾着火热的车辆，载着我们冲出狭隘境地，驶入永恒。

点评

文章运用拟人、比喻的修辞手法，描绘出代表人类文明结晶的书籍的光辉形象——书就像一位神圣的使者，只有我们去开启它，它才会开启我们的心灵。文章的字里行间洋溢着对书籍的挚爱之情，作者对阅读的独到理解，启人深思。

没有书不好过日子

杨　绛

真的，什么物质享受，全都罢得；没有书却不好过日子。人的尊卑，不靠地位，不由出身，只看你自己的成就。我们不妨再加上一句："是什么料，充什么用。"假如是一个萝卜，就力求做个水多肉脆的好萝卜；假如是棵白菜，就力求做一棵瓷瓷实实的包心好白菜。

萝卜白菜是家常食用的蔬菜，不求做庙堂上供设的珍果。

唯有身处卑微的人，最有机缘看到世态人情的真相。一个人不想攀高就不怕下跌，也不用倾轧排挤，可以保其天真，成其自然，潜心一志完成自己能做的事。

点评

"没有书不好过日子"是杨绛在《干校六记》中和丈夫钱锺书两人的对话。在困苦的日子里，读书是杨绛日常生活的一部分。不论处境如何，她内心总是坚韧、清净。这是她的心灵自白。

假如乾隆遇见华盛顿

吴晓波

乾隆与乔治·华盛顿，一个是留长辫子的中国古代皇帝，一个是穿西装的美国总统，他们怎么可能碰到一起呢？但这真的不是一个与穿越有关的问题，乾隆与华盛顿是同时代人，而且都是在一七九九年去世的——乾隆死在年头，华盛顿死在年尾。

为什么你会有穿越的感觉？道理其实很简单：他们两个人身上的现代性相差实在太远了。大而言之，也就是两个国家的现代性。

十八世纪中期以后，历史开始跑步前进。其后的一百多年，正好是英国经历产业革命的全过程，工农业产值成百倍、千倍增加。与此同时，政治文明的进步同样迅猛，西方各国人民通过立宪制和代议制实现了对统治者的驯化，把他们关到了法律的笼子里。

与西方相比，东方的情景则恰成对比。清代的皇权专制尤胜于明代。明王朝取缔了宰相制度，集独裁于皇帝一身，不过它还有内阁制，大臣尚能公开议政。而到了清代，则以军机处取代内阁，将一国政事全然包揽在皇室之内，皇家私权压制行政公权，无复于此。

对于社会精英，清代初期的政策是全面压制的。入关不久的一六四八年，清廷就下令在全国的府学、县学都树立一块卧碑，上面铭刻三大禁令：第一，生员不得言事；第二，不得立盟结社；第三，不得刊刻文字。违犯三令者，杀无赦。而这三条，恰好是现代人所要争取的言论自由、结社自由和出版自由。清朝时，皇帝多次大兴文字狱，使得天下文人战战兢兢，无所适从。

一七九九年，就在世纪交替的前夜，八十八岁的乾隆在紫禁城养心殿安详驾崩了。他留给儿子嘉庆两份重要的"遗产"：一是百年"康乾盛世"的巨大光环，二是中国历史上的第一大贪官，也是当时的全球首富——和珅。

和珅是乾隆晚年最信任的大臣，也是空前绝后的贪污高手。乾隆驾崩十五天后，嘉庆就以"二十宗大罪"把他赐死了。嘉庆查抄和珅家，共得八亿两白银，当时清廷每年的税收约为七千万两，和珅的财产竟相当于十多年的国库收入。

一个人，既是国家的首相，又是国家的首富，大抵是中央集权到了登峰造极时期才可能出现这样的超级怪胎。和珅是史上最典型的"双首"样本。"双首"人物的出现必基于两个前提：第一，政府权力高度集中，权钱交易的土壤相当丰腴；第二，贪污必成制度化、结构性态势，整个官吏阶层已朽不可复。

在地球的另一端，华盛顿去世的时候，留下的是另外一份遗产。他领导了一场独立战争，让北美地区摆脱英国统治，成为一个独立的国家。他本有机会做一个皇帝，至少是终身制的独裁者，可是，他却选择了当一个以民主方式选举出来的总统，并在两届任期结束后，自愿放弃权力，不再续任。他主持起草了《独立宣言》和《美利坚合众国宪法》。在后一部文件中，起草者宣布，制定宪法的目的有两个——限制政府的权力和保障人民的自由。基于这个目的，国家权力被分为立法权、行政权和司法权，三部分权力相互之间保持独立，这就是现代民主社会著名的三权分立原则。

一七九九年，乾隆的名声、权力和财富都远超华盛顿。可随着时间的推移，不同的遗产让他们在历史的天平上获得了不同的评价。如果乾隆与华盛顿真的见面了，估计也没什么可谈的——如果谈三权分立，他们会打起来；如果谈文字狱，他们会打得更凶。

点评

作者独辟蹊径，通过对同在一七九九年去世的乾隆与华盛顿二人的政治遗产的分析，让人对专制统治与现代文明的分野产生深刻的认知。视野开阔，说理中肯。这种对比式的分析方法，值得我们借鉴。

奴隶的自由与门客的尊严

张宏杰

在春秋以前，自由、独立这些词是不属于贵族之外的其他群体的。到了春秋战国，那些底层社会的人才终于不再受身份的限制，而是可以以自身本领为资本，主宰自己的命运。

春秋时晋国栾氏家族，倚仗一个著名的勇士督戎，公然与国家作对，相国范宣子为此事极度烦恼。范宣子有一个奴隶名叫斐豹，主动请缨，说我可以替你杀了督戎，但条件是你要给我自由。

范宣子大喜过望，马上同意了这一要求，并且对斐豹说："而杀之，所不请于君焚丹书者，有如日！"就是说，我发誓，你杀了他，我一定上奏国君，把记载你奴隶身份的档案烧掉。在随后的决斗中，斐豹杀掉了督戎，赢得了自由。

从这个故事中，我们可以看出，一个社会地位最卑微的奴隶，在春秋战国时代也可以凭自己的本事来改变地位。作为中国历史上第一个明确记载的被解放的奴隶，斐豹身上体现了早期中国底层社会自我意识的觉醒和对贵族等级制度的反抗。而范宣子也被这个奴隶的气度所折服，这说明那个时代有作为的政治家的共同特点是识时务和通达。

再来看看另一个侠客的故事：晋人豫让是大贵族智伯的门客。智伯的对手赵襄子杀掉了智伯，为了泄愤，又把他的头颅做成溺器。豫让十分生气，他为了给故主报仇，混进赵府做仆人，想伺机杀掉赵襄子，结果暴露了身份，被抓住了。赵襄子得知豫让为主复仇的动机后，感于他的忠义之心，居然把他给放了。

然而豫让仍不死心，于是拿漆涂在身上，让自己身上长满了恶疮；又生吞木炭，让自己的声音变得嘶哑。他用自残的方式易容后，再次去刺杀赵襄子，结果还是被抓住了。赵襄子说："这回我不能再放过你了，你死前有什么要求就说吧！"豫让说："我只想刺你的衣服几剑，以尽我对智伯的心意。"于是赵襄子就把外衣脱下来给他，豫让对这件衣服连刺三剑，然后伏剑而死。

很多人对豫让的举动不解，因为豫让当年也曾为范家、中行家效力，这两家都被智伯灭了。在临死之前，有人问豫让："你当初不为范家、中行家报仇，反倒为智伯卖命，为什么今天智伯被人杀了，你就非要为他报仇？"

豫让回答道："当年范家、中行家对我并不礼遇，而智伯待我像对待国士一般，我自然要用国士的行事方式来报答他。"

豫让的这一句回答，开了两千年来"士为知己者死"的滥觞。豫让认为，自己不是任何一个贵族的附属品，如果你不肯和我平等相交，那我们之间就只有利益关系，人走茶凉；而如果你承认我的人格与你的人格平等，对我以礼相待，那么我愿意为你对我的这份尊重献出生命。归根结底，豫让所追求的，是等级社会里平民的个人尊严和自我价值的体现。

点评

文中两个故事相对独立，一个政治家，一个门客，一个通达讲理，一个对主人忠诚。但是细想一下，正是因为政治家的通达，才有门客的忠诚，门客的忠诚间接造成一种信任的氛围，有助于政治家气度的养成。两个故事的两条线索，最后合二为一。这种互为因果的写法，十分巧妙。

不违，如愚

薛仁明

子曰："吾与回言终日，不违，如愚。退而省其私，亦足以发，回也不愚。"

孔门高足中，会问问题的，可真不少。像子贡，聪明绝顶，问题常刁钻而有深度。他天生会讲话，一张利口，穷追猛打，向来鲜有对手。但孔子又岂是等闲之辈，于是，兵来将挡，水来土掩，师徒俩对话，特有机锋妙趣，最见精彩。话虽如此，孔子还是明白，太会讲话，多半也不是什么好事，故而时时不忘挫挫子贡的锐气，提醒他：小子！话别说太多，更别说太满，有比会说话更要紧的事！

又像子路，坦率热诚，但凡稍觉不对，就杠上孔子，还时不时高分贝地质疑他老师。其言语之直接，其问题之尖锐，最有后儒不易见到的灼灼阳气。话虽如此，子路毕竟莽撞，又常不解孔子心意，最后遂多以挨骂收场。但修理归修理，孔子一旦骂完，这子路终究不改其志，才没多久，下回，又是直肠子一条，大大咧咧，劈头就问。

相形之下，颜回与孔子的问答就显得单调无趣许多。颜回对孔子没有质疑，几乎无条件接受。他问问题，平易寻常，难见惊人之语。孔子答后，又不追问；即便追问，也是寥寥数字，点到为止。静默含蓄至此，难怪大家误以为他是"乖乖牌"。说"乖乖牌"还算客气，孔子则是直接说他像个呆子！这呆子，其实半点不呆；这"如愚"，也丝毫"不愚"。颜回的静默，总让我想起武侠世界的高手——不轻易出手，更不轻易开口。至于一旁张牙舞爪之辈，又有几个是真正的高手？虚张声势罢了！颜回的静默，是因心头明白。"知人者智，自知者明"，有了自知之明，得失寸心知，局限在哪？不足在哪？心里明镜似的。"退而省其私，亦足以发"，待明白后，接下来是自己的功课了，各自想去吧！老师呢？老师不过就是起个头，点拨你一下。因此，虽言语寥寥，足矣！

中国的传统教育，不管是早先的孔门还是后世的禅门，向来都是如此简静。师徒相与，贵在印心。心若相印，何劳千言万语？若不相印，再如何唇焦舌燥，也是枉然！这种印心，与我们今天，当然全不相侔。今日的教育，早已无关乎印心。你若谈起印心，那些学者专家可要大摇其头，连笑都懒得笑你！现在的教育，说穿了，就只为适应物化社会，连"品格教育"云云，也不过就是希望你乖乖当颗螺丝钉，好好循规蹈矩，再努力赚钱，别捣乱、别胡思乱想，好让这物化社会可以运转下去。

物化社会的教育，只需创意，不需思想。因为只有创意才会牵涉商机，于是连文化都要变成文化创意产业！在这个物化社会里，所谓教育，你看，课程纲要多么琳琅满目、教材教案真是连篇累牍、参考数据简直卷帙浩繁，不这样，还通不过评估呢！于是，老师不断量产，像个作业员，教室像条生产线。理所当然，越来越多的学生有如工业制品，外表标新立异，其实面目模糊；喜欢耍炫耍酷，但常两眼无神、一脸茫然。当我们看到那一双双失焦的眼神，不妨再重新想想，那个"不违，如愚"的颜回，当他望着孔子心领神会之际，那又会是怎样的一种眼神？

点 评

文章由一句话引入，分析子贡、子路、颜回三人面对孔子提问时不同的回答，运用对比反衬的手法，肯定了颜回的静默，由此提出了传统教育中师生心心相印的教育理念与情感特点。又与当下的教育进行对比，凸显传统教育的价值。文章起承转合自如，观点有说服力。

闻香识人

包利民

　　闲翻野史，知道宋代有个廉之如，乃一隐士，早年应试不第，后结庐于青山绿水之间，房前栽花，屋后种菜，庭插细柳，室藏万卷。每有友来，穿庭入室，皆染一身清馨，于万卷之间，促膝而谈。廉之如兴之所至，也会远游访友。一次，他远赴江阴访一故旧，近室而门已开，故人笑迎而出。他诧问："我没有捎信给你，怎么就知我来呢？"故人答道："远闻其香，而知君至矣！"这里所说的香气，不是指廉之如庭花之香，亦不是指书卷之香，而是指他人格之魅力。

　　可见真正的朋友，与物质无关，与利益无关，那是一种心灵上的默契，是性情的相投，是心与心的依存。没有高低贵贱之分，人格上的平等是相交的基础。不必花天酒地，亦无须相从过密，两盏清茶，一夕畅谈，实在是胜过太多虚浮的繁文缛节。一个人的魅力，源自一颗不蒙尘的心，如皎皎之月，风度云度而不减其辉。人之择友不可不慎，滥交广游之人，必无一知己。突出欲望，则追腥逐臭之徒盈门；心地纯洁，美好的人格便不期而至。

　　十年以后，廉之如的平静生活被打破。就在这时，江阴的那位故友却已是天下闻名，他叫罗贤为，隐而复出，官至二品。就在罗贤为复出之时，廉之如一纸书信与之绝交，信云："后不再访，恐余之清馨为浊世所污！"此后，十年间，两人形同陌路。廉之如人在家中坐，祸从天上来。他因早年一桩诗案被缉拿，开斩在即。他离开之前，犹在庭中侍弄花草。行刑当日，廉之如一改常态，请求监斩官暂缓片刻，鉴于他的名望，监斩官便自作主张将行刑时刻延缓，虽然他不知道廉之如争这须臾之命有何目的。过了一会儿，一骑飞奔而来，正是罗贤为。廉之如见他面露微笑，说："知君远来相送，故乞命片刻相待！"罗贤为惊问："何知吾来？"廉之如说："君身亦有清馨耳！"原来这罗贤为为政期间，刚正秉直，口碑远著，廉之如颇悔与之绝交。

　　得友如此，人生何贫之有？以心识人，以心相交，自会超越世俗沧桑而温暖如初。而那样的一颗心，那种纯洁的人格，就如清露纳朝阳，良朋自然而至。闻香而识人知人，所凭借的，就是一种内在的潜质，那种人格的感召力和魅力，才是灵魂永远的芬芳。

点 评

　　本文开篇借物喻人，通过一个故事讲人格之魅力。然后分析得出结论：真正的友谊是心与心的依存。但接着故事又出现了波折，出现了断交风波，最后是误会的解除与友谊的加深。文章最后，作者阐述观点：人际交往要以心识人，以心相交，人格的魅力，是灵魂永远的芬芳。

　　一波三折式的写法，使文章的分析有力度、有深度。先讲故事再分析是议论性的笔法，却用抒情性的语言，颇有议论性散文的味道。不妨模仿一下第二段，试着写一写。

中国鲍鱼与法国蜗牛

单之蔷

　　燕窝、鲍鱼、鱼翅、海参是中国人的四大美味。我在宴会上吃过几回鲍鱼，但未留下印象，如今找来一些书，想了解鲍鱼究竟味美在何处，结论竟是鲍鱼无味。鲍鱼的味完全是靠鲍汁慢慢地煨进去的。鲍汁是店家的秘密，大体是用鸡、鸭、干贝、火腿等制成的。

　　鱼翅也如此。原料本有些许腥味，需加工成彻底无味的干货，才能做成鱼翅菜。鱼翅之味也是外加的翅汁之味。

　　这些美味不仅无味，而且无用。有人千方百计想从营养学的角度论证它们应当位居中国菜之首，但科学检验的结果是：一只鲍鱼的营养大抵只相当于一个鸡蛋，一碗鱼翅约等于一碗粉丝汤。

　　为什么这些无味、无用的东西成了中国人的"至味"？人们为什么愿意花数百、数千元去吃一只鲍鱼或一碗鱼翅？

　　其实，燕窝、鲍鱼、鱼翅、海参妙就妙在无味和无用上。从哲理的角度看，任何一种味道都是一种规定和限制，都是有限的、相对的，是可以超越的，只有无味才是绝对的，才能成为"至味"，因此大味无味。

　　无用也很关键。无用正是燕窝、鲍鱼、鱼翅、海参成为顶级菜的奥秘所在。法国有本书——《有闲阶级》，书中的一个观点是："有闲阶级"家中的陈设、所玩赏的东西，一言以蔽之，都是无用的。用文一点的话说，就是没有功利性，如贵妇养哈巴狗，而不养猎犬或牧羊犬。

　　虽说燕窝、鲍鱼、鱼翅、海参无特殊的营养保健功能，但有一种作用却是暗含的，那就是为人群划分阶层。现代都市不像乡下，一个人是否有钱、有权很难识别，因此，度假，购物，车、服装这些暗示支付能力的细节综合起来，就起到了划分阶层的作用。食品作为划分阶层之用，确实难以找到比燕窝、鲍鱼、鱼翅、海参更合适的了：稀有而昂贵。

　　稀有的东西种类很多，但要成为划分阶层的东西，还需要很多条件。这有点像股票，一只股票价格要涨起来，一定得有能够炒作的题材，要给人以想象的空间。燕窝、鲍鱼、鱼翅、海参就很符合这些条件。

　　鲨鱼，大海的神秘主人，处于生物链的顶端；鱼翅，鲨鱼的鳍。看过海明威《老人与海》的读者能体会到，人类如果不和科学技术联手，要在大海里抓到一条大鱼是何其难啊，更何况是鲨鱼。那时的鱼翅仿佛是虎口拔牙、龙头割须后的战利品，因此吃鱼翅还不会对鲨鱼构成严重威胁。燕窝——尤其是来自南洋婆罗洲的金丝燕的燕窝，有许多激发想象力的因子：婆罗洲，能唤起一种异国风情的感觉；金丝燕的唾液（有的说是喉间分泌物），不仅能想象其珍稀，还有一种浪漫的情调。假如燕窝不是小巧玲珑的金丝燕的唾液（或喉间分泌物），而是黄牛或野猪的，我想无论如何也不会成为名菜。

　　我发现各民族的顶级名菜，大多是舍近求远，多是这个民族不熟悉的东西，如中国的鲍鱼和法国的蜗牛。原因是它们不仅稀有，而且令人有想象的空间。中国文化的主体本是一种农耕文明，然而我们的四大美味却全部来自海洋或海岛，而号称拥有海洋文明的西方人的名菜，却大多来自陆地。如：法国人的美味除了蜗牛，还有一种山菌，价比黄金；德国人的"至味"是一种笋；日本是一个岛国，名菜却不是鱼，而是来自中国青藏高原的一种蘑菇——松茸，一根可卖上千日元。

享用稀有资源，以标示身份的等级，这是人类文化的一大弊病。这种文化的要害是越稀有越想占有。正是这种文化吃光了野生的鲍鱼和海参，人们不得不求助于人工养殖。如今这种文化在现代科技的配合下又指向了鲨鱼。吃鱼翅还带来了是否人道地对待动物、合理地利用资源等问题。我尤为担心的是，某一天我们会看到一片海域被围起来，一块牌子竖起来：鲨鱼养殖场，这意味着野生的鲨鱼已经濒临灭绝。我不认为养殖的鲨鱼能替代野生鲨鱼：养殖场中一万条鲨鱼也不如大海中的一条鲨鱼，因为养殖的鲨鱼已经脱离了自然的生物链，无法发挥它在原生态系统中的作用。还有，从美的角度看，野生的与家养的也不可同日而语。

我感到奇怪的是：吃鱼翅所带来的生态问题为什么今天才被提出来？如今北京的鱼翅店越来越多，每年要吃掉一百多万条鲨鱼，而且这个数量还在不断增加。是否已经到了"救救鲨鱼"的时候了？

点　评

题目乍一看似乎有做文化比较研究的意味，实则并非如此。开头三段讲中国美食，分析出物品就妙在无味和无用上。进而分析"无用"的关键作用，就是为人群划分阶层。进而分析各民族的顶级名菜，大多舍近求远，多是这个民族不熟悉的东西，稀有且令人有想象的空间。最后得出结论：享用稀有资源，以标示身份等级，这是人类文化的一大弊病。这种文化的要害是越稀有越想占有。

文章借助丰富的知识积累，逐层递进，探究司空见惯的文化现象背后的深层心理动因，让人有豁然开朗之感。

思乡与蛋白酶

阿　城

有玩笑说，中国文化只剩下了个"吃"。如果以为这个"吃"是为了中国人的胃，那就错了。这个"吃"，是为中国人的眼睛、鼻子和嘴巴的，即所谓的"色、香、味"。

在嘴巴这一项里，除了"味觉"，也就是"甜、咸、酸、辣、辛、苦、膻、腥、麻、鲜"，还有一个很重要的"口感"，所谓"滑、脆、黏、软、嫩、凉、烫"。

我当然没有忘掉"臭"，臭豆腐、臭咸鱼、臭冬瓜、臭蚕豆，之所以没有写到"臭"，是因为我们并非为了"逐其臭"，而是为了品其"鲜"。

说到"鲜"，食遍全世界，我觉得最鲜的还是中国云南的鸡枞菌。用这种菌做汤，其实极危险，因为你会贪鲜，喝到胀死。我怀疑这种菌里含有什么物质，能完全麻痹我们下丘脑中的摄食中枢，所以才会喝到胀死还想喝。

河豚也很鲜美，可是有毒，能致人死命。若到日本，不妨找家餐馆（坐下之前切记估计好付款能力），里面烹制河豚的厨师一定是要有执照的。我建议你第一次点的时候，点带微毒的，吃的时候极鲜，吃后感觉身体有些麻麻的。我再建议你此时赶快作诗，可能你此前没有作过诗，而且很多著名诗人都还健在，但是，你现在可以作诗了。

中国的"鲜"字是"鱼"和"羊"，一种是腥，一种是膻。我猜"鲜"的意义是渔猎时期定下来的，在之后的农业文明中，再找到怎样鲜的食物，都晚了，都不够"鲜"了，位置已经被鱼和羊占住了。

相较中国人的吃，最凶猛的动物，吃起来也是朴素的、表情平静的。它们只是将猎物咬死，食其血肉，然后，就拉倒了。它们不会煎炒烹炸熬煸炖涮，不会将鱼做成松鼠的样子，美其名曰"松鼠鳜鱼"。你能想象狼或豹子挖空心思将人做成各种肴馔才吃吗？例如爆人腰花，炒人里脊，炖人手、人腔骨，酱人肘子、人耳朵，涮人后脖子肉，腌腊人火腿，干货则有人鞭？

吃，对中国人来说，上升到了意识形态的地步。"吃哪儿补哪儿"，吃猪脑补人脑——这个补如果是补智慧，真是让人犹豫。吃猴脑则据说可以医羊痫风，也就是"癫痫"。不过这是意识形态，是催眠，所谓"信"。

说了半天都是在说嘴，该说说胃了。

食物在嘴里的时候，真是百般滋味，千般享受，所以我们总是劝人"慢慢吃"，因为一咽，就什么味道也没有了，连辣椒也是"辣两头儿"。嘴和肛门之间，是由植物神经管理的，这当中只有凉和烫的感觉，所谓"热豆腐烧心"。

食物被咽下去后，经过食管，到了胃里。胃是个软磨，把嚼碎的食物再在这里磨细。如果我们不细嚼慢咽，给胃造成的负担就大。

经过胃磨细的食物到了十二指肠，重要的时刻终于来临。我们千辛万苦得来的口中物，能不能化成我们自己的，全看十二指肠分泌出什么样的蛋白酶来分解，分解了的就吸收，分解不了、吸收不了的，就"消化不良"。

消化不良，影响很大，诸如打嗝放屁还是小事，消化不良可以导致精神不振，情绪恶劣，思路不畅，怨天尤人。自己烦倒还罢了，影响到别人，闹得鸡犬不宁、妻离子散不敢说，起码朋友会疏远你一个时期："少惹他，他最近有点精神病。"

小的时候，长辈总是告诫我们不要挑食，其中的道理会影响人一辈子。

人还未发育成熟的时候，蛋白酶的构成有很多可能性，随着进入小肠的食物的种类，蛋白酶的种类和结构开始形成以至固定。这也是例如小时候没有喝过牛奶，大了以后凡喝牛奶就拉稀泻肚的原因。我是从来都拿牛奶当泻药的。亚洲人，例如中国人、日本人、韩国人到了喝牛奶多的地方，例如美国，绝大多数都出现喝牛奶即泻肚的问题，这是因为亚洲人小时候牛奶喝得少或根本没有喝过，因此缺乏某种蛋白酶而造成的。

分析起来，我从小就不吃臭豆腐，所以小肠里没有能分解它的蛋白酶。我十几岁时去内蒙古插队，开始吃奶皮子，吃出味道来，所以成年以后吃发酵得更完全的奶酪，便没有问题。

长辈"不要挑食"的告诫会影响小孩子的将来，道理就在于你要尽可能早地、尽可能多地吃各种食物，使你体内蛋白酶的形成尽可能完整。于是你走遍天下都不怕，什么都能吃，什么都能消化，也就有了幸福生活的一半了。

所谓思乡，我观察了，基本是由于吃了异乡的食物，不好消化，于是开始闹情绪。

我注意到一些会写东西的人到外国走了一圈，回到中国之后发表一些文字，常常就提到对饮食的不适应。有的说："西餐有什么好吃？真想喝碗粥就咸菜啊！"

这看起来真是朴素、真是本色，读者也很感动。其实呢？真是挑剔。

我就是这样一种挑剔的人。有一次我从亚利桑那州开车回洛杉矶。我沿着十号州际高速公路往西开，早上吃三明治，中午吃麦当劳，天近傍晚，路边忽然闪出一块广告牌，上写中文"金龙大酒家"，我毫不犹豫地从下一出口拐下高速公路。

其实我对世界各国的中国餐馆相当谨慎。威尼斯有一家温州人开的小馆，我进去要了盘炒鸡蛋。手艺再不好，一个炒蛋总坏不到哪里去吧？结果端上来的炒鸡蛋炒得比盐还咸。我到厨房去请教，温州话我是不懂的，但掌勺的人表明"忘了放盐"我还是懂了。其实，是我忘了浙江人是不怕咸的，不过不怕到这个地步倒是头一次领教。

好，转回来说美国西部蛮荒之地的这家"金龙大酒店"。我推门进去，站柜的一个妇人迎上来，笑容标准，以英语开口："几位？"我觉得有点不对劲，因为从她肩上望过去，座位上都是牛仔的后代，我对他们毫无成见，只是，"您这里是中国餐馆吗"？

"当然，我们这里请的是真正的波兰师傅。"

在回洛杉矶的路上我都在骂自己挑剔。波兰师傅怎么了？波兰师傅也是师傅。我又想起来贵州小镇上的一家小饭馆，进去，师傅迎出来："你炒还是我炒？"中国人谁不会自己炒两个菜？"我炒。"

所有作料都在灶台上，拣拣菜，抓抓码，叮当五四，两菜一汤，吃得头上冒汗。师傅蹲在门口抽烟，看街上的女人走路，蒜瓣儿一样的屁股扭过来扭过去。

所以思乡这个东西，就是思饮食，思饮食的过程，思饮食的气氛。为什么会思这些？因为蛋白酶在作怪。

与我体内的蛋白酶相反，我因为十多岁离开北京，去的又多是语言不通的地方，所以我在文化上没有太多"蛋白酶"的问题。在内蒙古、云南，没有人问过我："离开北京的根以后，你怎么办？你感觉如何？你会有什么新的计划？"现在倒是常常被问道："离开你的根以后，你怎么办？你感觉如何？你适应吗？"我的根？还不是这里扎一下，那里扎一下，早就是老盲流了，或者用个更朴素的词，是个老"流氓"了。

你如果尽早地接触到不同的文化，你就不太会大惊小怪。不过我总觉得，文化可能也有它的"蛋白酶"，比如母语，制约着我这个老盲流。

点 评

　　文章题目新颖，也让人有摸不着头脑的感觉。读了以后才发现，原来包罗万象。以食物为基础，从味觉开始，从嘴写到胃，写到题目中第一个关键词"蛋白酶"，接下来才关涉主题，开始思考"蛋白酶与思乡"的关系，"思乡"是"由于吃了异乡的食物，不好消化，于是开始闹情绪"。通过在国外生活的具体事例，最后又得出"思乡，就是思饮食，思饮食的过程，思饮食的气氛。为什么会思这些？因为蛋白酶在作怪"。再次点题，最后回到文化问题上作结。

　　文章内容驳杂丰富，显示出作者扎实的学识功底。信手拈来，自成一体，散而不乱，气脉中贯。

虚室生白

郭华悦

　　"虚室生白"这句话出自《庄子》。

　　所有过往，皆为序章。轻轻放下过去，眼光投向未来，由满入虚，于是，空而后生，这就是"虚室生白"之意。

　　在青春岁月，人大多是趋满的。喜欢用一身青翠，将自己打扮得葱葱茏茏。理想与感情，鲜嫩如春，热烈如夏。巴不得将每一日的时光，都安排得满满当当。对于虚，避之唯恐不及。

　　什么时候，才会开始明白虚的可贵？

　　一个人有了阅历，渐渐有了一双洞悉世情的眼睛后。此时，再回顾自己的生活，难免于满满当当之间渐感累赘。删繁就简之余，恍然察觉，过往的日子里，自己在可有可无的人与事上，浪费了太多的时间，以致如今前路漫漫。

　　通过"虚室生白"这句话，庄子想说的是，生止于满，而源于虚。

　　正如一棵树，经历了春的初生、夏的繁茂，于满满当当之时，就会停下生长的脚步，由满入虚，直至下一个年轮的开始。秋冬的萧条，由满入空。而这样的虚与空，为来年的生腾出了空间。

　　一半圆满，一半空虚，人生便是如此。年轻时，用理想与汗水，将人生填得满满当当。然后，走到某个阶段，便得学会割舍与挥别，腾出空间，重新容纳新的事物，在空与虚之间，让自己步入另一段人生旅程。

　　这就是"虚室生白"的意义。虚，而后生。

别想摆脱书

梁文道

我相信熟练的读者大概都有这样一种能力，去书店买书或是到图书馆找书，拿起一本书很迅速地翻一翻，一两分钟之内，就能大概知道这是一本什么样的书。这个印象也许并不准确，但是它能够起到一个初步的导航作用。然而电子书却做不到这一点，因为电子书是不能"翻"的，即使可以跳页浏览，你还是会觉得它慢。

意大利著名学者安伯托·艾可认为，即使我们会有越来越多的电子阅读器，但书这个东西是一个非常好的发明，是不能被改进、不会被替代的发明。就像剪刀、车轮或者勺子一样，这些东西自从问世之后，就几乎没怎么变过，我们一直在使用，也不嫌它们落伍，也许需要小修小补，但整个形态上的大规模的变化是不必要的。

法国知名电影学者尚·克洛德·卡里耶尔说，二十五年前，他在巴黎坐地铁的时候，总是会遇见一个坐在地铁站的长椅上好像在等车的人，这个人身边总有四五本书，天天坐在那里看书。有一天他终于忍不住好奇，过去问这个人到底在干吗，这个人说了让卡里耶尔难忘的一句话：我就是在读书。至于为什么选择在地铁站里读书，是因为那里是唯一一个不用消费就可以一直坐着的地方，而且冬暖夏凉。"我很快走开了，因为我意识到自己在浪费他的时间。"卡里耶尔说。

正是因为如此，所以，永远别想摆脱书。

植物的呼吸与矿物的记忆

狄 青

从 2007 年 4 月开始，加拿大作家扬·马特尔坚持每两周给一个人寄去一本书，并随书附一封信。收书人是时任加拿大总理的斯蒂芬·哈珀。在加拿大乃至整个北美洲，马特尔都具有不低的知名度，因为他不仅是英语文学著名奖项布克奖的获得者，而且他的作品《少年 Pi 的奇幻漂流》也是畅销书。马特尔寄给哈珀的全都是世界著名作家的传世作品，包括托尔斯泰、海明威、卡夫卡、博尔赫斯、伍尔夫等人的作品。他在信中循循善诱，希望哈珀能够多读一些文学经典，领悟"文学的美妙之处"。

马特尔与哈珀不认识，哈珀也从未给马特尔回过信，只是让下属出于礼貌回函给马特尔，说"书已收到，感谢"等。但马特尔不介意，他依旧给哈珀寄书寄信，而他的理由很简单，因为他从新闻中没有发现过哈珀喜欢读任何一部文学作品，媒体唯一报道过的一次是说哈珀喜欢读《吉尼斯世界纪录》，这让马特尔很揪心。在马特尔看来，一个普通人读不读书属于个人喜好，但一个手握重权的人不读书，尤其是不读文学经典，则会对国民造成许多意想不到的影响。马特尔说："比如斯蒂芬·哈珀——有权凌驾于我，我就有权了解此人想象力的本性和品质，因为他的梦想可能成为我的噩梦。"马特尔还给哈珀寄出过鲁迅的《狂人日记》，并附信道："要了解一个国家，必须了解这个国家的梦想以及那些怀抱梦想的人。"他同时提醒哈珀，即使再忙，每天也要抽出几分钟读书。

虽然没有得到回信，但马特尔相信他的举动一定会起到作用，至少会促使哈珀对传统纸质书籍更加关注。因为在他看来，当一个成年人面对传统纸质书籍和电子书同时可供选择的时候，他多半会选择传统纸质书籍。

有一个阶段，因为要从网上买书，我常能得到网站的小奖励，这奖励不是别的，正是电子书。但我从来没有接受过这份奖励。因为尽管我承认电子书存储方便，却想象不出自己面对没有书香、不需要翻动也不需要借助于书签的电子书的时候，是否还有过往那种读书的感觉。

读书需要感觉吗？我想是需要的。意大利当代著名作家翁贝托·艾柯有一部写给全世界爱书人的书，名叫《植物的记忆与藏书乐》。在书中，他把传统书籍定义为由麻、树皮或木柴制成的纸张，因而属于植物的记忆；而电子书的原材料是硅，属于矿物的记忆。二者的区别显而易见。植物是有生命力的，是能够被感知到呼吸的，甚至是有血有肉的；矿物则是冰冷的，是不能被感知到任何呼吸的。

一个读书人对书籍的热爱，往往并不限于内容。就像一个人面对与自己关系密切的爱人，爱的肯定是对方的整体。更何况纸质书还拥有多种功用，它的模样、它的味道，乃至它内页的残损与墨迹，都可能关联一串记忆；而电子书以及其他电子阅读媒介，往往将书的内容与身体剥离，不仅使得书籍原本所具有的年代、版本、品相与出版者失去意义，而且让藏书家从此再无立锥之地，所谓书房更可以简化成一个纸箱。再者，读书人有很强的自我意识，不想人云亦云，不要千篇一律；而电子书恰恰面目相似且可以无限制地随意复制，小小空间或许容纳得了几十本乃至成百上千部作品，一部电子书里如同拥有着无数生命与灵魂，但就像艾柯所说的那样："拥有很多生命、很多灵魂，就如同没有任何生命和灵魂。"

记得我小时候，饺子机被媒体称为一项重大发明创造，曾被提升到解放人们业余时间的高度。但它很快便风光不再，甚至饭店食堂纷纷打出"手工水饺"的招牌，以区别于机器生产的饺子。何以如此呢？其实就因为机器生产出的饺子抽离了人的感情热度。要知道，节省时间固然重要，但中国人更愿意和亲朋围在一起包饺子。包饺子的过程，也是使亲情融洽的过程，每一个饺子被捏紧的褶缝里，有妈妈的味道，更有感情的温度。

　　纸质书籍也是如此，它承载的不光是历史和记忆，更是我们的感情与热爱。

点　评

　　这是一篇为纸质书张目的文章。作者从一个新闻事件引出话题，提出读书需要感觉的观点，然后借用他人的观点佐证，并在此基础上深入论述电子书的根本缺陷——没有灵魂。最后重申观点，突出喜欢纸质书的感情因素。尽管如此，谁也不能说，在这场竞争中，电纸书就一定不会胜利。

飞升与落地

蒋　勋

　　不同的民族在开发身体的经验上有非常不同的特性。譬如，提到西方的舞蹈，以传统来讲，我们立刻想到的就是芭蕾舞。芭蕾大概是 17 世纪从法国的宫廷流传出来的，为了表现宫廷的优雅礼仪，他们练出一种踮起脚尖走路的碎步，后来就慢慢发展出芭蕾这样的艺术形式。我们会发现，芭蕾对身体的要求最重要的一部分是在脚，特别是在足踝。

　　人的小腿与脚掌是一个垂直的关系，可是芭蕾开发的经验是违反人体自然状态的，它要求整只脚立起来，做这个动作非常难。尤其是西方芭蕾舞里面的女舞者，穿起舞鞋直立以后，整个人几乎就是一条直线，脚掌与地面几乎完全垂直，她跟地板的接触点只有脚尖。

　　那么她美在哪里？

　　我们知道，脚掌踏在大地上，我们叫踏实；可是如果把脚尖踮起来，意思就是说，我希望追求一个往上飞扬的东西。

　　学芭蕾的女孩走路都是八字脚，她们的身体很瘦，脊椎基本上是往上提的，这是每天进行基本功训练的结果。不同的文化会发展出不同的身体美学。

　　我们欣赏芭蕾的时候，觉得舞者身体最美的是往上飞起来的力量。往上飞的时候，舞者的足踝非常美，姿态有点像鸟的飞翔，所以芭蕾舞剧《天鹅湖》很有名，里面的动作基本是在模仿鸟的飞翔。在那些有名的芭蕾舞剧里，常常有一个动作——扮演王子的男舞者把扮演公主的女舞者托举起来，两个人的身体变成一条往上的弧线，是一种升起来的感觉。

　　而在中国的舞台上，你很少看到一个男舞者把女舞者举起来。我不能想象《白蛇传》里的许仙把白娘子举到天上去，因为我们的文化中没有这个部分。在东方文化里，我们不太追求身体的垂直线，而是追求水平移动的美。比如中国传统剧场里的"跑圆场"。这种移动的形式跟西方往上飞翔的美形成了两种非常不同的感动力量。

芭蕾的基本功，常常在做提气，让气息往上升，然后将整个身体往上拉。可是在传统的中国剧场，演员练功的时候常常是蹲马步，往下沉，沉住气。这是两种很不同的训练方法。

这种审美的差异在建筑上也有体现。西方代表性建筑——大教堂，都强调垂直线，是往上飞起来的。中国的建筑很少强调垂直线。北京的紫禁城，最美的线条基本上是水平线，比如屋顶的水平线。人的身体也稳稳地踏在地平线上，所以东方人的身体呈现出一种稳重、稳定的状态。

点 评

文章分析西方芭蕾舞和中国舞蹈动作的特点，总结出其中的审美差异，并引申到建筑的差异上。作者凭借敏锐的感知力，以小见大，得出了令人信服的结论。

野味读书

孙 犁

我一生买书的经验是：

一、进大书店，不如进小书铺。进小书铺，不如逛书摊。逛书摊，不如偶然遇上。

二、青年店员，不如老年店员。女店员，不如男店员。

我曾寒酸地买过书：少吃一碗烩饼，节省几个铜板，买一本旧书。也曾阔气地买过书：面对书架，只看书名，不看价目，随手抽出，交给店员，然后结账。经验是：寒酸时买的书，都记得住；阔气时买的书，读得不认真。读书必须在寒窗前，坐冷板凳。

解放战争时期，我在河间工作。在大街的尽头，有一片小树林，每逢集日，卖旧纸的小贩，把推着的独轮车停靠在一棵大柳树下，坐在地上吸烟。纸堆里有些破旧书。有一次，我买到两本《孽海花》，是原版书，只花了很少的钱。我随即坐在树下读起来，直到现在，还感到其味无穷。

另外，冀中邮局不知为什么代存着一些土改时收来的旧书。我去翻了一下，找到好几种亚东图书馆印的白话小说，书都是新的，可惜配不上套，有的只有上册，有的只有下册。我也读了很久。

我在大官亭搞土改，有一天，到一家被扫地出门的地主家里，发现在正房满是灰尘的方桌上面，放着一本竹纸印的《金瓶梅》，我翻了翻，又放回原处。那时纪律很严，是不能随便动胜利果实的。现在想来，可能是明版书。贫农团也不知注意，一定给糟蹋了。

冀中导报社地上，堆着一些从纪晓岚老家弄来的旧书，其中有内府刻本《全唐诗》。我从里面拆出乐府部分，装订成四册。那时，我对民间文艺有兴趣，因此也喜欢古代乐府。这好像不能说是窃取，只能说是游击作风。那时也没有别的人爱好这些老古董。

前代学者，不知有多少人记述在琉璃厂、海王村、隆福寺买书的盛事。其实，那也就是文章，真正的闲情、乐趣不见得就有那么多。那只是文人无聊生活的一种点缀，自我陶醉而已。不过，读书与穷愁总是有些相关的。书到难得时，才对人有大用处。"文革"以后，我除"红宝书"外一无所有，向一位朋友的孩子借了两册大学汉语课本，逐一抄录，用功甚勤。现在笔记本还在手中，计有：《论语》《庄子》《诗品》《韩非子》《扬子法言》《汉书》《文心雕龙》《宋书》《史通》等书的片段，以及一些著名文章的全文。自拥书城时，是不肯下这种工夫的。读书也是穷而后工的。

所以，我对野味的读书印象特深，觉得乐趣也最大。文化生活和物质生活一样，大富大贵，说穿了，意思并不大。山林高卧，一卷在手，只要惠风和畅，没有雷阵雨，那滋味倒是不错的。

可怀念的游击年代！

点评

　　文章按照时间顺序谈了作者自己购书的经验，题目很有趣，作者戏称自己的读书为"野味读书"，一下就可以激发读者的兴趣。文章条理清晰地描写了自己买书的经验，并总结自己的读书心得：读书也是穷而后工的，即内心有真正的需要，才能读进去。

钢琴家的脚

陈　钢

在我珍藏的波兰版《肖邦全集》的扉页上，印着一双修长纤细、令人动容的手——那是肖邦的手。就是这双手，流淌出多少醉人的旋律，又演绎出多少变化万千的"音乐魔方"。手啊手——钢琴家的代号和骄傲！

不知从哪天起，我突然注意起钢琴家的脚来。因为在他们上台时，必先举足由幕后走到琴前，这几步路，真可谓"寸步难行"啊！他们有的如万里长征，步履艰难；有的则小心翼翼，如履薄冰；还有的活像是小脚女人赶集——急急匆匆，歪歪扭扭。但是，有一位钢琴家的路却走得潇洒自若，怡然大方——他就是傅聪。而带他学会走路的，就是他的父亲傅雷。这条路的路标上有四句话："第一，做人；第二，做艺术家；第三，做音乐家；最后，才是钢琴家！"——这是傅雷给孩子的临别赠言。

为了让傅聪学会"做人"，这位精通西学的大翻译家，既没有把儿子送到他早年留学的法国，也没有让他进音乐学堂，而是另辟蹊径，用近乎"私塾"的方式，从先秦诸子的作品，《左传》《晏子春秋》《战国策》《史记》《汉书》《世说新语》中自选教材，进行"道德规范"——"做人ABC"的教育。傅雷认为，对没有宗教信仰的人来说，"道德规范"是生活中唯一的"圭臬"。而当他将这个"圭臬"与古希腊古罗马时期的崇尚自然、文艺复兴时期的崇尚人文、法国大革命和中国五四运动时期的崇尚民主的精神相融合时，就构筑起一个"理想世界"的最高境界。傅聪此后在国外生活了那么多年，面对光怪陆离的西方社会和纸醉金迷的金钱世界，始终"视富贵如浮云"，而不像"巴尔扎克笔下的那些人物，正好把富贵作为人生最重要的，甚至是唯一的目标"，就是因为精神境界中有这个"圭臬"。傅雷在家书中盛赞傅聪的前岳父梅纽因，说他在海牙为一个快要死的女孩子演奏巴赫的《恰空舞曲》和他 1947 年在柏林对犹太难民的讲话，展现出一种"符合我们'威武不能屈'的古训"的精神和气节。而傅聪也以孔夫子所称道的颜回为榜样，保持"一箪食，一瓢饮，在陋巷，人不堪其忧，回也不改其乐"那种"以清贫为自傲"的中国文人传统和超凡脱俗的崇高境界。真是有"德"才有"品"，有"品"才有"境"，有"境"才能塑造高人！而傅雷，就是这样带着儿子走人生之路的。

傅聪的艺术之路，是一条以民族文化根蒂来"开发""引爆"世界顶尖艺术的"通路"。

陆游在《示子遹》中说："工夫在诗外。"可傅聪的工夫倒是在"诗内"。他从小最喜欢的事情就是偷听爸爸同朋友谈话，谈论李白、杜甫，他最喜欢的就是李后主的词。他对中国古诗词的通晓绝不逊于托斯卡尼尼（意大利著名指挥家）对莎士比亚的熟悉。

在参加肖邦国际钢琴比赛前，傅聪的演奏已被波兰教授认为"赋有肖邦的灵魂"，傅聪甚至被说成一个"中国籍的波兰人"。他荣获的"最是波兰魂"的玛祖卡奖，更被认为是桩"有历史意义的事件"。因为，这是由"一个中国人创造了真正的玛祖卡的表达风格"。意大利钢琴家阿高斯蒂教授对傅聪说："只有古典的文明才能给你那么多难得的天赋，肖邦的意境很像中国的意境。"说得多好啊！傅聪就是这样弹肖邦的。他弹肖邦，"就好像是我的命运"，"我自己很自然地说自己的话"。而且，肖邦具有李白"非人世"的气息和李后主那种"垂死之痛，家国之恨"的愁绪。傅聪用李白来演绎，使其升华。

傅聪的艺术之路还通向大自然。

傅雷曾多次要求傅聪到大自然中去，因为，大师的作品"就是从大自然，从人生各方面的材料中'泡'出来的，所以，表达他们的作品，也得走同样的路"。更重要的是，大自然可使人"荡涤胸中尘俗"，"打破纸醉金迷的俗梦，养成淡泊洒脱的胸怀"，从而获得一种"萧然意远，旷达怡静，不滞于物，不凝于心的境界"，使演奏具有"生命的活力与搏击飞纵的气势"！

点 评

文章开头从音乐家的手写起，然后笔锋一转，过渡到钢琴家的脚，自然引入傅聪的人生之路。通过分析傅雷教育傅聪学琴的方式方法，对傅聪成才的艺术之路进行了精辟的总结，可谓中的之论。文章层次清晰，观点明确，分析到位，是一篇规范的议论文，值得借鉴。

传统不死

殳 俏

过去有很多文人写食物，喜欢持一种"传统已死"的态度。这个鱼好吃？哼哼，告诉你们，现在你们已经吃不到了。那个菜美味？哼哼，告诉你们，现在也早已不是曾经的那个味道了。在出神入化地把那些珍馐描摹一番之后，他们得出的结论是：时代在进步，但美食在退化。得出的小结论则是：只有我吃过，你们都没得吃。

小时候每每读到此类文章，就算意境再美，也免不了觉得丧气。后来长大了，晓得这些老先生不仅对食物是这个态度，对学问亦是这个态度。传统到底是什么？你们没见过，只有我见过。这个观点可以一棍子打死所有后来人。因为传统已被关在了历史的庙堂之内，而庙堂之门岂能向一般人随便敞开？

但传统究竟是什么？所谓的饮食传统又是什么？

我曾去西班牙考察火腿加工厂，在火腿的腌制过程中，有个细节非常动人。每一年腌制火腿所用的海盐都要仔细回收起来，存放好，到了第二年腌制新火腿的时候，把老盐拿出来，加一点新盐进去再次用。就这样周而复始，很多火腿加工厂所用的海盐与这个工厂本身同龄，已经经历了几十年。

我向某工厂的工作人员讨要了一把老盐和一把今年他们即将加进去的新盐，对比看看。新盐洁白如雪，而老盐由于年复一年地使用，它们不仅渗入到火腿的内里，还从火腿中吸附油脂，因此有着醇厚独特的香味，色泽也是金黄的。

每个人都会问，什么是传统，我倒觉得，这盐就像传统本身。我们总是忍不住用极端的态度去对待想象中的"传统"：要么顶礼膜拜，要么彻底推翻。但传统，它既不是只存在于过去的死物，也不是挡在未来路上的怪物。传统一直存在，正像这代代相传的老盐，虽然每一年都会加一点新生力量进去，但在时间的化学作用下，新老交替相融。

传统也是慢性子的，你很难看到它在现世会有瞬间改变。

走在西班牙那些古老的小镇里，你很容易就理解了这样缓慢的节奏。阳光的影子拖得长长的，每个人都不慌不忙地走路、聊天，一座教堂可以造五六百年，直到如今还在修修补补。

"任何事你都可以慢慢来，动辄百年。"在萨拉曼卡，一个当地人对我说，"我们有两座大教堂，大家把 12 世纪建造的那一座称为'旧教堂'，把 16 世纪建造的那一座称为'新教堂'。16 世纪也是很久以前了，但相对来说，它依然是'新'的，到现在还在完善各种装修。前不久我们还把一个宇航员雕刻在了教堂的某扇门上，这没有什么奇怪的，当下的人和事总有一天也要成为历史，我们继承传统也创造传统，传统不是死的，是跟人一起成长的。"

忽然想起，有一次全家人去一间特别美味的小餐馆吃饭，吃完后正在享受悠闲惬意，先生突然问我："你觉得最幸福的事情是什么？"我开玩笑地说："下次再来这间馆子？""不，"他说，"最幸福的是，今天我们带着孩子来这间餐馆，许多年过去了，我们的孩子也会带着他们的孩子来吃同样的菜，并且依然觉得好吃。再后来，孩子的孩子的孩子也会来，餐馆依然在。一代又一代，没完没了。"

是的，一代一代，传统不死。

> **点评**
>
> 如何驾驭宏大的抽象性话题呢？作者从饮食传统说起，用海盐和文化进行对比。接下来进入第二层次，分析传统"慢性子"的特点，通过教堂和餐馆就餐的事例证明论点。结尾点题。此文给我们的启示是，抽象性话题写作，需要找到合适的切入点，使用以小见大的方法。

一枝动，百枝摇

汪曾祺

有一首著名的唐诗："洞房昨夜停红烛，待晓堂前拜舅姑。妆罢低声问夫婿，画眉深浅入时无。"

这首诗并没有说这位新嫁娘长得好不好看，但宋朝人在诗话里已经指出：这一定是一个绝色美女。这首诗营造了一种气氛，让人能感觉到她的美。

语言的美，不在语言本身，不在字面上所表现的意思，而在语言暗示了多少东西、传达了多少信息，即让读者感觉、想见的情景有多广阔。古人所谓"言外之意""弦外之音"，是有道理的。

一位评论家评论我的作品，说汪曾祺的语言很怪，拆开来每一句都是平平常常的，放在一起就有点儿味道。文章不是一句一句写出来，"加"在一起的。写文章不能像盖房子那样，把语言砖似的一块一块垒起来。语言的美不在一句一句的话，而在话与话之间的关系。包世臣论王羲之的字，说单看一个一个的字，并不怎么好看，但是字的各部分、字与字之间"如老翁携带幼孙，顾盼有情，痛痒相关"。语言是处处相通，有内在联系的。

语言像树，一枝动，百枝摇。它是"活"的。

> **点评**
>
> 文章既是作家的创作自白，也是我们阅读文学作品的一把钥匙。记住作者的心得吧："语言的美不在一句一句的话，而在话与话之间的关系。""语言像树，一枝动，百枝摇。"在欣赏文学作品时，要善于体会文字的言外之意。

满船空载明月归

骆玉明

千尺丝纶直下垂，一波才动万波随。

夜静水寒鱼不食，满船空载明月归。

这是唐代德诚禅师的一首诗，题名《拨棹歌·其一》，是以钓鱼为象征说禅法。"千尺丝纶直下垂"，一个很深的欲望引导着人的行动，名也好，利也好，总之人心焦渴，定要从外界获得什么才满足。可是"一波才动万波随"，就像水面的波纹，一浪推着一浪，你走了一步，随着就有第二步、第三步乃至无穷。而因果的变化不是人能够控制的，你会越来越多地感叹："唉，形势比人强啊！""无可奈何啊！"世上有些苦大仇深、以生死相搏的人，问到起因，不过是些琐屑小事，甚至是一时误会。何至于此呢？这就是"一波才动万波随"。

"夜静水寒鱼不食"，忽然醒悟过来，发现你最初所求的目标是虚妄的，或者说是可有可无的，得之失之，随之由之而已，你就从被动的状态中解脱出来，飘然无碍。"满船空载明月归"，什么也没有得到，空船而去，空船而归，但心是欢喜的。其实，什么是"得"呢？你一心想要得到一个东西，念念不忘，心都被它塞满了，对偌大世界，你却置若罔闻，"得"未尝得，失掉的已经很多！什么是"失"呢？你于外物无所挂心，将"得失"只看作因缘的起落变化，心中有大自在，根本就没有东西可"失"。"一波才动万波随"是俗众的人生，"满船空载明月归"是禅者的境界，其中的区别，很值得体悟。

王维有一首《辛夷坞》，写一处小小的景色，但极富禅趣：

木末芙蓉花，山中发红萼。

涧户寂无人，纷纷开且落。

这里"木末芙蓉花"是借指辛夷。辛夷是一种落叶乔木，初春开花，花苞形成时像毛笔的笔头，故又称木笔。花有紫白二色，开在枝头（就是"木末"），大如莲花（所以用"芙蓉花"比拟，莲花也叫芙蓉花）。诗中说"发红萼"，那是紫色的辛夷。

我曾经在山野见过这种花，开花时树叶还未萌发，一树的花，色彩显得格外明艳。这种花凋谢的速度很快，花盛开的同时就能见到遍地的花瓣，在草地上，在流水中，格外醒目。

它有美丽的生命，但这美丽并不是为了讨人欢喜而存在，更不曾着意矫饰，故作姿态。你从尘世的喧嚣中走来，在人迹罕至的山涧旁见到天地寂然、一树春花，也许真的就体会到什么是万物的本相和自性了；你又回到尘世的喧嚣中去，也许有时会想念那山中的花在阳光下展现明媚的紫色，无语地开，无语地落。

如果觉得王维那首诗虽然令人震撼，却多少有点冷寂，我们再读一首韦应物的《滁州西涧》，它的味道有些不同：

独怜幽草涧边生，上有黄鹂深树鸣。

春潮带雨晚来急，野渡无人舟自横。

韦应物是中唐诗人，曾经做过滁州刺史，这首诗就是写滁州西部山野的景色。

诗开头写草。"独怜"是偏爱的意思。为什么呢？一方面山涧边的草得到水的滋润，春天到来时显得格外葱翠；另一方面这是"幽草"，它是富有生气的，同时也是孤洁和远离尘嚣的。对涧边春草的喜爱，呈现了作者的人生情怀。

如果一味地写景色之"幽"，诗的意境便容易变得晦暗，所以诗人随后写黄鹂鸣于深树，使诗中景物于幽静中又添几分欢愉。这是一首郊游遣兴之作，不像王维的《辛夷坞》那样强烈地偏向于象征，它更有生活气息和情趣。

绝句的第三句通常带有转折意味，同时为全诗的结束做铺垫。在这里，"春潮带雨晚来急"，雨后山涧的水到了黄昏时分流得越发湍急，一方面交代了郊游的时间和景物变化，同时又很好地衬托了末句的点睛之笔——"野渡无人舟自横"。

涧水奔流不息，涧边渡口的小舟却自在地浮泊着，一副摆脱约束、轻松悠闲的样子。时间好像停止了。

人总是活得很匆忙，无数的生活事件互为因果、相互挤压，造成人们心理的紧张和焦虑。在这种紧张与焦虑之中，时间显得格外急促。而假如我们把人生比拟为一场旅行，那么渡口、车站这类地方就更集中地展现了人生的慌乱。

舟车往而复返，行色匆匆的人们各有其来程与去处。可是要问人到底从哪里来、往何处去，大都却又茫然。因为人们只是被事件驱迫着，他们成了因果的一部分。

但有时人也可以安静下来，把事件和焦虑放在身心之外。于是，那些在生活的事件中全然无意义的东西，诸如草叶的摇动、小鸟的鸣唱，忽然都别有韵味。你在一个渡口，却并不急着赶路，于是悠然空泊的渡舟忽然有了一种你从未发现的情趣。当人摆脱了事件之链时，也就从时间之链上解脱出来。它是完全孤立的，它不是某个过程的一部分，而是世界的永恒性的呈现。

"野渡无人舟自横"有很强的画面感，也经常成为画家的选题。那是一条不说话的船，却在暗示某种深刻的人生哲理。

世间有无穷的是非、无穷的争执，还有无穷的诱惑，人不能不在其中走过。要全然不动心也许很难，但若是处处动心，那恐怕要一生慌张，片刻也不得安宁。

点评

题目空灵，读起来很有意境，很有禅味。文章分别分析了三首诗中的禅理，借第一首诗谈"得失"问题，借第二首诗谈"生命的美丽与自在"，借第三首诗，联系人生经历和社会经历，阐发了人生哲理。总体来看，三首诗味道不同，意味不同，对生命的理解也是从不同层次生发的。

有 趣

叶 子

　　我们能清晰判断一个人是否有趣，却很少能明确定义到底什么叫作有趣。

　　以《红楼梦》为例。

　　我们知道《红楼梦》里，公认黛玉、湘云是有趣的，探春、王熙凤是有趣的；相对来说，迎春、宝钗就不那么有趣。有趣的人里头，黛玉、湘云是有小脾气的，探春是有大脾气的，王熙凤是有暴脾气的；而迎春、宝钗是没脾气的。我们仔细想想，前四个人都有趣在哪儿了。

　　黛玉葬花，一般人想不出这个玩法。她"嘴损"，有"携蝗大嚼图"之类的各种"贫嘴贱舌"。

　　湘云豪迈，喝醉酒后在大石头上就躺着睡着了；拿铁架子烤肉，被人说"乞丐一样"，还理直气壮地反驳。

　　探春有玩具收藏癖，喜欢红泥做的小火炉之类，求宝玉给她买好玩的。元春也了解她，生日都给她送玩具。她脾气大，发怒了能一个大嘴巴抽过去。

　　王熙凤会说笑话，嘴快人爽利。

　　这四个人有一个共同点：她们其实都算不上是符合"时代标准"的大家闺秀、公府小姐或媳妇。而她们有趣的那个点，恰恰就是她们不符合自身身份的地方。

　　本质上，有趣是一场令人愉悦的意外，是一种惊喜。它首先是一种意外——人们认为你本应该是这样的，而你不是。

三思而不行

鲍鹏山

鲁国正卿季孙行父，谥"文"，史称"季文子"。此人非常谨慎，做事三思而后行，大家都佩服他。后来孔子含蓄地批评说："考虑两次，就可以了。"

如今很少有人认真读古代典籍，以讹传讹的东西特别多。比如这句"三思而后行"，很多人认为是孔子说的，是孔子提倡的。其实，恰恰相反，这是孔子反对的。

季文子是一个"乡愿"式的人物，极世故，精于算计，算来算去，总是为自己打算。岂止是他，任何一个人，祸福利害计较太深，就不能见义勇为。所以，孔子说："再，斯可矣。"想得太多，人便退缩，长此以往，人便委琐。人一委琐，便不足观。

明人李贽倡"童心说"，说人必须保持一颗童心，方为真人。

何为童心？李贽的解释非常精彩："最初一念之本心！"为什么是"最初一念"？因为，最初一念的判断，往往是价值判断，是对善恶美丑的判断。比如，看到有人在大街上行窃，我们的第一反应肯定是：这是犯罪行为，必须制止。

但是，第二、第三反应呢？就很可能是这样：我制止他，我会不会受到伤害？我还是不管了吧？

钱穆注解《论语》，于此则下注曰："事有贵于刚决，多思转多私。"（做事贵于果断坚决，想得太多了就变成为自己打算了。）

孔子为什么反对三思而后行？因为，三思过后，正义往往不行，行的，往往是私利。

点 评

一个拨乱反正的观点，通过使用有说服力的道理论据，得到完美的证明。作者引用的两个证据，从李贽的"童心说"到钱穆对论语的注解，起到非常有力的支撑作用。

孔子赞赏的"中庸"

骆玉明

《吕氏春秋》记载了一则故事。鲁国有一项政策：如果有鲁人在其他诸侯国沦为奴隶，本国人可以将其赎回来，从政府领取所花费的金钱。有一次子贡从外面赎回了一些人，他是富豪，不在乎那些钱，或许也觉得计较那些钱有损于自己的清德，于是就推让不受。这本来可以理解为高尚的行为，却遭到孔子的批评。因为普通人并不像子贡那样有钱，让他们自己掏腰包赎人，政府给钱也不要，他们会感到为难，结果只能是视而不见。鲁国一项很好的政策，却因为子贡的"高风亮节"，实质上遭到了破坏。而更严重的是，这还损害了鲁人的道德风俗，因为人们将逐渐习惯自己的冷漠。

孔子对子贡的批评，包含了一种既简单又深刻的思考：道德的价值，在于它能够维护某种公众利益，如果脱离实际去提高道德标准，将道德自身视为目的，其结果足以破坏道德存在的基础。中国几十年前很努力地宣扬"无私"的理念，"文革"中更是发展到戏剧化的程度，结果是人人演戏，可信的道德就在这种表演中消失了。

《论语》中有一段对话也值得一说。有位叶公告诉孔子："他的家乡有个做父亲的偷了别人的羊，儿子就去告发，大家都认为他很正直。"孔子针锋相对地说："我们那里对正直的看法不是这样，我们认为'父为子隐，子为父隐'，正直就在其中。"对孔子的这段话历来有很多争议，现代更有人严厉批评这是以亲情破坏法制。但其实孔子的意见牵涉到法律与伦理的一些根本问题。

在孔子看来，亲情是人类的天性，维护亲情也就是维护社会伦理的根本基础。父子之间、夫妻之间相互告发，其带来的伦理损害要远远大于偷羊之类错误行为所带来的伦理损害。用孟德斯鸠的话来说，就是："妻子怎能告发她的丈夫呢？儿子怎能告发他的父亲呢？为了要对一种罪恶的行为进行报复，法律竟规定出一种更为罪恶的行为……为了保存风纪，反而破坏人性，而人性却是风纪的泉源。"

当然，中国自古就有"大义灭亲"之说。问题是"大义"必须大到超过维护亲情的必要。所以孔子谈论"父子相隐"的道理，取的是"攘羊"这样的例子。你不能说孔子不反对偷羊，但这和"大义"毕竟还有很远的距离。"文革"中鼓励人们相互揭发，芝麻绿豆、扯皮撒谎皆往"大义"上靠，弄到夫妻在床上关了灯都不敢放胆胡说，这时想到"父子相隐"，就会明白它的道理了吧。

《史记·孔子世家》记述孔子经过蒲地去卫国都城，当地有公叔氏发动叛乱，阻止孔子去卫，意思大概是怕对自己有所不利。于是孔子和他们立下盟誓，答应离开蒲以后不去卫。结果才出东门，孔子就下令车子向卫驰去。子贡疑惑地问："这不是背盟了吗？"孔子淡然一笑，洒脱得很："受要挟订下的盟誓，不管用的。"用现代法律的概念来说，就是在不能表达本人真实意志的情况下签订的文书不具法律效力。

上面说的三件事，性质都有些不同，但都表现了孔子的一种性格特点、思想特点，就是不用极端的、偏执的态度来看待道德问题。我对孔子，不像有些人崇敬得那么厉害，但很喜欢他的温厚与看重常情常理，觉得他是一位好老头。"五四"新文化运动时期，周作人曾经有一些非常重要的议论，其中一点是，健康的道德必须建立在正常的人情、人性的基础之上。回头看孔子，他没有背离这个道理，儒家理论，有许多是到了后来才演化得苛酷乃至奇怪的。

点评

文章讲了三个故事，阐述了三个道理，但都与孔子和儒家思想的"中庸"观念有关。结尾总结其共同点：不用极端和偏执的态度来看待道德问题，而是基于人性的考量，用温厚与常情常理看待和解决问题。

先讲故事后分析得出结论的写法，是议论文中常见的一种写法，此文可借鉴。

打开一本书的钥匙

和菜头

第一次读《老人与海》，我并不喜欢这个故事。当时我还是个孩子，那不是我想看的故事。孩子喜欢闪闪发光的英雄，他们带着荣耀和战果来到故事的尾声。《老人与海》的结尾却什么都没有，甚至让人觉得那不过是一场梦。

然而大人们都说这本书好，这让我感到痛苦。

欣赏文学作品存在门槛：我把《老人与海》当作故事来读的时候，它于我而言是个糟糕的故事；等我过了那道门槛，把《老人与海》当作隐喻来读的时候，我能清晰地觉察到海明威想要说什么。在阅读中，最困难的事情是在隐喻和本体之间建立起直接联系。这个联系，就是"开门"的钥匙。

人们谈到希腊神话英雄阿喀琉斯之死时说："只能怪阿喀琉斯的脚后跟没有浸到神水，不然别人根本无法杀死他。"

这句话让我一下子想起了初读《老人与海》的自己。那时候，我想说的话估计也类似：只能怪老头没有弄一条大船，只能怪老头不懂炸鱼的技巧，只能怪老头……就像做科学实验那样，对一个故事进行技术细节和可操作方案的分析，对于故事的真正寓意却毫无知觉。

阿喀琉斯作为无敌的英雄，需要一个致命弱点。这不是他母亲给他洗澡的方式需要改进的问题，而是必然如此。正如北欧神话里，英雄西古尔德用龙血沐浴，一定会有一片树叶落在他的肩膀上，让那里成为他的致命弱点——这和沐浴方式没关系。

一个人无论多么孔武有力、英雄盖世，他总有致命弱点——这才是这些故事真正想要表达的东西。重点不在于为什么不去弥补和遮盖弱点，而是生而为人就一定有弱点，有弱点就一定会遭受攻击。

所谓阅读理解能力就是这么一回事。看故事的"看"流于表面，读书的"读"则深入文本之中，挖掘出故事背后的寓意。欣赏文学作品的门槛，就在于一个人需要从"看"进化为"读"。

《老人与海》里，真正的主角并不是老人；而是让他衰老，让他疲惫，让他贫困，让他等待八十四天却一无所获，让他看到从未见过的巨大马林鱼也看到了希望，让他遭受鲨鱼围攻一夜之间失去所有，让他的大鱼变成嶙峋白骨的命运之手。

这当然是个好故事，货真价实的好故事。

我在40岁之后重读《老人与海》，又看到一点不同的东西：没有人能证明海上发生的一切，证明存在过如此巨大而美丽的马林鱼，证明曾经发生过那些惊险激烈的搏斗。人生中有许多这样的时刻，没有人见证你的努力和付出，于是你活在旁人的猜忌和嘲笑之中，并且没有人可以倾诉，甚至也无从说起。在很大程度上，这可能才是人生的常态。

但你依然可以梦见狮子。

点评

　　这是一篇深入浅出、见解独到的好文。题目是《打开一本书的钥匙》，作者并未直接给出答案，而是通过自己阅读《老人与海》的经验，回答道：这把"开门"的钥匙，就是能在阅读中建立起隐喻和本体之间的直接联系。又从希腊神话英雄阿喀琉斯的故事引出一个观点：真正的阅读，就是深入文本之中，挖掘出故事背后的寓意。最后照应开头，谈及重读《老人与海》所获得的感悟。

重返古希腊的意义

陶　林

　　日本作家盐野七生选择《希腊人的故事》作为自己的封笔之作，显然是"蓄谋已久"的。她巡礼过文艺复兴时代、古罗马时代，重返古希腊，是一件自然而然的事。它是人类真正的童年时代，对于今天的人类依然有着非凡的意义。有关它的意义，可以用三个关键词概括：民主政治、小邦多元、贸易联合。

　　在人文地理概念上，"古希腊"并不是一个统一的国度，而是一个非常独特的区域。它的面积并不大，也不富饶，是横跨欧亚、围绕爱琴海的一片多山、多岛的地区，分布着由游牧部落进化而来的大大小小三百多个城邦。一座大城（或者一个岛）连同周边的小块平原、山地形成一邦。在邦之外，还有殖民地。小国寡民，各自在贫瘠中艰苦谋生，或重文，或尚武，或重商，靠山吃山，靠海吃海，牧歌悠然，倒也其乐无穷。小邦林立，各有差异，很多邦有国王、豪族，以雅典为代表的大部分邦孕育出古典的商业民主制度，有公民，有议会，有竞选，有表决，有放逐，民主体制十分完备。

　　公元前490年，在第一次希波战争中，希腊人凭着富有智慧与勇气的步兵方阵在马拉松之战中击败了来犯的波斯皇帝大流士，给世界留下了马拉松长跑这一遗产。十年后，在第二次希波战争中，波斯新皇帝薛西斯率领二十万大军气势汹汹而来，貌似散沙的希腊人再度团结起来，斯巴达三百勇士在温泉关阻击了波斯军，雅典人在爱琴海上大败波斯海军。越了冬的第二年，他们更是彻底把波斯人赶出了包括爱奥尼亚在内的大希腊地区。胜利后，希腊将领们聚集在皇帝的豪华帐篷里喝着难以下咽的"斯巴达肉汤"，非常不解地询问："薛西斯富甲天下，为什么要劳师动众攻打贫穷得只有一把麦子的希腊？"

　　事实上，这位帅气的波斯皇帝的御座是由纯金打造的，几头大象才拉得动，那时希腊全境的金子加起来都抵不上这一个王座。这个不经意的问题，其实蕴含着日后几千年东西方之间对峙与竞争的奥秘：在东方君主专制下，只有臣民奴仆，并不给"人"以空间；而古希腊人认为吃饱喝足后，每个人应当自由自在地探索神的诸项智慧和技艺，展现出自由的环境、适度的清贫对于人类文明的意义。

因为贫瘠，希腊人的财富总量有限，又因气候适宜，能满足基本温饱，阶层分化度低，公民的平等和自由度高，人才辈出，灿若星辰，发展出极度灿烂的理性文化。有成体系的神话，有发达的艺术，有深刻成熟的叙事诗与悲喜剧，有精细的历史学、政治学，更有让后世受益无穷的数学、几何与哲学。时至今日，富裕、强大的波斯帝国遗留的影响力有限，而贫瘠、散漫的希腊给人类留下了极其丰富的文明遗产。

古希腊的奥林匹克运动会从公元前776年开始，持续到公元393年，一共举办了292届。在运动会期间，诸邦休战，公平竞争，胜者头戴桂冠。当现代人再续奥运盛会时，不得不感慨，传统从来不会凭空而来，也不会彻底灭绝。

古希腊存在过两种小邦同盟：以斯巴达为首、军事性质的伯罗奔尼撒同盟，和以雅典为首、贸易性质的提洛同盟。一部希腊诸邦的历史，活脱脱是当下国际关系的前生。很难说今天世界诸国相处的方式，特别是处置彼此之间关系的方式，比那个时代进化了多少。

古希腊后来在贫困中逐渐衰弱。失业、贫困折磨着曾经有着高度文明和自信的雅典，波斯帝国皇帝巧妙地用金钱分化瓦解了希腊人。在整体野蛮的环境里，文明的延续的确殊为不易。随后的亚历山大帝国、古罗马帝国继承了希腊文明的衣钵，却因变身帝国，文明程度大打折扣。

爱琴海边的文明奇迹，读之每每令人神往，无论何时重返都会满载而归，这是《希腊人的故事》"因希腊之名"的价值所在。没有希腊人的贡献，或许就没有我们全部的今日世界。

点评

这是一篇精辟的书评，也是一篇严格的论说文。《希腊人的故事》讲述人类童年的故事，让我们明白文明的源头所在。作者在深入研究之后，以优美的笔调叙述民主政体的创始者，令人大开眼界。在读过《希腊人的故事》之后，推荐阅读作者的另一部著作《罗马人的故事》。

什么是好诗

叶嘉莹

英国学者理查兹做过一个测验，让学生区分好诗和坏诗。一般人对名诗人往往盲目崇拜，一见莎士比亚的名字就以为是好诗，一见李白、杜甫的名字就以为是好诗，但理查兹在测验时，隐去了作者的姓名。结果不少人把好诗当作了坏诗，把坏诗当作了好诗。

那么，怎样判断一首诗的好坏呢？这就需要认清什么才是一首诗的重要质素。

以中国诗歌为例，我认为中国诗歌最重要的质素，就是兴发感动的力量。《毛诗·大序》中说："情动于中而形于言。"首先内心要有一种感发，然后再用语言把它表达出来，这是诗歌孕育的开始，也是好诗的第一质素。

杜甫《曲江》里写道："一片花飞减却春，风飘万点正愁人。"杜甫写得很好，具有诗人敏锐的心灵。他对春天有这样真切的情感，有这样完美的追求。他看到一片花飞，就感到春光不完整和破碎了，等到狂风把万点繁红都吹落，当然更忧伤。这是他看到花飞花落引起的感动。

杜甫还写过一句诗："穿花蛱蝶深深见，点水蜻蜓款款飞。"杜甫观察得仔细、深微，那藏于花丛深处的蝴蝶，他看到了，那蜻蜓点水的姿态，他也看到了。这是大自然的景物给他的感动，使他写下这样的诗篇。

不过，大自然的景物是大家所共见的，你只是将它写下来，不见得是好诗。只有同时将心中感动的情意也传达出来，才是好诗。

我们也来做个测试。先来看这句诗："鱼跃练川抛玉尺，莺穿丝柳织金梭。"再来看另一句："群鸡正乱叫。"你说哪首是好诗，哪首是坏诗？

也许不少人会认为前一句是好诗。你看，"鱼跃练川抛玉尺，莺穿丝柳织金梭"，说有一条鱼跳出来横过像白绸一样的水面，如同一根玉尺抛在白绸子上；黄莺穿过像丝线一样的柳条，就像一枚金梭在丝线中穿织。写得多么形象、漂亮，对仗多么工整。而"群鸡正乱叫"，大家一定说不好。

但评价诗的好坏，是不以外表是否美丽为标准的。诗歌所要传达的是一种兴发感动的作用，要有兴发感动的生命才是好诗。

前者是晚唐一位诗人的诗句，外表很美，但只有文字和技巧，而缺乏诗歌应有的生命。这两句写的只是眼睛所看到的形象，没有内心的感动。"群鸡正乱叫"是杜甫的句子，是他经历了"安史之乱"，经历了不知家人生死存亡的长期隔绝和分离，回到自己家中写成的。它虽然不美丽，却是一种朴实真切的叙写，有一份深厚的亲切而热烈的感情。

好诗和坏诗的区别，除了有无感发的生命这个标准，还有另一项，就是你有没有把这感发的生命传达出来，使读者也感受到你的感动。

我开过一门诗歌课，学生都要练习写诗。我引用《易传》中的"修辞立其诚"，说真诚是作文和做人最基本的要求，于是一位学生交来了这样的诗作，他写道"红叶枕边香"。我说我不大能接受：第一，红叶不香；第二，红叶长在外面，怎么会在枕边呢？

但他说这是真实且真诚的。原来这红叶是他女朋友寄给他的，上边有香水的香味也说不定，他将红叶和信放在枕边，所以"红叶枕边香"。

他说得非常有道理。但是作诗，第一是要有真诚的感动，第二是要将这种感动成功地传达出来，让别人也感受到。

杜甫的"群鸡正乱叫"，只摘下这一句来，好像不是好诗。但要看他《羌村》全部的三首诗，诗所表现的是经过战争离乱，与家人重逢的情景。"群鸡正乱叫"正是在整体中产生了这样的作用，所以它是好诗。

可见，一首诗就是一个完整的生命，每一个字、每一个句子都要在这生命中有某一种作用才对。

不是选择几个漂亮的字就能作成好诗，而是要看选择的字对于传达感动是否适当。不是要找美的字，而是要找合适的字。

杜甫在诗中用了许多丑字，他说"麻鞋见天子，衣袖露两肘"，又说"亲故伤老丑"。然而这是好诗，因为他所经历的正是那样一种艰苦患难的生活，只有这些朴拙、丑陋的字才能恰当地表现那种生活。

所以，诗的好坏，第一要看有无感发的生命，第二要看能否适当地传达。与此同时，感发的生命人们常会有，然而它却有深浅、厚薄、大小、正邪等种种不同，每一种感情都是不一样的。

晏几道的词："落花人独立，微雨燕双飞。"这情景未尝不美丽，但将晏几道的词与杜甫的诗一比较，就会发现，晏几道的词确实非常清丽，非常美好，但他那感发的生命，却缺少杜甫的那份深厚、博大的力量。

点评

文章娓娓道来，举重若轻，将一个诗学命题，运用生动有趣的方式和鲜活恰当的论据予以论证，且层层递进，一步步丰富内涵，最终完成对主题的确认。

阅读的要素

王安忆

阅读的第一要素，我想是信赖。相信我们所读到的东西，这常常是发生在我们少年的时候。那个年龄，心灵像一张白纸，无条件地相信任何事情。书本给我们神圣的感觉，好比人生的老师。我们总是把书本上的话抄在日记本上，还总是将书本上的话赠来赠去。这是一个非常容易受影响的时期，是精神世界最初的建设时期。假如我们幸运地读到真正的好书，那么，一生都将受益无穷。不过，很多时候的情况恰恰相反。但是，尽管是这样一个不安全的时期，我也以为怀疑主义是最大的不幸。这会使我们丧失阅读的最大乐趣——那种满怀情感的接受，那种对充实内心的渴望。怀疑设立的防线又会使自己孤立，久而久之，内心便会寂寞又空虚。

当我们逐渐成长起来之后，我们便也逐渐形成了对这个世界的看法：它不仅来自阅读，更来自直接的经验。假如我们依然热爱阅读，并且依然对阅读保持信赖，便会自觉地去芜存菁，选择那些真正的好书，前段时间阅读好书的经历帮助了我们，从人生中得到的真情实感也帮助了我们。阅读和阅历使我们几乎是本能地懂得哪些是好书，哪些是作者以诚实与信赖写下来的。我们仍然以信赖的态度读书，而这时候的阅读却是一种理性的信赖。我们和书本之间建立起一种平等的关系，书本是我们的朋友。理性的信赖还可有效地抵御怀疑主义的侵害，这时候的阅读对于拓展我们不免狭窄的个人经验大有好处。假如个人经验偏于悲观，它便提供给光明的景象；假如个人经验偏于万事无忧，它则提醒我们不幸的存在。它可使我们保持乐观、善良、开阔的精神。在一个人对世界的观念已经形成的中年阶段，阅读可为我们做出补充和修正，使之达到健康完美的境地。

晚年时的阅读信赖，我想应是建立在宽容之上。因为这时候的经验已经成熟到可与任何书本做一个比较，这是该做出结论的时期。假如前两个阶段我们保持了阅读的良性循环，这时便能够再上升一格。在持有自己的经验与结论的同时，善解并诚挚地去观看别人的人生所得，看到人类无穷多的心灵景观。这时候，我们应当如同相信自己一样去读书，书会和我们融为一体，我们其实也是在读着自己。这时候的自己，应该有一颗能够包容一切的心灵，读书就提供这样的好机会。当然，我这里指的是人类写下的最好的那类书。

> **点评**
>
> 　　文章开门见山地提出论点：阅读的第一要素是信赖。接着，从少年、中年、晚年等不同的生命阶段阐释"信赖"的内涵，最后升华信赖的境界。态度诚恳，思想深邃，值得记取。

人性的墓碑

林　达

　　前不久，我们到美国康涅狄格州去办事，之后绕道去了一个小山村库布鲁克。因为库布鲁克公共墓园中凯灵顿家的家族墓地里，埋葬着一位一百多年前留美的中国人。凯灵顿家族在几十年前就离开了这个山村，不知散落何地，但村人还是把他们家的墓地照顾得非常好。

　　库布鲁克的公共墓园在一个缓坡上，坡下是一条溪流。在夏日阳光下，读着这个宁静墓园的一个个墓碑，我们注意到，在有些墓碑前，有一面小小的国旗，大部分的墓碑则没有。这小小的国旗插在一块金属牌子后面专门的钮洞里，金属牌本身的铁杆可以插入地面固定。金属标牌的花纹和文字，表明这一纪念组织的名号。当年收留了这位中国人的凯灵顿家的长子，墓碑前也有这样的金属标牌和国旗。

　　原来，这些有金属标牌和国旗的墓碑下，埋葬着在战争中为国牺牲的人，或者是曾经参军打过仗的人。这是一种荣誉，一种没有任何东西可以替代的荣誉。

　　美国人把为国打仗看得非常重。任何一个曾经上过战场、为国家冒过生命危险的人，都可以永远被人称为"英雄"。这种荣誉重到如此地步，可以和生命本身相提并论。若被人指责盗用这种荣誉，就是一种奇耻大辱。十年前，一位美国海军部长由于《新闻周刊》调查他佩戴过专授予英勇作战官兵的一种奖章，质疑他其实没有参加过实战，他为此羞愤得吞枪自杀。可见真正投入战场作战的人，在大家心目中是什么地位。

　　在库布鲁克山村的墓园里，我逐个看那些金属标牌和国旗，读着墓碑上的文字，突然注意到一个细节，我发现美国北方的墓园和南方的墓园有一个不同。南方墓园也是一样的墓碑，一样有金属标牌，一样插着小旗。可是，北方墓园插的是一色的美国国旗，而南方墓园里，那些牺牲在南北战争中的人，墓碑前插的是南军军旗，也就是北方的联邦政府视之为叛军的军旗。

在南方小镇上，有一个叫作"南军女儿"的组织，一百多年来一直坚持这样的纪念。牺牲的南军将士，当然也是为国捐躯；曾经上过战场的南军士兵，当然也是为了家园才冒着生命的危险。他们理当被子孙后代纪念，在他们的墓碑前，理当有一块金属标牌，有一面旗帜，以表彰他们的英雄行为。而他们的墓碑前，不插国旗而插南军军旗，也是理所当然，因为那时候的北方联邦军队，是他们与之流血战斗的敌军。南北之争，是一个半世纪前的政治纷争，而捐躯者，不论南北，一样为后人所纪念。这是一种人之常情。人之常情高于政治纷争。

就是这样简单明了的常识，让美国人不论南北东西，每个小镇的墓园里，都有这样的金属标牌，都有墓碑前的小旗。为国家、为社区冒过生命危险的人，流血牺牲的人，不论是在哪个年代，不论是哪场战争，还有牺牲在和平年代的警察和消防员，在后人心目中，都是英雄，都有特殊的荣誉。

我不由得想，在60年前的世界大战中，为了不亡国，我们中国人做出了怎样的牺牲？有多少人死在战场上，他们尸骨何在？我们到什么地方去为他们插一面小旗，告慰英魂？我们活下来的人，有没有忘记他们？抗日战争中，我国牺牲的少将以上军官超过两百人，在盟军阵营中位居第一。其中，有10%的将军是为战事失利而自杀成仁的，其惨烈程度位居世界第一。其中，有44位将军是亲自和日军搏杀而牺牲在战场上的，其英勇悲壮位居世界第一。可如今，我们何处祭将军？

回顾以往半个世纪，我们把政治纷争看得太重了。什么时候，我们也能怀着敬意、谦卑和感激，在那些为国捐躯的英雄的牌位前，插上一面他们当年在炮火中高举的旗帜以表达纪念，而不管他们曾经是不是政治上的对手？

点评

由人之常情出发看问题，与从政治立场看问题，自然是两种结论。作者告诉我们，美国人如何对待战争中死去的败军将士。结尾的问句发人深省。

中国历史上最不幸的人

张宏杰

表面上，中国皇帝权力巨大，荣耀无比；实际上，他们是中国历史上最不幸的一群人。

有以下事实为证：

第一，在中国历史上，皇帝的平均寿命最短，健康状况最差。有人做过一个统计，历代皇帝有确切生卒年月可考者共有 209 人。这 209 人，平均寿命仅为 39 岁多。

有人指出，中国古代人口的平均寿命不过 35 岁，因此，皇帝的平均寿命并不低。可是，35 岁的平均寿命中包括大量的夭折人口。事实上，古代人均寿命低主要是由于极高的新生儿死亡率。如果除掉这个因素，人口学家推算，中国古代人口的平均寿命可达 57 岁。众所周知，生下来就死掉的人不可能成为皇帝。因此，57 减去 39，中国皇帝的平均寿命比普通人要低 18 岁。

除去非正常死亡因素，健康水平低是造成皇帝整体寿命低下的重要原因。宋明两代政治秩序较好，皇帝大都是善终，然而平均寿命仍低于社会平均水平。两宋 18 位皇帝，平均寿命 44 岁多。明代 16 位皇帝，平均寿命 42 岁多。在明代 16 位皇帝中，只有 5 位皇帝寿命高过均龄，其余 11 位皇帝皆低于均龄。

第二，皇帝群体中非正常死亡比率高。中国历代王朝，包括江山一统的大王朝和偏安一隅的小王朝，一共有帝王 611 人。其中，正常死亡的，也就是死于疾病或者衰老的 339 人；不得善终的，也就是非正常死亡的 272 人。非正常死亡率为 44%，远高于其他社会群体。

第三，皇帝这个群体整体生命质量较差，生活压力巨大，因此出现人格异常、心理变态甚至精神分裂的概率较常人高出许多。翻开"二十四史"的本纪部分，那些一开始使我们惊愕、恶心，后来使我们麻木、厌烦的发疯变态行为，实在是数不胜数。

南北朝时期南朝宋的第六位皇帝前废帝刘子业，极为荒淫残暴。后废帝刘昱凶暴异常。他们的行为无疑应该属于精神分裂症的表现。

北魏道武帝拓跋珪患的是躁郁症：或者数日不食，或者数夜不睡，精神忧闷不安，有时一晚上自言自语，好像在对身旁别人看不见的鬼魂说话。他上朝时喜怒无常，动辄追思朝臣旧恶前怨，大加杀害。见到大臣脸色有异，或呼吸不调，或言辞失措，就大叫而起，亲自将其打死在大殿之上。尸体都被一字排开，摆放于天安殿前。

还有人食欲异常。比如宋明帝刘彧习惯通过暴饮暴食来缓解精神紧张。

与这些变态行为相比，北齐后主高纬爱当乞丐，齐废帝东昏侯萧宝卷捕老鼠、睡懒觉、驱百姓，明代万历皇帝二十多年不上朝，洪武皇帝滥杀功臣，嘉靖皇帝偏执，天启皇帝沉溺于木匠活儿，都算不上骇人听闻了。

第四，历代皇帝中，事业成功者，也就是说较好地履行了自己的职责的，只占一小部分，基本符合儒家道德规范的"圣君"更是凤毛麟角，而庸主、昏君、暴君则比比皆是。由于做皇帝挑战性过大，因此他们在工作中要体会成就感最难，体会到的挫折感却最多。大部分皇帝是在这个位子上"混"过一生的，因为他们的才能、精力、学识不足以统治如此复杂而辽阔的帝国。

二

权力过于巨大，是中国皇帝不幸的根本原因。皇帝是天下最自由的人，因为他的权力没有任何限制；皇帝又是天下最不自由的人，同样因为他的权力没有边界。

皇帝十分清楚他的一切都来源于自己的权力。为了保持自己的至高尊荣，皇帝必须牢牢把握住权力，一丝一毫也不能放手。利益的焦点必然是力量的焦点。普天之下有多少精英人物在日夜垂涎、窥视、谋划着大位。为了让天下人成为自己的奴隶，皇帝自己成了权力的奴隶。他必须像爱护眼睛一样地爱护自己的权力，一分一秒也不能松懈。对失去权力的恐惧使皇帝们神经常年高度紧张，甚至风声鹤唳、草木皆兵，呈现某种精神病态。

朱元璋在写给自己继承人的《皇明祖训》中，就鲜明地表现出这种过度戒备心理。他说，凡帝王居安之时，应该常怀警备之心，时刻不可松懈，这样才不至于被人所窥测，国必不失……把每天都要当成是在战场上一样，白天注意观察周围人的言语举动，晚上要严密巡查，搞好宫内安全保障。即使是朝夕相见的心腹之人，也要提高警惕，所谓有备无患也。即使有机密之事要与亲信商量，需要屏退旁人，也不能令护卫们退得过远，最多十丈，不可再远……兵器、甲胄不离左右，更要选择数匹良马，置于宫门及各处城门，鞍辔俱全，以防意外……为了保证自己的意志绝对畅通，为了保证自己对权力的独占，皇帝们一再地粉碎对皇权的威胁和挑战，同时也不得不把自己变成牛马，担负起沉重的工作负荷。在皇权体制下，"天下之事无小大皆决于上"，那些有雄才大略的皇帝，每一个都不得不成为工作狂。秦始皇规定自己每天必须看完120斤的竹简文件，才能休息。朱元璋说自己"每旦星存而出，日入而休，虑患防危，如履渊冰，苟非有疾，不敢怠惰，以此自持，犹恐不及"（《明太祖御制全集》）。据史书记载，洪武十八年（公元1385年）九月的八天之内，他阅读奏折1660件，处理国事3391件，平均每天要阅读奏折200多件，处理国事400多件。雍正皇帝在位期间，自诩"以勤先天下"，不巡幸，不游猎，日理政事，终年不息。他在位十三年，写出了一千多万字的朱批。

康熙皇帝对历代帝王短寿现象有自己的解释，他在遗诏中曾深有感触地说：自古帝王多享年不永，书生们每每因此多有讥评。他们怎么知道，皇帝面对的政务之烦，使人不胜其劳。做大臣的，想做官就做官，不想做就不做，回家抱抱孙子，优游度日。皇帝们就没有这样幸福。皇帝的重任不可以托付给旁人，所以舜帝直到死在苍梧时，禹帝直到死于会稽那一天，都没有享受过安宁的生活。当了皇帝，就没有退路，怎么敢奢想安逸！

二

除劳累之外，皇帝的生活还有一个突出的特点：刻板。

本来，世俗权力的巨大，已经令皇帝们精疲力竭，可是传统文化对皇帝的要求还不止于此。中国是一个礼治社会，既然皇帝是天生圣人，是万民的老师，那么一举一动就应该体察天道，遵守礼仪，有章有法，完美无瑕，为天下众人之表率，以达到"一人正而天下正"的大好局面。因此，历代相积，形成了一套建立在"礼法"之上的完整的帝王守则，使帝王的生活，每一分钟无不处于规矩之中。

我们以清代为例，观察一下皇帝是生活在一个什么样的套子当中。清代祖制，每天早上5点左右，皇帝就必须起床。起床之后，第一件事是着衣。皇帝穿衣戴帽是不能由着自己喜好来的，在不同的季节、不同的月份、不同的日子，甚至同一天的不同时辰，皮、棉、夹、单、纱的各种质地以及式样、颜色、规格、纹饰，都有严格的规定。

梳洗完毕，首先要做的事是读"实录"一卷，也就是说，要学习祖先的光辉事迹，背诵祖先的教导。

然后是处理政务，即御门听政。皇帝端坐于乾清门，整个听政过程有着严格的礼仪规范要求……每奏一事，皇帝即降旨，宣布处理意见，大学士、学士承旨。事毕，大学士、学士起立，从东阶下，记注官从西阶下，皇帝起驾回宫。

每天上午11点到下午2点30分，是皇帝休息、吃晚饭时间。根据《国朝宫史》记载，每天下午皇帝一般在一两点时吃晚饭，然后批阅各部和地方大员的奏章，接着就开始学习。

在下午2点30分到5点这段时间里面，皇帝除办公以外，还要看书学习。

晚上7点到9点皇帝要祀拜神灵，到各殿神佛前拈香，然后上床睡觉。

一年365天，几乎天天如此。

那些精明的定制之君没有想到，他们制定的帝王标准，给自己那些平庸的后代带来多少痛苦和折磨。

在传统中国，人们往往把物质享受作为衡量幸福的唯一标准，把无条件地顺从、宠爱作为对待皇子的不变态度。皇子们一生下来，就处于太监奴仆众星捧月的包围之下。在这种特殊环境下成长起来的皇位继承人，很容易出现种种心理和性格问题，最常见的是意志薄弱、自制力差，每有所需就立即要求满足，缺乏等待延后满足的能力。

这极容易导致皇子人格的不成熟。与此同时，由于特殊的身份和地位，国家对皇子们的期望值很高，要求很严。一出自己的后宫，即处于种种森严的规矩包围之下。这就很容易造成皇子们的人格分裂，形成种种心理隐患。许多天赋不凡的孩子，都被这种特殊的成长环境所毁坏，比如那个两岁时就被康熙立为太子的胤礽，本来是一个聪明、伶俐的孩子，智力超群，仪表不凡，可是，由于长期处于一人之下、万人之上的地位，他的性格严重畸形。在皇帝面前，他表现得举止大方，处事有法；皇帝一转身，他就露出完全不同的另一副面孔：他赋性奢侈，大手大脚，索求无度；他骄横暴虐，为所欲为，甚至任意殴打郡王、贝勒、公爵；他胆大包天又缺乏自制力，竟然派人拦截外藩进贡的使臣，夺取进贡给皇帝的马匹。终于使康熙忍无可忍，不得不将其废掉。

一方面是不成熟的人格，另一方面是挑战性极强的政治重任，两者相遇，必然是一场悲剧。权力这副铠甲本来是为了保障皇帝们的享受，可是在大多数时候，皇帝们使出全力，也担负不住这具厚厚的铠甲，他们的生存因此就变成了权力重压下的挣扎，显得十分可怜。

在阅读中国历史的时候，一个令人不解的现象是：为什么沉溺于酒色的皇帝那么多？人生的乐趣那么多，特别是皇帝，富有四海，可以做的事那么多，可以经历的人生那么丰富，为什么那么多皇帝都一门心思赖在酒桌和床上？

道理其实很简单，这是一种逃避。权力的沉重和规矩的森严使他们无力承受，而祖先的期望、臣民的指责、自己的追求，使他们荒于政务、尽求享乐时，不能不产生深深的负罪感、无力感、自卑感。酒和色不过是他们的逃身之所罢了。

点 评

　　当皇帝不容易。这是作者别出心裁的发现。对这个最不幸的一个群体，作者从平均寿命最短、健康最差谈起，列举了诸多证据，个个确凿，无从辩驳。至于不幸的根源，作者认为主要有两个因素：一是权力无边，一是生活刻板。文章分析皇子从一生下来开始，就处于一种畸形的环境中，容易造成人格不成熟，并形成种种心理隐患，无法承担治国的重担。

　　文章开篇立论，然后列出四条证据，再深入分析原因，最后引申发挥，是一篇严谨有说服力的议论文。

••• 我看见了一朵水花 •••

导言

每个人都会从生活中获得教益。但获得的质量和数量，却取决于你拥有什么样的眼光。毫无疑问，人人都希望自己拥有一双发现的眼睛。有了它，你才能领悟生命的奥义，洞穿各色迷局，充满自信地走在无限延伸的人生之路上。

善于发现的人，大都具有以下几个特质。

朴质的心灵：他们信任世界，万物就朝他们敞开了怀抱。

敏锐的感知：他们总能觉察到别人忽视的东西，看到别人看不见的东西。

强大的理性：凭借常识和逻辑辨认一切，在充满不确定性的世界获得笃定的东西。

本辑所收文章，都与发现有关，不论是科学发现，还是人生的意义，抑或某种生存技巧，都会让你领略突破思维局限的智慧之魅力。

把信带给加西亚

[美国] 艾尔伯特·哈伯特

这篇短文，发表于 1899 年。

这篇文章，几乎世界上所有的语言都把它翻译了出来。

在一切有关古巴的事物中，有一个人最让我忘不了。当美西战争爆发后，美国必须立即跟西班牙的反抗军首领加西亚取得联系。加西亚在古巴丛林的山里——没有人知道确切的地点，所以无法带信给他。美国总统必须尽快地获得他的合作。

怎么办呢？

有人对总统说："有一个名叫罗文的人，有办法找到加西亚，也只有他才找得到。"

他们把罗文找来，交给他一封写给加西亚的信。关于那个名叫罗文的人，如何拿了信，把它装进一个油纸袋里，封好，吊在胸口，三个星期之后，徒步走过一个危机四伏的国家，把那封信交给加西亚——这些细节都不是我想说明的。我要强调的重点是：美国总统把一封写给加西亚的信交给罗文，而罗文接过信之后，并没有问："他在什么地方？"

像他这种人，我们应该为他塑造不朽的雕像，放在每一所大学里。年轻人所需要的不只是学习书本上的知识，也不只是聆听他人种种的指导，而是要加强一种敬业精神，对上级的托付，立即采取行动，全心全意去完成任务——"把信带给加西亚"。

加西亚将军已不在人间，但现在还有其他的加西亚。凡是需要众多人手的企业经营者，有时候都会因一般人无法或不愿专心去做一件事而大吃一惊。懒懒散散、漠不关心、马马虎虎的做事态度，似乎已经变成常态；除非苦口婆心、威逼利诱地叫属下帮忙，或者，除非奇迹出现，上帝派一名助手给他，没有人能把事情办成。

不信的话我们来做个试验：你此刻坐在办公室里——周围有六名职员。把其中一名叫来，对他说："请帮我查一查百科全书，把某某的生平做成一篇摘录。"

那个职员会静静地说："好的，先生。"然后就去执行吗？

我敢说他绝不会，反而会满脸狐疑地提出一个或数个问题：

他是谁呀？

他过世了吗？

哪套百科全书？

百科全书放在哪儿？

这是我的工作吗？

为什么不叫查理去做呢？

急不急？

你为什么要查他？

我敢以十比一的赌注跟你打赌，在你回答了他所提出的问题，解释了怎么样去查那个资料，以及你为什么要查的理由之后，那个职员会走开，去找另外一个职员帮助他查某某的资料，然后，会再回来对你说，根本查不到这个人。真的，如果你是聪明人，你就不会对你的"助理"解释，某某编在什么类，而不是什么类，你会满面笑容地说："算啦。"然后自己去查。这种被动的行为，这种道德的愚行，这种心灵的脆弱，这种姑息的作风，有可能把这个社会带到三个和尚没水喝的危险境地。如果人们都不能为了自己而自动自发，你又怎能期待他们对别人采取行动呢？

你登广告征求一名速记员，应征者中，十之八九不会拼也不会写，他们甚至不认为这些是必要条件。这种人能把信带给加西亚吗？

在一家大公司里，总经理对我说："你看那职员。"

"我看到了，他怎样？"

"他是个不错的会计，不过如果我派他到城里去办个小差事，他可能把任务完成，但也可能就在途中走进一家酒吧，而当他到了闹市区，可能根本忘了他的差事。"

这种人你能派他送信给加西亚吗？

近来我们听到了许多人，对"那些为了廉价工资工作而又无出头之日的工人"以及"那些为求温饱而工作的无家可归人士"表示同情，同时把那些雇主骂得体无完肤。

但从没有人提到，有些老板一直到年老，都无法使有些不求上进的懒虫做点正经的工作，也没有人提到，有些老板长久而耐心地想感动那些当他一转身就投机取巧的员工。在每个商店和工厂，都有一个持续的整顿过程。公司负责人经常送走那些显然无法对公司有所贡献的员工，同时也吸引新的进来。不论业务怎么忙碌，这种整顿一直在进行着。只有当公司不景气，就业机会不多，整顿才会出现较佳的成绩——那些不能胜任，没有才能的人，都被摈弃在就业的大门之外，只有最能干的人，才会被留下来。为了自己的利益，使得每个老板只保留那些最佳的职员——那些能把信带给加西亚的人。

我认识一个极为聪明的人，他没有自己创业的能力，而对别人来说也没有一丝一毫的价值，因为他老是疯狂地怀疑他的雇主在压榨他，或存心压迫他。他无法下命令，也不敢接受命令。如果你要他带封信给加西亚，他极可能回答："你自己去吧。"

当然，我知道像这种道德不健全的人，并不会比一个四肢不健全的人更值得同情；但是，我们也应该同情那些努力去经营一个大企业的人，他们不会因为下班的铃声而放下工作。他们因为努力去使那些漠不关心、偷懒被动、没有良心的员工不太离谱而日增白发。如果没有这份努力和心血，那些员工将挨饿和无家可归。

我是否说得太严重了？不过，当整个世界变成贫民窟，我要为成功者说几句同情的话——在成功机会极小之下，他们导引别人的力量，终于获得了成功；但他从成功中所得到的是一片空虚，除食物外，就是一片空无。我曾为了三餐而替人工作，也曾当过老板，我知道这两方面的种种甘苦。贫穷是不好的，贫苦是不值得推介的，但并非所有的老板都是贪婪者、专横者，就像并非所有的人都是善良者。

我钦佩的是那些不论老板是否在办公室都会努力工作的人，我也敬佩那些能够把信交给加西亚的人。静静地把信拿去，不会提出任何愚笨问题，也不会随手把信丢进水沟里，而是不顾一切地把信送到。这种人永远不会被解雇，也永远不必为了要求加薪而罢工。文明，就是为了焦心地寻找这种人才的一段长远过程。这种人不论要求任何事物都会获得。他在每个城市、村庄、乡镇，以及每个办公室、商店、工厂，都会受到欢迎。世界上极需这种人才，这种能够把信带给加西亚的人。

> ## 点评
>
> "或者去做，或者不做，二者必居其一；要么全身退出，要么全力以赴。你只能做出一种选择。"作者从给加西亚将军送信的美军士兵罗文身上，发现了一种为人做事的精神，挥笔写下了这篇雄文。罗文的事迹通过《致加西亚的信》这本小册子传遍全世界，并成为敬业、服从、勤奋的象征。文章使用正反对比的论证方法，阐述罗文精神对现代社会的重要性，说理透彻，发人深省。

一颗枣核支撑大坛

［埃及］艾尼斯·曼苏尔

郅溥浩 译

小老鼠可以给狮子带来麻烦。

你鞋上的一颗小钉会搅得你心神不宁。你如果心神不宁，就可能要发怒；你如果发怒，就很难做到对自己和他人公正。人总会感到有像鞋上小钉那样的东西存在于你的衣服上、房间里或工作中。因此，你总是在与这样的人打交道，他们不时为一些小的东西——当然也有大的东西——搅扰着、刺痛着。

也许，小的东西对人的刺痛更甚。

我们面临的问题是，怎么发现这些小东西？

人，由于心神不宁，往往不去注视小的东西，而总是寻找大的东西，这就更增加了他的烦恼。

也许，拿破仑的妻子是最聪明的女人，因为她发现她与丈夫不和谐的原因是极微不足道的。她注意到，每次她向丈夫提出要求时，丈夫总是立即加以拒绝。她开始怀疑她的丈夫，疑心他有了别的女人。最后她终于找到了那影响夫妻和美的小事情。她发现，每次她跟他谈话时，他是站着的，而她则坐着。于是她改变方式，当他坐着时，她再跟他交谈。此时的他处于平和安详之中，便不拒绝她提出的任何要求。

处理的办法很简单，因为这是一桩极微小的事情。

当亚历山大大帝宫廷中的人挑衅地提出让他乘骑一匹桀骜不驯的马时，他发现了一件极小的事。他观察到这匹马害怕自己的影子。所有骑这匹马的人都驾驭着它背向太阳奔驰，太阳在它前面投下了影子，它异常害怕……亚历山大大帝骑着它朝着太阳跑，影子在前面消失，阳光照射着马的眼睛，使它感到疲劳，它就变得格外听话。

谚语云："一颗枣核支撑大坛。"意思是小的东西可以支撑大的东西。它还有一层意思，就是当你把这小的东西从大坛下抽掉时，大坛便会倾倒。

这就是说，有时小的东西会把我们引向大的灾难。

点 评

文章结构精巧，收拢自如。由小老鼠可以给狮子带来麻烦说起，罗列一系列小东西搅扰人们的例证，随之提出问题：我们如何去发现这些小东西？再以拿破仑妻子与亚历山大大帝的正面事例，证明小东西会影响大事情，最后点题，由题目引出结论：有时小的东西会把我们引向大的灾难。

你激起的水花可以掀动世界

[美国] 杰米·萨姆斯

吕广英 译

在我七岁的时候，我的切罗基族爷爷带我去一个钓鱼点钓鱼。

爷爷叫我往平静的池塘里扔一块石头，问我："你看到什么了？"

"我看到一朵水花。"我回答。

"你还看到什么别的了？"爷爷问。

"还有，水面上泛起了一圈一圈的波纹。"我说。

爷爷点了点头，对我说："每一个人都要对他在这个世界上制造的水花负责，这水花会激起许多圈波纹，产生连锁反应。"

我坐在岸边，静静地凝望微波荡漾的水面。这时，爷爷叫我注意看我们的脚下："你看，被那石头激起的波纹正在拍打你的脚，这说明，它已经找到了回到你身边的路径。我们所有人都应该当心自己在世界上激起的各种水花，因为，由你造成的波纹总是会返回到你自身。如果那水花有危害、能引起伤痛，我们将不欢迎它回来；但是，如果它由美好的言行造成，我们将很高兴看到它回家。"

点评

由对话结构全篇，活泼有趣。大自然能给人丰富的启迪，比如水往低处流；暴风雨中大树被吹折，但小草安然无恙。仔细观察吧，你会有惊喜的发现。

两根沉木条

陈志宏

一位游客为了领略山间的野趣，一个人来到一片陌生的山林，左转右转迷失了方向。正当他一筹莫展的时候，迎面走来了一个挑山货的美丽少女。

少女嫣然一笑，问道："先生是从景点那边走迷失的吧？请跟我来吧，我带你抄小路往山下赶，那里有旅游公司的汽车等着你。"

游客跟着少女穿越丛林，阳光在林间映出千万道漂亮的光柱，晶莹的水汽在光柱里飘飘忽忽。正当他陶醉于这美妙的景致时，少女开口说话了："先生，前面一点就是我们这儿的鬼谷，是这片山林中最危险的路段，一不小心就会摔进万丈深渊。我们这儿的规矩是路过此地，一定要挑点或者扛点什么东西。"

游客惊问："这么危险的地方，再负重前行，那不是更危险吗？"

少女笑了，解释道："只有你意识到危险了，才会更加集中精力，那样反而会更安全。这儿发生过好几起坠谷事件，都是迷路的游客在毫无压力的情况下一不小心掉下去的。我们每天都挑东西来来去去，却从来没人出事。"

游客不禁冒出一身冷汗。没有办法，他只好接过少女递过来的两根沉沉的木条，扛在肩上，小心翼翼地走过这段"鬼谷"路。

两根沉木条，在危险面前竟成了人们的"护身符"。

与此相类似的是香港启德机场，它就位于市中心，飞机掠过深水埗、九龙等闹市的时候，乘客能清楚地看见住家阳台上晒的衣服。就是这么一个被称作"世界上最危险的机场"，数十年直至关闭都没有出现过大灾难。探究其中的原因，有人说正是因为危险，所以全世界的飞行员都小心翼翼，不容许自己出一点差错，香港的启德机场因此才成为世界上最安全的机场之一。

危险固然可怕，但比危险更可怕的是人的麻痹大意；危险不一定制造灾难，但人的疏忽往往是灾难的渊薮。这正是"压力效应"——推而广之，人生中的很多时候，我们是不是也该在肩上压上两根"沉木条"，让它唤醒我们的斗志与韧性？

点评

由少女引领游客走出危险山谷的故事导入，顺理成章地引出一个新奇的结论。并照应标题，点出两根沉木条的作用。一例一结论，未必令人信服。作者又列举香港启德机场的经典事例，证明自己的观点。最后引申出"压力效应"。此文论据可靠，论证有力，令人信服。

风暴之夜你能否安眠？

刘俊成 编译

从前有一位农场主，在大西洋岸边耕种一块土地。他总是不断地张贴雇用人手的广告，可还是很少有人愿意到他的农场工作，因为大西洋上的风暴总是摧毁沿岸的建筑和庄稼。直到有一天，一个又矮又瘦的中年男人找到农场主应聘。

"你会是一个好帮手吗？"农场主问他。"这么说吧，即使是飓风来了，我都可以睡着。"应征者得意地回答。

虽然这听上去有点狂妄，农场主心里也有点怀疑，但是农场主还是雇用了这个人，因为他太需要人手了。

新来的长工把农场打理得井井有条，每天从早忙到晚，农场主十分满意。不久后的一天晚上，狂风大作。农场主跳下床，抓起一盏提灯，急急忙忙地跑到隔壁长工睡觉的地方，使劲摇晃睡梦中的长工，大叫道："快起来！暴风雨就要来了！在它卷走一切之前把东西都拴好！"

长工在床上不紧不慢地翻了个身，梦呓一样地说："不，先生。我告诉过你，当暴风雨来的时候，我也能睡着。"农场主被他的回答气坏了，真想当场就把他解雇了。

农场主强压着火气，赶忙跑到外面，一个人为即将到来的暴风雨做准备。不过令他吃惊的是，他发现所有的干草堆都早已被盖上了焦油防水布，牛在棚里，鸡在笼中，所有房间门窗紧闭，每件东西都被拴得结结实实，没有什么能被风吹走。农场主这时才明白长工的话是什么意思。

这个长工之所以能够睡得着，是因为他已经为农场平安度过风暴做好了准备。如果你在精神、心理、身体等方面做好了准备，那么就没有什么东西可以令你害怕了。当风暴吹过你的生活的时候，你能睡得着吗？

点评

先抑后扬，造成跌宕起伏的效果。这个有趣的故事，不仅昭示生活的智慧，还传授了有益的写作技巧。

无知无畏

巩 昂

1976 年 3 月 30 日，在德国哥廷根大学校园里，一位十八岁的青年学生吃完晚饭后，照例做导师每天布置给他的三道数学题。这个学生很有数学天赋，导师对他寄予了厚望，因此，在他完成固定作业之外，还会多给他布置几道较难的题。一般情况下，这个学生会在三个小时内，把所有作业完成。

这一天，他像往常一样，不到三个小时，就把固定作业做完了。可是，在多布置的题中，最后一题写在一张小纸条上，要求用圆规和一把没有刻度的直尺，画出正十七边形。学生也没有特别在意，只是埋头做题。几个小时过去了，却找不到解答方法。他想：也许是导师看到我每次做题都很顺利，就故意给我增加了一些难度吧。越是困难，他越想把这道题攻克。他拿着圆规和直尺，一边画一边想着各种可能的思路，一直持续到天亮。最后，这道题终于被解开了。

学生拿着自己的作业，来到导师办公室。他内疚地对导师说："您给我布置的最后一道题，我做了整整一个通宵才解答出来。对不起，我辜负了您对我的期望。"导师接过他的作业一看，惊呆了，问道："这是你昨天晚上做出来的？""是啊。可是我很笨，竟然花了整整一个晚上的时间。"

导师让学生坐下，取出圆规和直尺，让他当面在纸上再画一个正十七边形。学生很快就画了出来。这时，导师激动地说："你知道吗？你解开了一个有两千多年历史的数学悬案。这道题，阿基米德没有做出，牛顿没有解出。你竟然在一个晚上就把它解答出来了！你真是个天才。我也正在研究这道题目，昨天给你留题时，我一不小心把写这道题目的小纸条夹在了给你布置的作业里。"

很多年后，这个学生回忆起那件事情时，总是说："如果有人告诉我那是一道两千年没有解开的题目，我不可能在一个晚上把它解决。"这个学生就是数学王子高斯。

点评

一篇最后才抖包袱的精彩叙事文。于不动声色中设置悬念，结局令人拍案叫绝。天才高斯的故事，不如此不足以叫人铭记在心。标题"无知无畏"揭示主旨。

如果下降两厘米

陈 胜

清晨，在山中，一条小河静静地流淌着。

有一只苍蝇在河面上飞旋，离河面仅差几厘米。水下有一条小鱼，它想，如果苍蝇再降下来两厘米，我就可以跳起来吃掉它了。在岸边潜伏着一只熊，它心里想着，如果苍蝇降下来两厘米，那条小鱼就会跳起来吃掉它，而我就可以冲过去好好地享受一顿美餐了。在河流附近，一个猎人正藏在高高的草丛里，他静静地看着这一幕，想着如果苍蝇下降两厘米，小鱼就会跳起来吃掉它，熊就会跑过去抓鱼，而我就可以一枪击中那只熊。在岸上的一个洞口处，有一只老鼠。它想着如果苍蝇下降两厘米，小鱼就会跳起来吃掉它，熊就会跑过去抓住那条鱼，而猎人就会站出来向熊射击，我就有足够的时间去拿走他袋子里的奶酪了。这时，在附近的一棵树上，蹲着一只小猫。小猫想，如果苍蝇下降两厘米，小鱼就会跳起来吃掉它，熊会跑过去抓住那条鱼，而猎人就会站出来向熊射击，而那只老鼠就会跑出来偷奶酪，那样我就可以快速地抓住它了。

大家心里都美滋滋地满怀期待。突然，苍蝇下降了两厘米，早有预谋的猎人和动物们立刻按计划行动起来。鱼跳起来吃掉了苍蝇，熊冲出来一口将鱼吞进了肚子，猎人站起来向熊射击，然而一声枪响打破了所有的宁静，老鼠吓得忘记了奶酪，而猫也忽然失去了平衡，从树上掉了下来。

当我们紧紧盯着人生的诱惑而在心中规划着自认为完美的计划时，我们常常会忘记一声"枪响"所带来的恐慌。

点 评

一个逻辑严密的虚拟故事，能勾起人强烈的好奇心：如果下降两厘米，事情将会怎样？最后亮出观点：空想很迷人，但却都依赖外力；依赖越多，越容易受外在环境变化的影响而发生心理恐慌，不免鸡飞蛋打。

如果犯错，记得幽默

朱 晖

谁都无法想象，如果一届世界性的体育盛会在开幕式上出现重大纰漏，组委会将要承受怎样的压力。这样的倒霉事，偏偏让2010年温哥华冬奥会赶上了。

2010年2月13日，温哥华冬奥会隆重开幕，为了让本届冬奥会给全世界一个惊喜，组委会试图打造出一个让世人惊艳的点火仪式。原计划是：火炬由残奥会冠军汉森坐着轮椅传入体育馆，再由4名加拿大著名运动员依次传递，然后4人站在广场四周，等待4根欢迎柱缓缓升起，再用火炬点燃欢迎柱，火光上升的同时 4 根欢迎柱中间的巨大冰柱将被点燃，奥运圣火将就此熊熊燃烧……虽然准备工作万无一失，但在欢迎柱上升的环节，预设的 4 根欢迎柱只升起 3 根，全世界的目光都聚焦到余下的那根，遗憾的是，它终究"千呼万唤没出来"。

如此重大的失误令组委会颜面扫地，成为全世界的笑柄。一位老者的话颇具代表性："我们都祈祷闭幕式上千万别再发生什么差错，再也丢不起人了。"

3 月 1 日，温哥华冬奥会闭幕式如期举行。大幕拉开后，大家简直不敢相信自己的眼睛，火炬台竟然以"残缺"的状态搭建着，开幕式上"失误"的一幕被复制到了全世界观众的面前。更令人意想不到的事在随后发生：一个电工模样的小丑蹦跳着来到没有竖起的欢迎柱前，左拍拍、右看看，表情诙谐地检查着，最后将电源插好，并试着将那根硕大的柱子从地下拉起来。在小丑的拉动下，欢迎柱渐渐上升，缓缓地和其他几根搭建在一起。这时，小丑欢快地请出主火炬手勒梅·多恩，由她点燃了奥运火炬，奥运圣火熊熊燃烧。

看到这儿，全场沸腾了。加拿大人用一种自嘲的方式轻松化解了此前的尴尬，不仅无损于他们的形象，反而成就了一个史无前例的"两次点火"的经典画面。

生命中没有多少不可饶恕的错，就算错了，也还可以幽它一默。

点 评

标题别致，本身也是文眼。本文采取倒叙手法，能有效地激起读者的阅读兴趣。议论文写作使用这种手法可以增加叙述魅力，但叙述要概括、简洁，一意为论点服务。

服从的意义

尹玉生 编译

1976 年 6 月 27 日，巴勒斯坦游击队劫持了一架法国航空公司的大型飞机，并将机上 105 名以色列人扣押在乌干达恩德培机场的候机大厅。为了解救人质，以色列特种兵展开"雷电行动"，长途奔袭乌干达。

在采取营救行动之前，一名以色列士兵手持扩音器，用以色列人的母语希伯来语大声喊道："我们是以色列士兵，前来接你们回家，请你们立即就地卧倒，趴在地上别动！"

以色列人质全都清清楚楚地听懂了这段希伯来语，并迅速地卧倒在地上。而巴勒斯坦士兵却一点也没听懂喊话的意思，他们仍然站立着，警惕地注视着外面。

一颗颗子弹向所有站着的人飞去，以色列士兵以迅雷不及掩耳之势向大厅内发起了攻击，站着的人一个个倒在了地上。在这场战斗中，除巴勒斯坦士兵外，还有 3 个以色列人也丢掉了性命。有两个是年轻的以色列男子，他们在听到并完全明白己方士兵的指令的情况下，凭着自己的胆量和勇气，想再等一等看清楚发生了什么事情之后，再服从指令。遗憾的是，他们已经没有服从指令的机会了。第三个遇难的人质也是一名男子，他在听到士兵的"卧倒"指令后，倒是毫不犹豫地服从了，但是在他看到以色列士兵冲进大厅后，忘记了刚刚那一句"趴在地上别动"。他兴奋地站起身来，准备冲向己方战士，与他们拥抱，结果被士兵们当作隐藏在人质中的敌人射杀了。

名将巴顿是美国历史上最张扬、最强悍却又最懂得服从的四星上将。关于服从，他曾说过："服从不只是一种品德，更是一种责任。如果你不懂得服从，或者打了折扣去服从，不仅会损害团队的利益，甚至会成为潜在的杀人者或自杀者。"

点评

干巴巴地说理，不如一两个典型的例子有用。文章叙述颇具匠心，"绝对服从者全部活着""犹豫不决者首先毙命""服从不彻底者最终殒命"，通过描述三种不同的服从状况，揭示绝对服从的意义。恰到好处的引用，更能增强说服力。引用论证与事实论证相辅相成，完美地诠释了文章的观点。

割舍的气度

苏芩

一对新人来到赌城度蜜月。

一次下注中，新郎无意将5美元的筹码押在了"17"这个数字上。那一局，轮盘赌台的小球落在了"17"上，他赢了175美元。第二局，他继续把筹码押在"17"上，好运继续，这一局他赢了6125美元。接下来的每一局，他都把筹码押在"17"上，好运气似乎就一直这样跟随着他，最后他赢的筹码已经积累到两亿多美元。

5美元的筹码，赢来两亿多美元，这样的回报已然算是奇迹了。这两亿多美元足够夫妻俩尽情挥霍，只是那一刻，新郎的脑袋里并没有转过这些念头。他押上全部，孤注一掷！

结果这一局好运没有再次眷顾他，小球停在了"18"上，巨额财富就这样被他瞬间输了个精光。

新郎无精打采地回到酒店。妻子问他："你到哪里去了？"

他说："去赌轮盘。"妻子又问："运气如何？"他叹了口气："还好，只输了5美元。"

很多人认为，好运气总是反复无常。其实并非如此。只是当你生出贪欲，想要利用好运气为你谋得更多利益之时，也就是他跟你翻脸之时。

运气总是这样，他会帮助那些需要他的人。当他发觉自己被没完没了地利用时，他会连同之前给予的一切统统收回！

有人说，那些你所不知道的就是命运。命运也许是莫测的，但有一项规则是从未改变过的，那就是：当你不忍割舍"小"时，你就一定会失掉"大"。

执着，贪念，不懂放下，不做割舍，你就永远无法真正享有你所拥有的一切！

点　评

小故事中蕴含大道理。平时阅读时，不妨多想一想，多问几个"为什么"，多问几个"怎么做"，写作的思路就打开了，思维的金光大道就在眼前。

勇于信人

［美国］A.惠特曼

我八岁的时候，有一次去看马戏，见那些在空中飞来飞去的人抓住对方送过来的秋千，百无一失，我佩服极了。"他们不害怕吗？"我问母亲。

前面有一个人转过头来，轻轻地说："宝宝，他们不害怕，他们晓得对方靠得住。"

有人低声告诉我："他从前是走钢索的。"

我每逢想到信任别人这件事，就会想到那些在空中飞的人。生死间不容发，彼此都必须顾到对方的安全。

我又想到，他们虽然勇敢，并且训练有素，要是没有信任别人的心，绝演不出那么惊人的节目。

平常生活也是如此。人活在世上需要信任别人，犹如需要空气和水。我们如果不信任别人，对人便无法诚恳。我们如果戴了假面具不能对人坦白，会有多么拘束难受！一天到晚都提防别人，会害得我们脑筋瘫痪。要想受人爱戴，就得先信任人。"有了信心才有爱，"心理分析专家佛罗姆说，"不常信任别人的人，也就不常爱人。"

另一方面，如果和信任我们的人相处，我们会放心自在。心理学家欧弗斯屈说："我们不但可以卫护别人，而且在许多方面也影响别人。"信任或防范，能铸就别人的性格。

纽约州星星监狱前典狱长的太太凯瑟琳·劳斯，差不多每天都到监狱里去。犯人运动的时候，她的孩子往往和他们一起玩，她也和犯人一同观望。人家叫她提防，她说她并不担心。

因为她对犯人这样信任，她去世的时候消息立即传遍了监狱。犯人都尽量聚集在大门口。看守长看见那些犯人默默不语难过的样子，便把狱门敞开。从早到晚，这些人排队到停放遗体的地方去行礼。他们的四周并无墙壁，但是，犯人也没有一个辜负狱方好意。他们都仍旧回到监狱里。这无非是犯人对这位太太表示的敬爱，因为她在世时曾经信任他们。

人与人处得融洽，全靠信任。老师要是能使堕落的学生相信她对他们只怀好意，那么，她的教育差不多就成功了。精神病学专家要费大部分时间劝神经错乱的病人信任他们，才能够动手治疗。人对人必须怀着好感，彼此信任，个人的日子才不至于过得一团糟。

我们为什么这样难以互相信任呢？主要原因是我们害怕。在飞机上或火车上往往有这种情形：两个人虽然并排而坐，却都怕开口。看他们那种矜持的样子，多么难受！犹太教法师赖布曼说："我们怕别人轻蔑我们，拒我们于千里之外，或者揭掉我们的假面具。"

信任别人的人，日常待人接物多么与众不同！有一次，我听见一个人形容他所认识的一个女人："她见到人便伸出两只手来迎接，仿佛是说：'我多么相信你！单单同你在一起，我就觉得非常高兴了！'而你离开她的时候，也会感觉到自己想做什么事都能成功。"

我们儿童时代忘不了的往事，常常会使我们处处提防别人。例如我认识一个人，是某公司的总经理，他就没有多少朋友。他七岁丧母，由姑母把他抚养成人。姑母一番好意地对他说："母亲出去看朋友了。"他白白盼望了好几个星期。这种隐瞒虽然出于善意，可是为了这件事，他长大以后再也不相信别人的话了。

要增进彼此的信任，我们首先必须有自信。美国诗人佛洛斯特说："我最害怕的，莫过于吓破胆子的人。"事实上，自觉不如人和能力不够的人，是不能信任别人的。不过，自信并不就是以为自己毫无缺点。我们必须相信自己的地方也就是必须相信别人的地方。那就是：相信自己切实在尽自己的能力和本分做事，不管有没有什么成就。

其次，信任必须脚踏实地。我认识一个人，她有一次痛心地说："信任别人很危险，你可能受人愚弄。"假使她的意思是说，天下总有骗子，那么这句话是有道理的。信任不可建筑在幻觉上。不懂事的人不会一下子就变得懂事；你明明知道某人喜欢饶舌，就不应该把秘密告诉他。世界并不是一个毫无危险的运动场，场上的人也不是个个心怀善意。我们应该面对这个事实。

真正的信任，并不是天真地轻信。我们不如说：别人是何等人，就明白他是何等人，不必迟疑，却要用心去发掘他的长处。

最后，对别人信任需要有孤注一掷的精神——赌注是爱，是时间，是金钱，有时候甚至是性命。这种赌博并不一定常赢。但是，意大利政治家贾孚说："肯相信别人的人，比不肯相信别人的人差错少。"

不信任人，不能成大业。一个人要是不信任人，也不能成为伟人。美国哲学家和诗人爱默生说："你信任人，人才对你忠实。以伟人的风度待人，人才表现出伟人的风度。"

点 评

　　由故事引出论点："人活在世上需要信任别人，犹如需要空气和水。我们如果不信任别人，对人便无法诚恳。"然后举例论证信任的力量，再从反面论证不信任的原因。接着阐述如何建立信任。最后重申论点："不信任人，不能成大业。"

　　论点鲜明，例证生动、有说服力，论述严谨，结论发人深省。是一篇不可多得的好文。

你不是已经努力了吗?

[新加坡] 尤今

日本电视剧《阿信》中,有一个片段深深地触动了我。

在日本传统发型渐不流行的当儿,阿信在师傅的鼓励下学做西洋发型。一日,店里来了一位时髦的客人,指定要做西洋发型,师傅大胆地让当时还是学徒的阿信出来接待。客人表示要做"遮耳发型",而且,声明不要烫得太卷。阿信仔细观察了她的脸型,觉得微卷的遮耳发型不适合她。于是,在客人打瞌睡的当儿,阿信擅作主张,为她烫了一个波浪形的新发型。发型做好后,客人睁开了惺忪的双眼,只朝镜里一看,便像被人戳了一刀似的,气势汹汹地喊了起来:"哎呀,你怎么做成这个样子!"阿信诚惶诚恐地应道:"我觉得遮耳发型不适合您,这个新发型完全是依照您的脸型设计的!"客人对着师傅大喊大叫:"你怎么搞的,居然请这种人为客人做头发!"师傅沉着地应对:"对不起。如果您不满意,我们就不收钱好了。"客人分文未付,扬长而去。阿信泪流满脸,几近崩溃。师傅不顾店里其他人的冷言冷语,温和地对阿信说道:"你不是已经努力去做了吗?不要放在心上。"

简简单单的两句话,给了阿信继续拼搏的勇气。没过多久,那位大发雷霆的客人上门来道歉,指名要阿信再为她做头发,因为上次的新发型得到了她朋友的一致赞赏。

如果说阿信是千里马,她的师傅无疑便是伯乐。当伯乐,除慧眼之外,慧心亦同等重要。慧心指的是包容的心、宽厚的心。一旦肯定了千里马的才干,便放手让它恣意驰骋,切莫因一次的失误而否定它日行千里的能力。

点评

说理要有新意。作者由这个故事得出结论:当伯乐除了要有"慧眼",更要有"慧心",即包容、宽厚的心。这一解读与以往对"千里马和伯乐"的解读比较,写出了新意,让人眼前一亮,也让文章顿添智慧的光彩。

早餐革命

苗炜

我们都听过这样一句话:"早餐是一天中最重要的一顿饭。"其实,这句话来自一场规模极大的广告战役。20世纪40年代,美国的几家谷物食品公司为了推销它们的麦片、玉米片等速食早餐,纷纷宣扬早餐的重要性,其中一句广告语是:"吃好早饭,更好工作。"早餐的历史地位其实并不高,罗马帝国的人都信奉,要想健康,一天只吃一顿饭就够了。天主教典籍中对早餐的描述也很少。

在中世纪的欧洲,只有富裕的人家才能吃上一顿像样的早饭。重体力劳动者也要吃早饭，而大多数人是不吃早饭的。历史学家认为，早餐成为固定的一顿饭，是工业革命之后的事。人们住进了城里，要外出工作一整天，早饭就变得必不可少。劳动人民能吃到什么就吃什么，面包、奶酪、薄煎饼、头天的剩饭等等。19世纪的美国，物质生活有所改善，那时候的早饭和午饭、晚饭没什么不同，大家一大早就吃牛排、烤鸡、牡蛎。

一位农业历史学家说，美国人当年就是要吃很多的肉，还有土豆、蛋糕和派。这样暴饮暴食的结果是消化不良，就像如今的肥胖问题一样，因此，他们需要清爽一点儿的早饭。谷物快餐的出现恰逢其时。1827年，全麦饼干发明。1890年，玉米片发明。这些谷物食品早年被称为"全麦岩石"——味道不佳，人们要把它们泡在牛奶里才能下咽。

从1900年开始，谷物食品公司越来越多，拿谷物做早餐的人也越来越多。虽然难吃，但这东西方便。人们早上起来，将麦片往牛奶里一倒，吃完赶紧上班。经过一番激烈的市场竞争，如今的谷物快餐市场被几家大公司垄断。

在20世纪40年代的谷物广告大战中，有一个叫Kellogg的营养学家赫赫有名。他是个素食主义者。他说，多吃谷物可以让美国人更健康，还能让青少年减少性冲动，让孩子静心，让母亲放心。这个营养学家到处宣传谷物的好处，而他的兄弟则把Kellogg谷物公司经营得蒸蒸日上。谷物食品在"二战"后的美国盛行，原因有二：一是加糖，二是广告。前者改善了谷物的口味，后者用大量卡通形象吸引儿童。美国的孩子就是被这样喂大的：给一个大碗，倒上牛奶，倒上谷物，给个勺子。有意思的是，人们对谷物食品的品牌忠诚度很高，一旦吃习惯某个牌子的麦片，恨不得终生不改。

有一位人类学家说，我们的早餐总是相对固定的，这是进化而来的习性，我们早上吃点儿熟悉的面包、蜂蜜，是因为这些东西安全可靠。我们总习惯于晚饭时去吃点儿新鲜的东西，看看哪家馆子新开张，哪家馆子换了菜单，这就跟远古时代打猎打到什么就吃什么是一个道理。今天，我们已远离农耕时代，被食品工业养活，早餐成为快餐类公司的兵家必争之地：肯德基也会推出豆浆，但那并不是你小时候的味道。

点评

　　短文讲述了一部早餐的历史，论点是一场广告战让早餐占据人类生活的重要位置，然后历数早餐食物演变过程，再介绍广告战的情节，最后确认论点，并引申出一个深刻的结论：相对固定的早餐是进化而来的习性。

桌与案

马未都

　　一般来讲，腿的位置决定了它的名称，而与高矮、大小、功能都无关。腿的位置缩进来一块的为案，腿的位置顶住四角的为桌。

桌与案更重要的区别，是精神层面的区别。这个区别在哪儿呢？在于案的等级比桌高。比如我们常说拍案惊奇、拍案而起、拍案叫绝，都是比较高等级的情绪；而拍桌子瞪眼、拍桌子砸板凳，都是低等级的情绪。拍案惊奇是惊讶，拍桌子瞪眼是愤怒，二者表达的情绪不一样，这是它们的精神层面。再比如，我过去当编辑的时候，经常挑灯夜战、"伏案疾书"，是吧？如果"趴在桌子上"，恐怕不是睡着了，就是在写检查。感觉到了吗？凡是跟桌子相关的事都偏低，跟案子相关的事都偏高。

中国人把承具分得清清楚楚，这是我们的文化高于别人的精髓之处。我们平时不注意，跟"案"相关衍生出来的词语非常丰富，比如文案、方案、草案、议案。因为我们过去办公，都使用案，相对来说与桌无关。只有中国有这样的家具，形制上不一样。那么西方呢，没有这个概念，英文中就是一个"table"，没有桌与案的区别。

同样是案，也有很多形制。有一种叫作翘头案，它属于供案的形式，腿部非常夸张，过去都是在寺院或祠堂里使用，它表示对神灵、对祖宗的一种敬畏。衙门里也用供案，这里的供案翘头非常高，非常夸张。它具有威严感，从心理上暗示你、警告你。如今法院审理刑事案件时，法官坐的椅子靠背都非常高，就是起到一种威慑作用。如果法官搬一个小板凳坐那儿，估计犯人心里就该想怎么逃脱法律的制裁了。用家具作为文化符号传递给你，这是案子重要的本意。那么，衍生出来的词语就有"案件"，原指案子上的文件；有"审案子"，原指在案子面前审理事情，最后简称为审案子。没有人说"审桌子"。

文人设计出一种适合自己用的书案，它非常温和，也有翘头，但把夸张的感觉去掉了，翘头很小。这个小翘头干吗用呢？我们知道，中国有一种特殊的书画形式叫手卷，卷起来是一个轴，比如《江山万里图》《清明上河图》，看的时候要横向打开。过去看手卷有讲究，你不能趴在地上看，也不能搁在方桌上看，就得在这种翘头案上看。为什么呢？如果在桌子上看，手卷打开时，它的轴很容易滚到桌边，你一把没抓住，它咣当就掉下去了，很可能就被撕破了。但你在翘头案上看，轴滚到案子两头，就停住了，不会掉下去。从这一点就能看出，古人的生活非常讲究，连看画都要设计一个小小的机关。翘头的部分既可以产生视觉上的变化，又有实际的功能。

由于案子的陈设功能越来越大，它的实用功能就相对降低；相反，桌子的实用功能越来越大，陈设功能越来越低。所以，桌与案从功能上有了区分，这是在使用中发生的区分，并不是一开始就这么设计的。比如过去的人家，一进屋就放着一张大条案，靠着主墙，上面摆两只掸瓶。我小时候，去我的外曾祖母家，她在北京有一个大院。我那时候很小，觉得这张案子非常高，根本看不见案子上面的大掸瓶。这就是我对案子的第一印象，那时是20世纪60年代。

桌子在越来越突出实用功能的时候，就跟案发生了分野。桌，最早写成卓越的"卓"，它是高出来的意思。比如卓然而立、卓尔不群，就是超出别人，高高地立在那儿。后来才把"卓"字底下的"十"字变成了"木"字，写成现在的"桌"字。

桌与案从功能上讲，差距不是很大。比如我们有条桌就有条案，有画桌就有画案，有书桌就有书案，有炕桌就有炕案。但有饭桌，却没有饭案。因为吃饭这件事虽然在生活中非常重要，但从精神层面上讲并不重要。过去古人从文化上还比较鄙视吃，觉得天天去谈吃，层次太低了，得谈点儿文化，谈点儿梅花、竹子，才比较雅。所以，吃饭我们就在桌子上完成。

> **点 评**
>
> 从两种承具——桌与案的物理区分谈起，深入探究它们在文化层面的含义。知识含量丰富，评说有理有据。

大小猫洞

金克木

名人免不了有故事流传，真假难辨。

大科学家牛顿有个传说是：他养了两只猫，一只大，一只小。他为便利猫的出入，在门上开了两个洞，一小，一大。他认为大猫不能进小洞，可不知道小猫能进大洞，开一个洞就够了。这故事是笑学者脱离生活实际，还是笑科学思想方法认死理，不灵活？

牛顿爵士的家世并非贫寒。三百年前，他养猫总有仆人照看吧，何劳他亲身看管？这故事靠不住。

不论真假，这故事里有点道理。开一个猫洞是从人的一方面想，一洞可以两用。若从猫的一方面想呢？一有紧急情况，两猫不能同时进出，势必大的要挤了小的。而且——

大猫：这是我的洞，允许你用，要以我为主。

小猫口头称是，心中不服。

若是各有一洞呢？那就不一样了。

大猫：你看我的洞多么辉煌。我可以让你也利用。

小猫：谢谢。我的玲珑小洞也可以供你用。可是你进得去吗？

双方平等了。各有所得，各霸一方。

故事里的牛顿不可笑。他是从猫一方面考虑的。洞是供猫用的，不是供人用的。对人说，一个洞的效率高。对猫说，两个洞更方便。牛顿讲科学，尊重客观，不由人的主观，考虑事情全面。

无独有偶，中国也有个关于门洞的名人故事。

话说当年齐国宰相晏婴名满天下。据说他曾经当使者到楚国去办外交。楚国人要给他一个"下马威"。因为晏子身材矮小，便在国门之旁开了一个小门，请晏大使从小门进。晏子不肯，说，到什么国进什么门。到狗国才钻狗洞。我来到楚国该进什么门？进大国的大门，还是进小国的小门？楚国人不肯自认小国，只好请他进大门。没开谈判先吃了败仗。

当时只有三个大国：西是秦，东是齐，南是楚。既是外交访问，晏大使必非一个人。

代表齐国出访自然有一些随从组成外交使团，骑马乘车，前呼后拥，晏子决不能一个人徒步走来。大使个人的高矮显不出来。而且城墙不是纸糊的，另开一门也不容易。这故事靠不住。

不论真假，这故事里有没有什么道理可谈？

楚人：门是供人走的。大人走大门，小人走小门。门以人为准。

晏子：门是国家的城门。大国的城大，城门也大。小国的城小，门也小。门以国为准。

这又是从两个不同坐标出发看人和门的关系。

事实上，中国历来实行的是楚国式，不是齐国式。贵宾来到，大开中门迎接。来"告帮"的，"求情"的，普通人，都得从侧门出入，先到门房挂号等候。仆役丫环就只能走后门了。

最古的大学叫作"泮宫"。祭孔夫子的"文庙"有三个大门并列。进门便是泮水池，上有三座桥，中间的桥直对"大成殿"。只在本地有人中了状元时才能开正中的大门，由状元走过中间的桥去祭孔。不出状元，就不能开正门，无人走这"状元桥"。门的大小一直是和进出的人的名位身份相连的。不出状元，地方等级就低。

现在的北京大学的大红门是原先的燕京大学修的，仿照"文庙"的格式。不过"状元桥"上走的人不限于状元，中门大开，人人可进了。

人人走桥，未必想到是什么桥。人人知道故事，未必想到里面有什么道理。

点评

换个角度看问题，旧的素材立马焕发新的光彩。"大小猫洞""晏子使楚"两个故事，被作者一解读，顿生新意。每人的素材容量都有限，若能够化旧为新，就多了许多活水。能否化旧为新，关键还在于有无积极的思考能力。

刷　新
檀　林

微软公司的首席执行官纳德拉在《刷新》一书中，介绍了他在芝加哥大学商学院读书时，读过电影《大河恋》的原作者诺曼·麦克林恩写的另一本叫《年轻人与火》的书。

这本书是针对1949年美国蒙大拿州曼恩峡谷的一场山火引发的消防灾难事件的调查报告。当时15名空降森林消防员中有12人遇难，加上一名护林员，一共13人牺牲。

其中队长瓦格·道奇是存活下来的3个人之一。在火舌快要追上众人的时候，他用随身携带的火柴把前面的一片草地烧干净并躺在其中，还号召大家赶紧放弃装备，也学他这么做。但别人都无法理解道奇的做法，其中一个人甚至觉得他不可理喻，非但没有听，还招呼其他队员赶快逃离火区，朝山顶跑去，因为翻过那面山就是安全的地方。道奇自己点的那把火帮他烧出了一小块隔离带，他把水壶里的水倒在手绢上，用手绢捂住嘴，就那样躺在那里。

除了道奇队长和两个在岩缝中（外面没有可供燃烧的东西）躲藏的幸存者，其他跑向山顶的消防员在陡峭的山坡上根本跑不过越来越凶猛的大火。12个人在跑向山顶的过程中，被追上的大火吞没，在反复倒下和爬起后，窒息而死，而后大火滚过他们朝着天空一面的皮肤，将他们表上的时间定格。从这群消防员发现大事不好赶紧跑，到被大火追上，只有16分钟。

这本书在1992年出版后，密歇根大学管理学教授卡尔·维克又根据书里的研究资料，从组织学的视角重新讨论了美国曼恩峡谷火灾的教训。

最重要的一个教训是，他们在撤退并奔跑逃生的时候，没有放下沉重的装备。

这个道理很简单，危险发生时，保命要紧，那些救火的装备太重了。可是其他所有人，在道奇提议之前，谁都没有想到可以扔掉装备。这还不是个例，仅在1990年到1995年之间，美国就有23个消防员在野地救火时被大火追赶、在上坡途中被烧死——他们都没有放下装备。后来专家评估，如果他们扔下装备再跑，速度能提高15%～20%，他们就可以活下来。

"消防员在撤退逃生的时候，没有放下沉重的救火装备"，这些惨剧带来的教训，对企业的领导者同样具有重要的启示意义。为什么这么说呢？

卡尔·维克教授从角色结构的视角分析，把装备问题与消防员的身份认同联系起来：消防员的天职是灭火，如果他们在火情面前退却，还把消防工具这种象征着他们身份的东西扔掉，会让他们看起来像逃兵。这意味着，那些装备，已经超出了本身的意义，而具有了额外的象征意义。在卡尔·维克教授看来，恰是后者，形成一种认知遮蔽，从而导致悲剧的发生。是的，他们忘记了，空降森林消防员的第一任务是保障自己的安全，第二才是灭火。

你需要保持的是对异常和快速变化环境的敏感，要敢于突破常规，甚至是用"反常识"的思维来对抗常规，而不要囿于以前的成功模式。你要丢下包袱，拆下面具，重新面对根本的问题。

回到微软公司的场景。2017年，纳德拉就是想用这个案例来说明微软也有很多"沉重的装备"需要放弃。曾几何时，微软的一切都是围绕Windows来布局的，在微软"没有人能碰Windows"——这是微软公司前首席执行官鲍尔默在卸任前一年还念念不忘的信条。

但在《刷新》这本书发布的隔年，2018年，纳德拉就彻底把Windows这个曾经让微软走上巅峰，又拖累微软错失多次转型良机的"沉重装备"拆掉了——微软真正开始在"云为先，移动为先"的战略指引下实现"刷新"。

已经去世的英特尔公司前首席执行官格鲁夫曾在自我反省时说："我最大的错误就是让英特尔过度地依赖微软。"

一种优势，利用得久了往往会成为你的负资产。一个企业的领导者，无论是在经营企业还是在经营人生上，都应该在资产大幅贬值之前赶紧剥离这部分资产。道理虽然简单，但很多企业和个人，都很难做到这一点，连格鲁夫这样成功的一个人，也很难摆脱这种诅咒。

"弱小和无知不是生存的障碍，傲慢才是。"正如纳德拉所说："每一个人、每一个组织乃至每一个社会，在到达某一个点时，都应点击'刷新'——重新注入活力、重新激发生命力、重新组织并重新思考自己存在的意义。"

点　评

所有的事实论据，都在阐释一个论点："刷新"你的认识。最后，引用纳德拉的名言重申：傲慢不知"刷新"才是生存的障碍。论据翔实可靠，说理严谨可信。

突破你的思维局限

［日本］松下幸之助

我每隔十天半个月就会抽空去一趟理发店，因为东京某家理发店的老板曾对我说："您的形象关系到公司门面。所以，头发要经常修剪。"

我觉得他的话很有道理，因此就算工作再忙，我也一直保持着勤理发的习惯。

有一天，这个理发店的老板又说："做买卖，服务很重要。"那天，他用了一小时十分钟给我理发，而平常他只用一小时——他多为我服务了十分钟。以前，很多手艺人认为，这是认真服务的表现。

排在我后边的顾客称赞说："老板，你还真是热心周到啊。一会儿给我理发的时候也多费点儿心啊。"

但是，我认为，在重视效率、珍惜时间的现代社会，这并不是真正的好服务。于是，我对老板说："你想努力为顾客提供好的服务，这份心意值得肯定。不过，如果因此让顾客多花十分钟，便算不上好的服务。相反，如果能让顾客少花十分钟，同时又不降低服务质量，这才是最佳服务吧。"

花的时间越多，就越能把事情做好，这是普遍的认知，当然也不是没有道理，正所谓"慢工出细活"嘛。如果能又快又好地完成，为什么还要多花时间呢？对理发这样的服务行业来说，更应该时时为顾客着想，而不是把"多花时间"等同于"优质服务"。

前不久，我又去了那家理发店。这一次，老板用了五十分钟就帮我打理得妥妥帖帖的。

类似的事情在如今的职场上也是很常见的。比如，有些员工看似一天到晚很忙碌，而且常常加班，但总是出不了成绩。无论是对公司，还是对员工本人来说，这都是一件令人沮丧的事。然而，我们也会遇到一些领导反而表扬这类员工的情形，因为很多人习惯性地把"多花时间"等同于"努力奋斗"。

我还是电工的时候，遇到过一个干活很麻利的同事。别人花三个小时才能完成的事，他常常用两个小时就全部搞定。我非常佩服他，偶尔也会向他请教安装电线的窍门之类的。

一天，这个做事利索的同事又早早地回到公司。另一名年纪稍大点儿的老同事私底下对我说："千万别学那个人，他干的活儿都很粗糙，常常要返工。"我很诧异，因为我从他那里学到的小窍门确实很好用，而且也没见他收到过要求返工之类的投诉。老同事又说："你想啊，铺电线、装电灯是很需要耐心和细心的，我都干了十几年了，很清楚什么样的活儿要花多少时间。他怎么可能比别人快那么多？我敢保证，他绝对在偷懒敷衍。"

老同事一口一个"保证""绝对"，令我非常不解。他为什么就不能相信，那个同事在电工方面有天赋呢？难道必须和周围的人保持步调一致，才是认真干活儿吗？

通过这件事，我开始留意自己是否也会出现这样的思维局限。

点评

作者是松下电器的创始人，创立了"终身雇佣制""年功序列制"等管理制度，被称为"经营之神"。他懂得人性，善于思考，著有《企业即人》等书。此文即可见他的洞察力。人们的认识常常受制于思维的局限性，对生活中的很多说法，不妨多问几个为什么，认真进行反向思考，或许会有奇异的发现。

虚幻不实的美

林清玄

记得十年前一个寒冷的冬天，我住在屏东市一家满是臭虫的旅店。为了看内埔乡稻田的日出，我凌晨四点就从旅店出发，赶到内埔乡时天色还是昏暗的，我就躺在田埂边的草地上等候，没想竟昏沉沉地睡去了，醒来的时候日头已近中天。

我捶胸顿足，想到走了一个小时的夜路，难过得眼泪差一点落下来。正在这时，我看到田中的秧苗反射着阳光，田地因干旱而显出的裂纹，连绵到天边，有非常之美，是我从未见过的景象。我立即转悲为喜，感觉到如果能不执着，心境就会美好得多。

这时，一位农夫走来，好意地请我喝水，当他知道我是来看日出的美景时，抬头望着天空出神地说："如果能下雨，就比日出更美了。"我问他下雨有什么美，他说："这里闹干旱已经两个月了，没有下过一滴雨——日出有什么好呢？"我听了心里一惊，非常惭愧，以一种悔罪的心情看着天空的烈日，很能感受到农夫的忧伤。

后来，我和农夫一起向天空祈求下雨，我深切地感悟到：离开真实的生活，世间一切的美都显得虚幻不实。

点评

单从审美而言，欣赏日出，欣赏"田地因干旱而显出的裂纹"，是没有错的。但是，人是生活在现实中的，如果审美背离现实中他人的意愿，其行为就有不道德的嫌疑。作者最后的举动体现出其可贵的悲悯心，引人共鸣。

图难于易，为大于细

王鼎钧

有一家旅馆，设备陈旧，管理松懈，生意一落千丈。老板聘请专家进行革新和整顿。三个月后，专家对旅馆的现状有了具体的了解，制订出一份详细的计划。他主张把房子拆掉建造大楼，现有的工作人员一律遣散，重新招考培训。

人们都无法接受这样的计划，于是另聘一位专家担任经理。这位专家在了解旅馆的情况之后，下令更换所有房间的水龙头。新的水龙头，式样美观，操作方便，绝不会漏水。客人再也不会在半夜听到水的滴漏之声，可以安享静夜了。

就这样，新任经理从小处着手，积小为大，终于使旅馆的面貌焕然一新。客人发现：这家旅馆的房子虽然陈旧，但是坚固；式样虽然古老，但有意趣。于是近者悦，远者来。

长于治事的人总是"大处着眼，小处着手"，他们深知"图难于易，为大于细"。小问题容易解决，从小处着手，遭遇的阻力也最小。经过一连串的"小胜"，声望、自信都建立起来。这时再考虑比较大的变革，就顺利得多了。

点 评

题目出自《道德经》，意为做事要从容易的地方入手，实现大目标要从细微之处起步。作者使用对比论证，为的是证实老子的智慧。尾段升华主旨，阐明道理。列举事例，阐释事例，升华主旨，三步论证，让思维开花，让文章深刻。

规则与人情

邓　笛

安娜是一位孤寡老人，生病住院，她将与她共同生活了五年的吉娃娃犬黛西交给邻居克丽丝代养。不久，安娜病入膏肓，她提出想见黛西最后一面，但是医生拒绝了，因为医院有规定，禁止宠物进入。

克丽丝得知消息后，四处找人为安娜求情。她找到院长，但院长耸耸肩，表示爱莫能助。她又找到看大门的保安，保安说："狗是绝对不可以被带进医院的。不过，如果我没有看见，我想我也不会对你做什么。"

于是，克丽丝用毛毯裹住黛西，像抱着一个婴儿似的将黛西带进了医院。保安当然不会不允许一个婴儿进入。然后，克丽丝抱着黛西上了电梯。电梯里，一个护士拍了拍她的肩，说："我想，你宝宝的尾巴露了出来。"

克丽丝走进病房后，医护人员全都走了出去。

第二天，安娜安详地离开了人世。

规则与人情在一个社会中总是并存的，但是二者有时候会发生冲突。一般情况下总是人情给规则让位，但只要规则是由人来执行的，往往就不是冰冷的。你可以对此批判，却永远不可能消灭人情。这是法治社会的尴尬，也是人类文明中温暖的光芒。

点 评

　　本文是一个意味深长的故事。现实生活中，当规则与人情相抵触之时，我们该如何行事？本文给出了答案：一般情况下总是人情服从规则；某些情况下，变通使得规则与人情互不相害。

自知者不怨人，知命者不怨天

马未都

　　中秋节那天，我在微博后台看到一个孩子给我写的信。信是手写的，满满当当四页稿纸，以图片的形式发过来。信上的钢笔字很清秀、很规矩。

　　我年轻的时候是职业编辑，因此对手写的文字有种天然的亲近感。在这四页稿纸里，他讲了自己的身世和故事，工工整整，文理通达。他所讲述的人生十分不幸：在农村长大，小时候受人歧视，家庭氛围很不愉快，甚至还有家人自杀，等等。

　　读完这封信，我通过微博私信跟他简短地聊了几句。我问他现在的工作状况怎么样，他说他大学毕业后去了一家银行，工作了四年，不是很愉快，也不能实现人生价值。正好北京有一家公司招人，他就来了北京。那是一家做小额贷款的公司，基本是靠骗人维持运营。他心里跨不过这道坎儿，公司允诺的工资也没有兑现。

　　他是在很郁闷的时候，给我写这封信的。我告诉他，我们观复博物馆正在开发一个App，他可以去试一试。

　　几天后，他告诉我，他试过了，觉得那些岗位都不大适合。我问他学的是什么专业，他说统计学。我说，开发App正好需要一个学统计的人，你愿不愿意尝试？他觉得自己没能力做这份工作，很礼貌地说了"谢谢"，这事儿就过去了。

　　一个月后，还是在微博后台，我收到他发来的一条信息。内容是："斯人已逝，谢谢你在他人生的最后时刻，给他安慰。"当时，我的心一下子就沉到底了。

　　我通过所有可能的途径，急切地想跟他的家人取得联系，但是没有联系上。最后，他的微博永久关闭，内容全部被清空。

　　这个孩子，仅凭一手好字，就有无尽的价值。我当时还想，正需要这样能做抄录工作的人——我们有很多信件，手写比电脑打印显得更加亲切。

　　如果他能够跨过这道坎儿，他的世界一定会更开阔。所以古人说"自知者英，自胜者雄"，我们每个人都要做生活中的英雄。

很多年轻人羡慕我，我却觉得，什么都不如年轻好。只要年轻，未来就有无限的可能。

人生的目标不一定宏大，有些人在达成所愿后才能感到愉悦。对我而言，很多目标根本达不到，但我一直在努力。

荀子说："自知者不怨人，知命者不怨天。"公平是相对的，当你在生活、学习、工作中感到不如意的时候，一定要放平自己的心态，了解自己在社会整体架构中不过占据很微小的位置，这样你的内心才能强大。

点 评

> 生活从来都不是一帆风顺的，年轻人总会面对各种暂时的困境。如何不沉沦，不绝望，确实很考验一个人的意志力。认识自己的价值，锤炼坚韧的性格，走出人生低谷。本文的启示是：我们要扩展自己的生活阅历，丰富人生的体验。学会从中挖掘感人的素材，笔下就会有好文章。

为什么青年才俊总有机会？

罗振宇

说到法国启蒙运动，我们脑子里通常会想起这么 4 个人：伏尔泰、卢梭、孟德斯鸠和狄德罗。他们都是法国启蒙运动的旗手。

这几个人给我们留下的印象不太一样。伏尔泰、卢梭、孟德斯鸠这 3 个人，我们大体上知道他们的思想成果。但是最后这个人，狄德罗，他的思想成果好像很模糊。狄德罗主编了一部《百科全书》，他是靠这一套书名留青史的。既然有能力编《百科全书》，那他一定是一位知识渊博的老学者吧？

实际上，正好相反，在这 4 个人当中，狄德罗最年轻。他生于 1713 年，伏尔泰比他大 19 岁，孟德斯鸠比他大 24 岁，连最年轻的卢梭也比他大 1 岁。

我们会发现这件事有点奇怪。这么庞大的一套丛书，对出版商来说定然是一笔重要的生意，应该很认真、很严肃地对待，不说组织一个学术天团，至少也得找一位当时的知名学者来坐镇，为什么偏偏找狄德罗来干呢？狄德罗当时既没有深厚的学术背景，也没有拿得出手的作品。换句话说，这么好的一个青史留名的机会，怎么就留给狄德罗了？

其实，最开始不是哪位学者提出要编撰一部《百科全书》的，而是一个叫布雷顿的书商提出来的，狄德罗只是因为接了出版商的活儿，才碰到了机会。他并不是这个事情最初的发起者，他只是一个乙方。刚开始编撰《百科全书》时，狄德罗才 34 岁，没多大名气，甚至连一本像样的著作都没出版过。

这是怎么回事呢？

狄德罗的家境不是很好，父亲一直希望他能当个医生或者律师，但是喜欢文史哲的狄德罗不肯。本科毕业后他就没怎么干过正经工作，但他有一个长项，他懂的语言特别多，而且很擅长翻译。从大学毕业到开始编撰《百科全书》的十几年，他的人生经历很单调，就是靠做家庭教师、搞翻译来养家糊口。

凑巧，狄德罗翻译过一部《医学通用辞典》，翻译得挺好，市场反响也不错。有个书商知道了这件事，就找到狄德罗，想让他把英国的一套小型百科词典《钱伯斯百科全书》翻译成法文出版。狄德罗在翻译的过程中发现，这本小型百科辞典错漏百出，就向书商建议，不如我们自己动手，出版一部属于我们自己的、能反映这个时代各个领域新成果的百科全书，这难道不是法国人的骄傲吗？书商一听就觉得有赚头，立刻同意了。

狄德罗前前后后为《百科全书》忙活了30年。今天的我们已经很难想象这是多么"神奇"的一套书了：隔几年出一卷，越出越长，包括作者在内，谁都不知道这套书什么时候能完结。

开卖几年之后，1751年，《百科全书》的书商不得不向读者承诺，整套《百科全书》将于1754年，也就是3年后完成，一共10卷。不要以为这套书的完结遥遥无期，出版社信誓旦旦地和读者说，我们的内容都已经写完了，现在只是在编辑修改。当然，说明书里也说了，确实有可能多加一卷，但是，我们不多赚消费者的钱，这一卷会以71%的价格出售——这就给市场注入了信心。

实际情况如何呢？这个时候距离狄德罗完成《百科全书》还有20多年的时间，最终完工的《百科全书》不是10卷，也不是11卷，而是28卷，超出计划内容将近两倍。全套《百科全书》有71818个条目，2885幅图片。如果消费者预先知道《百科全书》会有28卷，价格是之前承诺的三四倍，最后一卷直到1772年才能问世，估计谁都不会买，狄德罗也未必有勇气接手这项工作。

了解了这个过程，你就能明白，为什么编撰《百科全书》这个注定要青史留名的活儿，会落到狄德罗这样的年轻人手里。

首先，这个活儿太苦了，一般人根本撑不下来。

就拿同样是启蒙运动旗手的卢梭来说，卢梭的性格中有点浪子的成分，而且多愁善感。这样的人可能很有才华，但是受到的诱惑也会很多，情绪的波动也会很大，事情即使开了头，也很难善始善终。经得住30年艰苦工作挑战的人，实在太少了。

还不只是性格原因。比如，法国著名的物理学家和数学家达朗贝尔，刚加入《百科全书》的编撰工作时，还承包了其中数学与自然科学条目的撰写工作。但是到了1757年，《百科全书》前7卷出版的时候，达朗贝尔也撂挑子了。他的兴趣在科学研究上，不想把一辈子的时间耗费在编《百科全书》上。只要志不在此，就干不动这样的活儿。

还有一个原因：已经成名成家或已然衣食无忧的人，他们也干不了这样的苦活儿。

比如，同样是法国启蒙运动旗手的伏尔泰，出生在一个富裕的中产阶级家庭，他不缺钱，平时谈谈恋爱、找找情妇，生活多姿多彩；孟德斯鸠就更不用提了，出身贵族世家，28岁就继承了爷爷波尔多法院庭长的职位，获得了男爵封号。这样的人，你让他为了钱，去承担30年的苦役，怎么可能？

我并不是说狄德罗就是为了钱。30多岁的狄德罗愿意承担这样的活儿，一方面当然是因为这个活儿符合他的理想和能力；但另一方面，也是因为这个活儿可以给他带来稳定的收入。换句话说，如果这笔钱对他没有什么意义，让他连续干30年苦活累活，就缺了一根能把他绑在书桌前的绳子。任何长期而又艰苦的工作都是这样，没有理想的牵引干不下去，但要是没有现实的绑架，也干不下去。

听完这个故事，我们就能回答这个问题了：为什么每一代青年才俊总是有机会？

一般站在年轻人的角度看，世界其实是被资源拥有者掌握的。很多年轻人觉得，我再有才华也没有用，手里没有资源，我怎么能有机会呢？

但是从两百多年前的狄德罗的故事里，我们可以看到，年轻人手里其实有3个重要的资源：

第一，年轻，有的是时间，可以干其他人干不动的苦活儿、累活儿、长期性的活儿。这点好理解。

第二个资源不太好理解，但更宝贵。年轻人有开创新赛道的可能，当别人已经有了自己的专业、志趣和方向的时候，原先的赛道上的存量就会绑架他，减小他切换赛道的可能性，削弱他在新赛道上跟一个年轻人竞争长跑的意志。比如，达朗贝尔中途放弃，是因为学术研究更诱惑他。年轻人只要找到了新赛道，实际上是有极大的隐性优势的。

第三个资源更加隐秘，也更加重要。年轻人通常很穷，但正是因为穷，就更容易接收到市场传来的信号。功成名就的人，一点点小钱对他们来说已经不算什么，他们因此而无法看到，这可能是一个重大的新时代发来的信号。他们更没有办法被这点小钱激励着往这条道路的深处进发。为什么每个时代的最新机会，往往都属于那些年富力强的年轻一辈，而不是功成名就者，原因就在这里。

点评

作者设置悬念，层层追问。由浅入深，层层推进。先回答"为什么是狄德罗"，然后分析"为什么会是狄德罗这样的年轻人"，之后阐释"为什么每一代青年才俊总是有机会"。三个论证层次，由具体到抽象，由个别到一般，思考逐层深入。

用事件表取代时间表

万维钢

如果一个人发现自己正事干得太少，第一个想到的时间管理方案往往是制订一个时间表。我就曾经制订过这样的表，但是这样的表格从来就没被执行过。

制订时间表其实是一个思维误区。这种表格明显是当初上学时的课程表的翻版，但课程表的作用与其说是为了督促学生，不如说是为了方便老师让全班学生统一行动。

我们在工作中需要干的事情绝不可能像上课那样以固定的时间长度为单位。工作有意思的时候你可能一连几天只干一件事，工作没意思的时候你可能上一整天网。因为我们实际上不可能真正执行什么时间表，所以时间表就完全没有督促作用了。但这还不是最可怕的。最可怕的是那些真正执行了这种时间表的人。他们的才华受到了禁锢，很可能最终一事无成。因为他们不是时间的主人，而是时间的奴隶。

我认为个人效率管理的第一原则，就是要把"时间表"观念转变为"事件表"观念。"事件"，也就是任务，才是工作的本征函数。

在每天工作开始之前，应该首先计划一下今天准备做哪几件事。也就是说要给自己设定目标。

一般来说，普通人只有大的、关乎最后结果的目标，比如说一个科研项目。而牛人的工作方式是，设定在实现最后结果的过程中必须完成的各种具体的小目标。有了目标之后还要制订具体的计划。这里的关键词是"具体"！

有了明确的目标后，人就会变得充满动力。

以任务为中心工作，最大的好处是确保了任务的完成。而如果以时间表为中心去做事，很可能无穷多的时间投入进去了，最后什么也没做到。其根本原因就是当一个人没有具体目标的时候，他会找各种借口让自己浪费时间。有时候这种行为甚至是无意识的。

每天工作结束，我们要问自己的问题不是这一天投入了多少时间去工作，而是这一天干成了几件事。必须建立"一定要完成这几件事"的工作观。

做成多大的事情才能算完成了一件事呢？我认为值得写在笔记上存档的事情才能算一件事。

这种"以任务为中心"的工作，不"好玩"，但可以肯定的一点是，你每天都会很有成就感，觉得自己这一天过得很有意义。

点 评

文章采用逆向思维，先破后立。先否定"时间表"，并一针见血地指出其危害性："才华受到禁锢，一事无成。"然后确立观点："把'时间表'转变为'事件表'"。逐层深入，分析透彻。随后阐明"事件表"的作用以及如何按"事件表"去做。

香蕉原则

塔尼亚·露娜　乔丹·科恩

早上9点，在公司位于纽约的办公室，雇员乔丹前往第五层的厨房去拿免费水果——公司为雇员提供的健康福利。进入厨房后，他又看到熟悉的一幕：香蕉没了，只有橙子。当其他满怀希望的雇员来到厨房发现香蕉已经被拿光时，他们也不会去拿免费的橙子，而是默默地走开。这些人都怎么了？

该公司另外一名雇员塔尼亚在全美数百家公司也观察到了类似的现象。我们将其视为"香蕉原则"：人们总是会先拿香蕉，最后才会选橙子。这并不是水果本身的问题。心理学家说，这是人类的天性；而设计师说，这与易用性有关。

这并不是说香蕉的味道比橙子更可口。它们之所以受到了不同的待遇，理由只有一个：哪个更容易剥。

让我们看看香蕉原则在其他环境中的应用。试想一下，目前你正在主导公司的一项动议，要在年底之前将跨团队合作效率提升30%。如何实现这一目标？仅口头宣传开展合作是不够的，得另辟蹊径。

让我们通过另一种现象来看待这一问题，譬如摩擦。摩擦能够降低前进的速度。大多数火车会在轨道上涂抹油脂来减少摩擦。全球最快的火车，例如中国时速430公里的磁悬浮列车，使用磁力将列车悬浮在轨道上面。让我们想想，雇员在工作中是否也会遇到类似的情况？哪些积极的行为会因为小障碍而受到打击？哪些坏习惯容易在公司蔓延？如何在公司引入摩擦力，从而让有害的行为难以萌发？如何减少公司中存在的摩擦力，从而让积极的行为能够在公司中如鱼得水，而不是寸步难行？

一个世纪前，哲学家吉尧姆·费列罗提出，人类社会的运行奉行"最省力法则"：如果有多条道路可选，人们会选择最好走的道路。哈佛大学心理学家肖恩·安珂认为，人们会选择在开始后能够节省20秒时间的行事方式。我们忍不住将剥香蕉的时间与剥橙子的时间进行对比，结果两者之间的时间差刚好接近20秒。

以下是香蕉原则在线上艺术和设计市场中的典型应用案例。

1stdibs公司有着热情好客的文化，但是与很多高增长型公司一样，新雇员未能得到老雇员的足够重视。摩擦力（原因）何在？人们很难认出哪些是新人，而且也难以记住这些新人需要一些额外的关照。因此，1stdibs的人力团队决定为每位新雇员发放一个气球，上面写着"在1stdibs的第一天"。这个气球漂浮在新人办公桌上方，默默地提醒所有员工向新人介绍自己并为其提供支持。

我们合作过的一家咨询公司使用香蕉原则来促进跨团队合作。无缝互动之间存在着什么样的摩擦力呢？其实就是门和腿的问题。是的，走到某人的办公室前，推开门并不费劲，但对这家公司来说，连这点小事都是一件了不得的事情。为了克服这种摩擦力，公司为跨部门团队划分了中间地带。为此，大部分工作场所都设有封闭的会议室，但预订会议室需要时间和精力，而且其可用的时间难以满足不同部门的需求。因此，这家咨询公司设置了多个可供雇员随意使用的无门空间。然后，他们还更进一步，预订了带有轮子的椅子和桌子，以便轻松地调整桌椅的方位，而无须用力地拖拽。

即便你无意重新设计办公室，也应该考虑如何通过重新组合办公空间来促成目标行为。希望某些人能够与他人更多地交流？让他们坐在相近的位置，或者为他们提供共用的空间。希望雇员更多地进行思考？在每个房间搭起白色写字板，或在每个房间放置大量的便利贴。希望鼓励雇员提供更多的反馈？打造私人对话空间，或分发当地咖啡馆的礼品券。希望雇员更多地重复利用物品？在办公室的不同角落放置大箱子。

然而，如果你的目标是叫停或减少这种行为，该怎么办？如果是这样，你就应该从橙子而不是香蕉那边取经。也就是引入更多的摩擦力。例如，如果你不喜欢青少年在你公司周边闲逛，可以对他们训话或设置警示性标语，但是这些策略对于处于叛逆期的青少年来说很难奏效。如果要解决这一问题，我们可以让这些游荡青年难以在此处获得愉悦的体验。伦敦的两条地下通道便采取了这一举措，这两条通道曾饱受"青少年游荡"这一危险问题的困扰，于是人们在通道内安装了粉色灯光，立即吓走了在这里游荡的青少年。为什么会如此奏效？因为粉色灯光会凸显脸上的粉刺。

香蕉原则在小范围内同样奏效。例如，网站建造公司Squarespace希望在雇员培训期间减少一心二用的现象。他们深知，"无手机"政策并不适用于其视科技如命的雇员。因此，人力团队在每个会议室放置了一箱小玩具，从风车到螺旋弹簧，以分散员工对其手机的注意力。如今，雇员们在培训期间都在摆弄玩具，而不是翻看手机。这听起来似乎有悖常理，但这些玩具的运用让培训课程更加有效。

我们看到，很多公司在开放式工作环境中使用头戴式耳机，这便是"橙子原则"的典型应用，其目的是为了阻止"敲肩膀"和"快速问答"，因为戴着耳机会为闲聊带来些许不便。然而，与我们合作的一个团队发现，即便是耳塞式耳机，也难以完全阻止闲聊的发生，因为同事只需在对方眼前挥挥手。为了增强"橙子"效应，团队经理给每个人分发了一副红色大耳机，结果这种干扰便出现了大幅下降。

我们所分享的案例并不需要打动人心的演讲，也无须请求和解释。香蕉原则的力量源于其简单明了和潜移默化的特性。因此，下一次当你尝试说服某人（甚至是你自己）改变某种行为时，不妨思考一下如何改变摩擦力水平。人们应通过各种方式，让积极的行为能够像"香蕉"那样大受欢迎，而消极的行为则会获得"橙子"的下场。

考虑到对水果的关爱，如果橙子还是没有人吃的话，就别再给员工买橙子了。

点评

一篇让人茅塞顿开的文章。作者思考问题的逻辑值得学习：首先，如何经由"剥洋葱"发现现象后面蕴含的实质；其次，怎样由此及彼，让思维拓展开来？

打破"富不过三代"魔咒

杨佩昌

在地球的那一边，尽管经历了两次世界大战，人员大量死亡，企业受到严重摧毁，但如今德国的家族企业比比皆是，百年老店更是随处可见。根据2016年的统计，德国具有200年历史的企业就达837家，超过百年历史的企业已有上千家。

这是如何做到的呢？

德国家族企业的创始人一开始就明白这样一个道理：第一代是很好的创业者，第二代也有可能守住家业，但无法保证第三代甚至第四代与前几代人一样具有创业精神和经营能力。家族继承人有能力经营企业当然是好事，可是一旦出现特殊情况或失去经营能力，该怎么办？

他们创造了这样一个模式：如果家族的继承人没有经营管理的意愿和能力，那就退居幕后，做企业的监事会主席，让有能力的人来执掌董事会。例如，德国著名的食品制造集团"欧特家博士"家族的一个儿子，曾在上大学时遭到绑架，当时其家族拿出 2100 万马克交给绑匪，绑匪释放了他。但因为绑匪施暴过重，他落下了终身残疾，因此，他并没有站在第一线，而是把企业的管理大权交给了职业经理人。

德国博世公司的情况就更为典型。创始人罗伯特·博世用一生的时间建起博世工业帝国。他去世前，外部环境是"二战"的风雨飘摇，而他的幼子只有 14 岁。他面临的问题是，小罗伯特不可能直接接班，必须找到合适的职业经理人来进行管理。如何才能将自己构建的企业精神传承下去呢？

首先，罗伯特组建了一个"委员会"，由他的亲信与好友中的专业人士研究制订一个计划，保障公司的未来。罗伯特·博世去世时，他将财富和公司的未来，一并交给了他最信任的 7 个人。这 7 人被认为是最了解罗伯特的想法和心愿的。当年的总经理汉斯·沃尔兹成为博世帝国的掌门人。罗伯特·博世生前为他们如何做决议确立了细致的指导准则。

其次，把单纯的家族企业转变为用现代思维治理的企业，这种转变主要通过资产管理的方式来实现。1964 年，非营利的博世资产管理有限公司（之后更名为罗伯特·博世基金）收购了罗伯特·博世有限公司 93% 的股权，成为绝对的控股大股东，获得了 93% 的主要投票权。

第三，博世家族拥有罗伯特·博世有限公司 7% 的股份，保留了家族对企业一定程度上的影响力。

"二战"后，博世家族还是没有任何一个人可以胜任公司领袖的角色，但第二代依然扮演着公司监管者的角色。基本原则是，优秀的家族成员可以进入公司管理层，但他们不会因为是博世的后人而获得特权。至此，博世家族的产业被分为所有权、经营权和监督权，确定了一个三权分立的构架。这种权力分立与制衡的原则，符合罗伯特·博世最初的构想。

德国的家族企业之所以能较好地解决传承问题，归根结底是其领导者具有前瞻性思维。如果子女没有能力经营，就建立持续发展机制，唯才是举，广纳贤才，疑人不用，用则信之，给经营者最大的发展空间。如果接班人有能力经营，则把企业精神传递给子女，让企业文化、企业精神一代代发扬光大。同时，通过有效的、具有针对性的教育方式，把子女打造成真正懂企业、爱企业的接班人。

点 评

结构清晰，通过层层设问，使文章产生递进关系。

针对如何才能将企业精神传承下去的问题，作者给出了三个具体措施，使用序数词，显得条理分明。文中列举的事例都是著名的百年公司，具有很强的说服力，可以增强论证的可信力。

本文论证遵循"是什么""怎么做""为什么"的模式，最后指出，"领导者具有前瞻性思维"是这些百年老企业能够历久弥新的根本原因，可谓中的之论。

衰老是一个被灌输的概念

陈 庚

1954年，慰劳美军的梦露大受士兵追捧。

在一部即将开拍的好莱坞影片《倒时钟》中，詹妮弗·安妮斯顿将出演朗格教授，电影的主线是朗格教授在1979年做的一个实验。

在匹兹堡的一座老修道院里，朗格教授和学生精心搭建了一个"时空胶囊"，这个地方被布置得与20年前一模一样。他们邀请了16位老人，年龄都在七八十岁，8人一组，让他们在这里生活一个星期。

在这个星期里，这些老人都沉浸在1959年的环境里，他们听20世纪50年代的音乐，看20世纪50年代的电影和情景喜剧，读20世纪50年代的报纸和杂志，讨论卡斯特罗在古巴的军事行动、美国第一次发射人造卫星。他们都被要求更加积极地生活，比如一起布置餐桌、收拾碗筷。没有人帮他们穿衣服，或者扶着他们走路。唯一的区别是，实验组的言行举止必须遵循现在时——他们必须努力让自己生活在1959年；而控制组用的是过去时——用怀旧的方式谈论和回忆1959年发生的事情。

实验结果是，两组老人的身体状况都有了明显改善。他们的视力、听力、记忆力都有了明显提高，血压降低了，平均体重增加了1.36千克，步态、体力和握力也都有了显著的改善。

不过，"生活在1959年"的老人进步更加惊人，他们的关节更加柔韧，手脚更加敏捷，在智力测试中得分更高，有几个老人甚至玩起了橄榄球。这么多年来，对这个实验的质疑从来没有停止过。毕竟，这是一个田野实验，因为缺乏实验室的控制，一个结果可以有很多不同的解释。事实上，直到今天，朗格教授仍然难以解释，在那个星期里，这些老人的大脑和身体之间到底发生了怎样的交互。

唯一可以肯定的是，这些老人在心理上相信自己年轻了20岁，于是身体做出了相应的配合。为了维持时间感，那些"活在1959年"的老人必须付出更多的"专注力"，即更有意识地活在"当下"，因此他们的改善更明显。虽然不至于"返老还童"，但这个实验至少证明了，我们生命最后阶段的衰老并非是不可逆转的。"衰老是一个被灌输的概念。"朗格教授说，"老年人的虚弱、无助、多病，常常是一种习得性无助，而不是必然的生理过程。"关于衰老的很多思维定式是经不起推敲的。比如人老了，记忆力一定会衰退吗？

脑神经科学的证据显示，一半以上的老年人，其大脑活跃程度与20多岁的年轻人并没有区别。他们在短期记忆力、抽象推理能力以及信息处理速度等方面的能力都不应差于年轻人。那么，到底是什么抑制了他们真实的潜能？

根据朗格教授的分析，这是因为我们身处一个崇拜青春而厌弃衰老的社会。年轻的时候，我们想当然地以为自己永远不会老。与此同时，我们固执而轻率地认定衰老和能力减弱有着必然的联系。某天早上我们醒来，惊恐地发现自己已步入老年，这种思维定式往往极具杀伤力。

当我们发现自己的记性越来越差时，最现成的解释似乎就是——我们老了。事实上，很多心理实验都证实，一个人衰老的速度与环境暗示关系很大。与一个比自己年轻的人结婚，往往长寿；相反，与一个比自己年老的人结婚，往往短寿。人们通常会认为，什么样的年龄应该穿什么样的衣服，否则就是为老不尊。因此一个经常穿制服的人往往不容易显老，因为制服没有老少之分，没有年龄暗示。

在20多年前的这个养老院的实验中，朗格教授发现，当一个老年人对自己的生活有更多的控制权时，比如他能决定在哪里招待客人、玩什么娱乐节目，自己照顾房间里的植物，就会比那些被全方位照顾的老人更加快乐，更爱社交，记性更好，而且活得更久。

人是被习惯驱使的动物。我们的很多行为往往是先入为主、不假思索，或者是想当然的结果，而没有经过任何思考或者认知过程。

很多时候，我们以为自己知道，其实，我们并不知道。

"专注力"其实是一种很简单的实践——留意新事物，积极寻找差异。无论是关于你自己的，还是关于周边环境的，无论这个新事物看上去很傻，或是很聪明，只要它是新的，是不一样的，就会将你置于"当下"的状态，让你对人和环境重新敏感起来，向新的可能性敞开，形成新的视角。而那些我们多年来称之为"智慧"的东西，也会变得可疑起来。

一旦我们看清自己是如何自我束缚在文化、范畴、语言和思维模式的陷阱里，就会发现，人生中我们可以控制的部分，包括健康和快乐，其实远远超过我们的想象。

点 评

如何给议论文增添科学意味呢？本文给出了答案。文章使用了一个心理学经典实验来阐释道理，让说理更具科学性，增强了文章说服力。实验结果表明，两组老人都变得更年轻了，而实验组比控制组的老人显得更加年轻，作者对此做出推论："一个人衰老的速度与环境暗示关系很大。"探究你熟知的科学实验背后的秘密，积累更多经典科学实验案例，让文章散发浓郁的科学意味。

给年轻科学家的一封信

［美国］爱德华·威尔逊

王惟芬 译

我在科学界任教长达半个世纪，接触过许多学生和年轻的专业人才，对于自己能够指导许许多多才华横溢、雄心勃勃的年轻人，我感到莫大的荣幸。

这段经历让我体认到，任何人想要在科学界成功闯出一片天，都必须先明白一些观念，这些观念算得上一整套哲学。

林奈的困难

首先，也是最重要的一点，我希望你竭尽所能地坚持下去，继续留在你选择的这条路上，因为这个世界非常非常需要你。

人类目前已完全进入科技时代，不可能回头了。虽然各学科发展的速度不尽相同，但基本上，科学知识的成长速率大约是每15年至20年增加一倍，从17世纪科学革命以来就是如此，因此至今累积了如此惊人的知识量。

而且，就像只要给予足够时间就能无限增长的指数性成长一样，它十年接十年地以近乎垂直的趋势向上攀升，尖端科技也以旗鼓相当的速度发展。科学和技术形成了紧密的共同体，渗透到我们生活的每个层面。

没有什么科学奥秘可以长久隐藏，任何人随时随地都可一窥究竟。网络和其他各种数字科技所打造出的交流方式不仅是全球性的，也是即时性的。用不了多久，只要敲几下键盘，就可以取得所有已公之于世的科学和人文知识。

或许这说法有点夸张（我个人对此倒是深信不疑），所以我在此会提供一个知识巨大飞跃的范例，而且我曾很幸运地亲身参与此事。这个例子发生在生物分类学领域，这是个长久以来被视为过时而发展缓慢的古老学科，直到最近才改观。

这一切要回到公元1735年，从瑞典博物学家卡尔·林奈说起，他在18世纪和牛顿齐名。林奈启动了一项有史以来最大胆的研究计划——他打算调查地球上的每一种动植物，并予以分类。

为了简便易行，他在1759年开始以两个拉丁文单词构成的"双名法"来为每个物种命名，例如将家犬命名为 Canis familiaris，将美国红枫命名为 Acer rubrum。

林奈完全不知道他给自己的这项任务有多么艰巨，也对全球物种数量的量级毫无概念，不确定究竟是有1万、10万，还是有100万种。身为植物学家，他猜测植物总共约有1万种——显然，他对热带地区的物种多样性一无所知。

今日已分类的植物是31万种，预计总量则为35万种。若再加上动物和真菌，我们目前已知的物种已超过190万种，预计最终可能超过1000万种。

至于细菌这类物种的多样性，我们所知甚少，目前（2013年）辨认出的种类只有约1万种，但这个数字正在增长，全球物种名录里可能会增添数百万笔数据。

从这个角度看，在距离林奈的时代已有 250 年之久的今天，我们关于全球物种的知识仍然少得可怜。

在线生物百科全书

对生物多样性认识不足，不只是专家学者的问题，也是其他所有人的问题。如果我们对这个星球认识得这么少，那要如何管理它，使其永久发展呢？

就在不久之前，解决方案似乎还是遥不可及的。科学家们再怎么勤奋，每年也只能确定约 1.8 万个新物种。若以这样的速度继续下去，要等上两个世纪或更长的时间，才能认识地球上所有的物种，这几乎跟林奈的时代到现在一样久。

是什么原因造成了这个瓶颈？在过去，这被视为难以解决的技术层面问题。

由于历史因素，大量参考标本和相关文献存放在少数几间位于西欧和北美城市的博物馆里，任何人想要从事分类学的基础研究，都必须亲身造访这些遥远的地方。唯一的替代方案是邮寄标本和文献，但这不只浪费时间，而且风险甚大。

跨入 21 世纪之际，生物学家试图找出在某种程度上可以解决这个问题的技术。

我在 2003 年提出了一套现在看起来理所当然的解决方案：打造一套在线生物百科全书，收纳所有物种的数字化信息，以及所有参考样本的高分辨率照片，并且持续更新。

这套系统将是开放式资源，由各领域的专业审查人，例如蜈蚣专家、树皮甲虫专家或是针叶树专家等等，负责增补筛选新条目。

这项计划在 2005 年获得资助，和"国际海洋生物普查计划"一同推动了分类学的发展，也连带使生物学里那些依赖分类精确性的分支学科受益进步。在我撰写本文之际，地球上超过半数的已知物种的信息都已纳入这套在线百科全书，不论何时何地，任何人只要输入网址就能免费读取这些信息。

生物多样性研究的进步如此神速，其他学科也都来到了重大的转折点，因此我们难以预见它们在未来十年会发生怎样的科技革命。当然，新发现和知识积累的爆炸性增长趋势必然会达到高峰，然后趋缓，但这并不会对我们造成什么影响，因为这场革命至少会延续大半个 21 世纪。

在此期间，世界将变得与今日大不相同，传统的研究方法会彻底转变，超乎我们今日的眼界。在这段过程中，新的研究领域将被开创出来：基于科学发展的技术提升，基于技术提升的科学发展，还有基于技术与科学进展而诞生的新产业。

最后，所有的科学终将统合，每个学科之间都能相互诠释援引，任何人只要受过适当的指导，掌握了原理和法则，就能优游其中。

点　评

　　文章是一篇充满洞见的人类科技远景预测。作者以生物分类学的发展为例，指出：传统的研究方法会彻底改变，超乎我们今日的眼界。他预言，"最后，所有的科学终将统合，每个学科之间都能相互诠释援引，任何人只要受过适当的指导，掌握了原理和法则，就能优游其中。"

••• 灵感的翅膀有多长 •••

导语

法国有一句谚语，叫"楼梯上的灵光"，说的是在聚会的时候与人争论，无话可说，下楼时突然想出了绝妙的反击之词。生活中，也会有灵光乍现的时刻。

灵感就是刹那间的触动，因机缘巧合而在瞬间产生的思想火花。

你感觉暗夜里升起了耀眼的光束，整个世界都亮了。

无解的难题迎刃而解，不可能的事情可以轻而易举地实现，人生的迷雾散去，你依稀看到了满天繁星……

在你的人生经历中，是否有灵光一现的时候？你是否能把握住那转瞬即逝的灵感？在火花迸发之时，你会想到什么呢？是对生活的顿悟，是对学习方法的思索，抑或是少年初识愁滋味，为赋新词也说愁？来看看这个单元的文章，或许你也会有不同寻常的思考。

一期一会

［日本］大津秀一

语 妍译

有一个患者，当他在京都病得很严重，快不行了的时候，他的朋友从北海道、九州、美国等地飞来看望他。朋友们围在他的床前，他强打精神，努力想把朋友们的样子牢牢记在心底。

其实，在他健康的时候，明明有很多机会和朋友见面的，可是，因为各种各样的原因，大家都没有这么做，天南海北，各自忙碌。生病之后，人的记忆力衰退，脑子也变得混乱，有时候会认不出眼前的人，甚至完全忘掉朋友，还有些人因为身体实在虚弱，没有力气和朋友好好聊天、相聚，整天都处于昏睡状态。

"有思念的人，现在就去相见吧。越过那座山，立刻去相见。"不，应该是越过大海，穿过云层，立刻相见。如果不付诸行动，只是在心里想，想着想着，几年就过去了。

我们都应该抱着"一期一会"的观念生活。这是日本茶道中的词，来源于16世纪茶僧千利休的弟子山上宗二。"一期"就是一生，"一会"就是一次相会，说的是人生的每一个瞬间都不能重复，所以每一次的相会都是仅有的一次。其用意是提醒待客以茶者珍惜每次的相会和每一个相对喝茶的机缘，为可能仅有的一次相会付出全部身心，专注于对面的人、口中的茶，还有院子里花落的声音。

无论对方是谁，这一次的见面有可能就是最后一次。住在远方的朋友就更是如此了。所以，有了想见的人，就和他见面吧，然后在见面时，彼此真心地交谈、相聚。

时刻记得，一期一会。

> **点　评**
>
> 活在当下的注解。既然每一个瞬间都不可重复，就用全部身心珍惜它吧。

分享信任的时刻

[美国] 沃伦·克里斯托弗

陈荣生 译

有天晚上，我以近 100 公里的时速驾车行驶在一条两车道的公路上。这时，一辆车以同样速度迎面而来。在我们相擦而过的时候，我看到了那位司机的眼睛，但那仅仅是一秒钟的事情。

当时我想，他是否跟我一样也在想着，那个时刻我们的命运完全取决于对方。我依赖他不打瞌睡，不被电话分心，不驶进我的车道令我的生命突然终结。尽管我们互相没有说过任何一句话，但他肯定也是这样依赖我的。

我相信世界也是这样运行的。在某种程度上，我们都要互相依赖。有时候，这种依赖只是要求我们不要穿越双黄线，就是这么简单。而有时候，这种依赖需要我们合作——与朋友合作，甚至是与陌生人合作。

早在 1980 年，我参与了在伊朗举行的释放美国人质的谈判。伊朗方面拒绝与我见面，坚持要通过阿尔及利亚政府在我们之间传递信息。尽管我此前从未与阿尔及利亚外长有过接触，但我得依赖他来准确地接收和传递信息。在他的帮助下，50 多名美国人质都安全回家了。

科技拉近了我们的距离，因此，国家之间的合作需要日益加强。2003 年，多个国家的医生迅速行动起来，对 SARS 病毒进行确定。这一行动挽救了成千上万人的生命。我们必须认识到，我们的命运已经无法仅靠我们自己来控制了。

我是非常注重个人责任的。但是，随着岁月的流逝，我也终于相信，在某些时刻，一个人必须依赖其他人的诚信和判断。因此，我们必须学会这样想：迎面而来的灯光也许不是一种威胁，而是表明这是一个分享信任的时刻。

> **点　评**
>
> 写作需要灵感，而灵感或许就是刹那间的触动。由一秒钟擦肩而过的会车，想到世界运行规则中人与人之间的信任。从故事引出论点，再结合论据展开分析，又得到新的结论。

从罗丹得到的启示

［奥地利］斯蒂芬·茨威格

方　敬　译

我那时大约二十五岁，在巴黎研究与写作。许多人都已称赞我发表过的文章，有些我自己也喜欢。但是，我心里深深感到我还能写得更好，虽然我不能断定那症结的所在。

于是，一个伟大的人给了我一个伟大的启示。那件仿佛微乎其微的事，竟成为我一生的关键。

有一晚，在比利时名作家维尔哈伦家里，一位年长的画家慨叹着雕塑美术的衰落。我年轻而好饶舌，热炽地反对他的意见。"就在这城里，"我说，"不是住着一个与米开朗基罗媲美的雕刻家吗？罗丹的《沉思者》《巴尔扎克》，不是同他用以雕塑他们的大理石一样永垂不朽吗？"

当我倾吐完了的时候，维尔哈伦高兴地指指我的背。"我明天要去看罗丹，"他说，"来，一块儿去吧。凡像你这样称赞他的人都该去会会他。"

我充满了喜悦，但第二天维尔哈伦把我带到雕刻家那里的时候，我一句话也说不出。在老朋友畅谈之际，我觉得我似乎是一个多余的不速之客。

但是，最伟大的人是最亲切的。我们告别时，罗丹转向了我。"我想你也许愿意看看我的雕刻，"他说，"我这里简直什么也没有。可是礼拜天，你到麦东来同我一块吃饭吧。"

在罗丹朴素的别墅里，我们在一张小桌前坐下吃便饭。不久，他温和的眼睛发出的激励的凝视，他本身的淳朴，宽释了我的不安。

在他的工作室，有着大窗户的简朴的屋子，有完成的雕像，许许多多小塑样——一只胳膊，一只手，有的只是一只手指或者指节；他已动工而搁下的雕像，堆着草图的桌子，一生不断地追求与劳作的地方。

罗丹罩上了粗布工作衫，因而好像就变成了一个工人。他在一个台架前停下。

"这是我的近作。"他说，把湿布揭开，现出一座女正身像。"这已完工了。"我想。

他退后一步，仔细看着，这身材魁梧、阔肩、白髯的老人。

但是在审视片刻之后，他低语了一句："就在这肩上线条还是太粗。对不起……"

他拿起刮刀、木刀片轻轻滑过软和的黏土，给肌肉一种更柔美的光泽。他健壮的手动起来了；他的眼睛闪耀着。"还有那里……还有那里……"他又修改了一下，他走回去。他把台架转过来，含糊地吐着奇异的喉音。时而，他的眼睛高兴得发亮；时而，他的双眉苦恼地蹙着。他捏好小块的黏土，粘在塑像身上，刮开一些。

这样过了半点钟，一点钟……他没有再向我说过一句话。他忘掉了一切，除了他要创造的更崇高的形体的意象。他专注于他的工作，犹如在创世的太初的上帝。

最后，带着舒叹，他扔下刮刀，一个男子把披肩披到他情人肩上那种温存关怀般地把湿布蒙上女正身像，于是，他又转身要走，那身材魁梧的老人。

在他快走到门口之前，他看见了我。他凝视着，就在那时他才记起，他显然对他的失礼而惊惶。"对不起，先生，我完全把你忘记了，可是你知道……"我握着他的手，感谢地紧握着。也许他已领悟我所感受到的，因为在我们走出屋子时他微笑了，用手抚着我的肩头。

在麦东那天下午，我学得的比在学校所有时间学得的都多。从此，我知道凡人类的工作必须怎样做，假如那是好而又值得的。

再没有什么像亲见一个人全然忘记时间、地方与世界那样使我感动。那时，我参悟到一切艺术与伟业的奥妙——专心，完成或大或小的事业的全力集中，把易于弛散的意志贯注在一件事情上的本领。

于是，我察觉我至今在我自己的工作上所缺少的是什么——那能使人除了追求完整的意志而外把一切都忘掉的热忱，一个人一定要能够把他自己完全沉浸在他的工作里。没有——我现在才知道——别的秘诀。

点　评

真诚、谦卑，这是茨威格面对大师的姿态。有了近距离的接触，他观察到大师不为人知的精神风貌。他对罗丹的描写可谓细致入微，真切传神，让我们一睹大师的真实模样。因为有前面工笔般的描写，后面的议论才得以从容展开并升华。

酒店的卫生纸为什么要折成三角？

罗振宇

美国认知科学家唐纳德·诺曼说，设计的本质，其实不是创意，而是沟通。它是一门设计者和使用者之间，通过产品实现无声沟通的学问。每件物品都有它的用途，也都要经过设计师的手。设计师要做的，不是让人觉得它多好看，而是让人一看到这件物品，就马上知道它是干什么用的，正确的使用方法马上就会自行跑到使用者的脑子里。

靠什么传达？当然不是说明书。在日常生活中，每个人平均要和两万多件物品打交道，假如每件物品都配有说明书，就算一本说明书只有100个字，加在一起也要200多万字，人根本记不住。

所以，产品和用户之间的沟通，依靠的其实是一个比文字更古老，而且根本不需要记忆的东西，那就是本能。产品要在设计上调动起用户的本能，让其意识到正确的使用方法，而且要让其避开错误的使用方法。

比如一扇门，外侧是推，内侧是拉。假如将门内外两侧的把手设计成一样，那开门的人就有一半犯错的可能性。如果内外的把手设计得不一样，比如设计成横的是推，竖的是拉，就会更好一点儿。或者在门开合的推的位置，贴一片不锈钢，示意你可以在这个地方推，也会更好一点儿。

再比如说，我们进酒店的客房，马桶边的卫生纸一般要折成一个三角形的头儿，目的就是在没有说明书和服务员的情况下，告诉客人，这个房间是打扫整理过的，卫生间没有人使用过。

这就是设计的语言。

一个好的设计到底该怎么实现和用户沟通呢？

第一个要点，叫示能。顾名思义，就是展示功能，别人一看到你的设计，就能马上反应过来它是什么，怎么用。

设计沟通的第二个要点，是约束。也就是我不想让你做的事情，你根本就做不到。比如，在 Word 文档里输入内容后，如果你没保存文档，直接点击右上角的关闭按钮，是关不掉的。这时会弹出来一个窗口提示你，上面有 3 个选项——保存、不保存、取消。这就意味着，是否保存，你必须亲自做一个决定。

设计沟通的第三个要点，叫映射。也就是产品设计要映射出我们约定俗成的习惯，把现实生活中的经验模拟到一个虚拟的世界里。比如手机的音量键，我们一看就知道，按上边是提高音量，按下边是降低音量。所以要建立正确的映射，就必须搞懂使用者的习惯。

第四个要点，叫反馈。也就是用户的每一个操作，都要第一时间得到一个清晰的反馈信号。即使用户的要求你一时半会儿做不到，你也得告诉他。比如程序里的进度条，它其实就是在说："你知道为了你，我有多努力吗？再等一小会儿吧。"

哪怕是一件再简单不过的工业设计品，都遵循这 4 个要点。因此，一项看似简单的设计，其实包含着很多原理。

点评

开篇提出观点"设计的本质是沟通"，随后通过分析指出，产品和用户之间的沟通，依靠的是本能，产品在设计上要调动用户的本能，让其意识到正确的方法，而且要让其避开错误的方法。再通过两个例子来具体说明。最后介绍沟通的四个要点。

本文值得学习的地方：一是题目吸引读者，以设问型标题引起阅读兴趣；二是结构严谨，从阐释概念到具体做法。

厨房修辞学

甘正气

斟酒、分酒中可以见博弈论。下过几次厨，则深感其中有统筹法，更有修辞学。

懂得统筹法，可以让饭菜上桌快，不致出现这样的窘况：主人手忙脚乱，刚打破一个碗，又差点切到手，而客人已经饥肠辘辘，又不好相催，"心思不能言，肠中车轮转"。精通厨房修辞学，则可以令食客回味悠长，让厨神美名在朋友圈回响。

闻一多说，诗有三美：音乐美、绘画美、建筑美。菜肴的音乐美听名称，绘画美看配色，建筑美则在刀功与摆盘上显山露水。

姜丝、葱花、蒜蓉，像白乐天、张恨水、徐悲鸿，名字都像对仗。陈醋、生抽，犹如陆九渊、仇十洲，近似对偶。秋葵、冬笋，百合、千张，圣女果、罗汉豆，组合看来也略有诗味。

从"番"茄、"胡"椒、"西"芹、"洋"芋中，能发现我们在饮食文化方面的包容大度，可看出雄浑豪放。虽非我中华原产，但可吃一也，《二十四诗品》里说"超以象外，得其环中""观花匪禁，吞吐大荒"，大概有那点意思吧。

菜的色香味，"色"在"香"和"味"之前。菜之色，如同人的外表，具有优先性。人们常说，"一看就好吃"或"一看就不好吃"。菜相是影响食欲、决定口感的第一要素，是第一印象。

红椒、黄花、紫苏，虽非鱼翅、熊掌，单论色彩却不乏华丽之相，仿佛红墙黄瓦，满朝朱紫，富贵也。一碗高汤，点缀几段青翠的香葱，撒上数片碧绿的香菜，就像喜儿辫子上的红头绳和古龙笔下秦歌刀柄上的红丝巾，更增韵味、长精神，会引来老饕，勾出馋虫。

如果菜实在炒得太老，酱油放得太多，变得黑乎乎，无法挽救——总不能给菜敷面膜吧。可以用西瓜、草莓、菠萝摆个水果造型，或放几根玉米棒子、煎几个鸡蛋。艳丽的红色、夺目的黄色，会让整桌菜都发光。

从菜形来看，莲藕适合切片，莴笋不妨削丝，做生菜可以不用刀，或剥或撕都行；黄鱼、对虾最好留头，蛏子、蛤蜊、鲍鱼不宜去壳，这样才能保留原味，而且形态多样，有层次感。例如藕片就是圆中多孔，仿佛绘画里的留白、雕刻中的镂空，再炒一点切碎的青椒、红椒盖上去，它们会从藕孔跌落到藕片之间，似掩非掩，欲见不见，宛若苏州园林中的漏花窗，同有借景之妙。假使莲藕也切丝，这样虽然更易熟、更入味，却没有美感了。

汉语词汇之丰富，在厨房相关用语中可见一斑。例如小动物，根据动物的不同，我们就有"猪仔""牛犊""马驹""羊羔""鱼苗""凤雏"各种说法，只是我们一般就叫"小猪""小牛""小马""小羊"等而已；仅仅是"猪"，除了"豚"，还有"豕""豭""豝""豯"等各种表达。在厨房里，如果我们不懂"炒、炸、熘、爆、煮、煎、蒸、熬、涮、烫"等字的精髓，做出的菜肴，味道肯定单调。

学修辞有专著可读，做菜有菜谱参考，但只读《修辞学发凡》《修辞学发微》，往往很难语出惊人，必须摆脱窠臼，发明自己的句子。照菜谱做菜也没什么趣味，做菜比洗碗有意思，就在于它可以是创造性的，配料、程序、切法都是可以创新的。传说金圣叹就发现，花生米配豆腐干，吃起来味如火腿。

再说了，想创造新的菜品，一顿没做好有什么关系？下次做。别人不爱吃有什么关系？可以自己吃。

点评

初读可能感觉内容散乱，那不妨再读一遍。再读后你会发现，其实主线贯穿全文，文章层次清楚，思路清晰。核心其实是在谈菜名、菜色等涉及的文化因素。文章分为三个部分：开头前两段引入，中间部分分析，最后两段延伸拓展。作者学养深厚，信手拈来诸多文化符号，做出了一盘色香味俱佳的菜肴。

美 器

王太生

清代袁枚《随园食单》中说："美食不如美器。"他认为，菜肴出锅后，该用碗的就要用碗，该用盘的就要用盘，"煎炒宜盘，汤羹宜碗"。

杜甫早在千年前就察识此理。"紫驼之峰出翠釜，水精之盘行素鳞"。驼峰虽是美味，烹好后要用翠绿色的玉釜来装；清蒸鱼让人垂涎欲滴，得用透明的水晶盘子盛才匹配。

器，顾名思义是装东西的漂亮器皿，当然包含吃饭的碗盘和一些坛坛罐罐。古人不仅精于美食、佳肴，还精于美器。今人往往议论菜肴的色香味形，而忽略了餐具外在的渲染与烘托作用。

我曾天真地认为，盛半斤猪头肉最好的美器，是一张碧绿的荷叶。如果再讲究一点，下面放一个白瓷盘子，盘子上衬着荷叶。

初冬腌菜，最好选择带边沿的陶土坛子，坛沿儿要深浅合度，盖上盖子之后不走气。腌菜放在阴凉通风的地方，坛子用的时间长了，腌出来的菜，别有风味。

种荷花的陶缸在老宅院里，缸不是很大，胎体白釉，手感光滑。缸的外壁手绘墨色花卉，缸底以上器形圆阔，增一分太肥，减一分太瘦。

喝茶的小紫砂杯是美器。用两根手指捏着，小心翼翼地喝。它是真正的小巧，小到一杯只能呷两口茶，玲珑的器形惹人喜爱。

竹篮、竹匾也是美器。有个开民宿的朋友，用竹篮盛鲜花，吊在临湖客栈的过道里，仿佛有一片竹林的清新。

美器，是生活美学，也是生存哲学，它把一切美好的东西都装了进去。

点 评

从《随园食单》中的一句话引入，论述餐具外在的渲染与烘托作用。论述层次清楚：前三段提出话题，后面段落通过举例论证观点，尾段进行总结提升，符合议论文"总—分—总"的结构模式。

作者善于运用多种修辞方式，如"增一分太肥，减一分太瘦"的对偶手法，"仿佛有一片竹林的清新"的比喻手法，这些都是增加语言美感的重要手段。你不妨试试！

惜物即惜福

[日]枡野俊明

过去，我们在寺庙中一定可以看到石臼。石臼是一种用来碾碎芝麻等食材的工具。它曾是僧人准备饭菜时不可或缺的工具之一。

但是，石臼并不能一直用下去。用了三十年、四十年后，它的表面就会出现越来越多的磨损。慢慢减少分量的石臼，最终连面都磨不了。有的石臼经过长年使用，最后还裂开了。毕竟石臼是一种人造工具，裂开也是很正常的。

那么，裂开的石臼怎么处理呢？虽然作为石臼的使命已结束，但它还可以有别的用处。几经思考后，僧人们将裂开的石臼用作腌菜石。

石臼作为腌菜石又工作了三十年，不知不觉间，它缺了个角，并变得越来越小。最终，它因为重量不足而无法再发挥腌菜石的作用。

于是，僧人们又开始思考如何让石头发挥作用。最终，他们决定将变得越来越小的石头放在庭园中。将它放在排水不好的地方，雨天在石头上行走，鞋就不会沾湿。它成为踏脚石被摆放在庭园中，庭园就会出现一张新的面孔。

石臼先是变成腌菜石，后来又被作为庭园中的踏脚石使用，这就是禅常说的"把什么当作什么"。这种精神会让你的生活变得简单而丰富。

因与自己有缘而来到自己身边的物品，其实与自己是一个整体。轻视物品的人，或许也会轻视自己和周围的人。更重要的一点是，如果我们一直珍惜某件物品，多余的物品就不会出现在我们的视野中。不增加物品与不增加杂念是一回事。珍惜物品，就是珍惜福分。

> **点 评**
>
> 　　文章讲述石臼从碾碎工具变成腌菜的石头，再变为踏脚石的故事。物有生命，其命运自然就让人牵挂，它会变成什么？"一张新的面孔"。娓娓道来，平和的文字却有摄人心魄的力量。小文章讲的大道理，若出自天然，才入他人耳矣。

经济学能帮多大的忙？

薛兆丰

中国的知识分子多数贫寒而有大志，为国读书的使命感自幼就生根发芽，我十年前接触波普尔和弗里德曼的书籍并开始用功，原因也少不了这一点。但是，我越读就越失望。

为什么？因为胡说八道的"经济学家"太多。什么洪水有利第几产业，什么要靠花钱来恢复信心，什么最低工资制度能够保障穷人，什么扶持这个倾斜那个，什么中国底子薄所以不能搞自由贸易，等等。

即使这个社会人人都有弗里德曼、阿尔钦一样的经济学见识，对经济的繁荣也于事无补！

对"知识救国"的失望，是因为我越来越意识到，有一句话是对的：人的思想和行为是两回事，人的思想可以有很大的差别，但他们的行动都是一样的。

去买麦当劳，您很想守秩序排队，还想隔得很开，不要身贴身。但如果是那样，您就一直远远站着吧，所有人都以为您只是在等人。

相信每位读者都遇到过——或者自己就是——曾经誓言要抵制"日货"或"美货"的人，我跟他们争个面红耳赤，结果还是水火不容。但行动上呢，他们的"刻意牺牲"其实是很小的，只不过是买诺基亚手机和 NEC 手机的差别而已。如果为了帮助他们更彻底地履行他们的誓言，好意告诉他们，其实诺基亚也采用了日本人的技术，而 NEC 其实是在中国组装的，电话公司里的芯片都是美国货，山水音响其实是香港的资金，《还珠格格》是用日本机器拍摄剪辑的，他们就会觉得我在抬杠。

说，可以有很多套；做，则只有一套。思想上，大家可以天马行空，各执己见，乱说一通。但是，如果付诸行动，则要承受扎扎实实的损失。口头上我们势必要跟对手过不去，但行动上我们很难跟自己的钱包过不去。结果，在一定的约束条件下，可观察的人的行为都是非常相近的，至少比起他们内心想法的差异而言是如此。正因如是，思想上的伪劣商品，比实物世界的伪劣商品多得多！

我们永远不知道李嘉诚那么做为什么便获得了成功，说"不知道"，那是因为很多失败的人也是那么做的。有人想模仿巴菲特的成功经验，但无数失败的人也是那么做的，而另外很多不那么做的人却也同样取得了成功。

贫穷的农村家庭为什么要多生男丁？是聪明？是愚昧？是迷信？是传统？我们不知道。我们只知道，在那样的条件下，子女是储蓄和投资的主要途径，只有男丁多的家庭，日子才更容易支撑，父母晚年才更有保障。至于这些不懂经济学的农民为什么会发现并坚持这个选择，我们不知道。

应该开诚布公地告诉读者：经济学不知道怎样把一个人训练成为成功的商人。要成功，那么运气、努力和经验就缺一不可，但是，经济学既没有兴趣，也没有能力逐一掂量这些因素，逐一对这些因素论功行赏。经济学只是指出一个企业要符合什么条件才更有机会在竞争中生存和发展。但怎样才能达到这一点，经济学就束手无策，无言以答。

经济学是解释人的行为的经验科学。它解释的对象是可观察的人的行为，而不是不可观察的动机、愿望、理想、观点和感受。经济学只是解释——也仅能解释——人们"做了什么"，而无法解释——也没有兴趣解释——人们"为什么会这么做"。

这类似于我们知道一个奥运冠军是怎样的，但这种知识跟如何才能训练出一个奥运冠军是两回事；我们知道谁谁谁是诺贝尔奖得主，但这有别于要我们培养一个诺贝尔奖得主；我们知道一个健康、聪明的男婴是怎样的，但如何才能生育一个健康、聪明的男婴，则是另外一回事。

点 评

作者用浅显的例子澄清大众对经济学的误解。阅读此文之前，我们脑子里可能有无数个关于"经济学"的遐想和猜测，读完之后可以得到清晰的认识。文章边破边立，破中有立，属于驳论文的写作方式，值得学习。

让规则看守世界

[英国] 戴维·史密斯

莫竹岑 译

经济学会使你幸福吗？这问题问得古怪。特别是这门学科自从十九世纪以来就时不时地被叫作沉闷的科学，并且，要找到郁闷的经济学家，也不算太难。然而，幸福经济学是这门学科新增的领域之一。"幸福或不幸的程度是决定经济社会质量的关键"，因为经济状况强烈影响着人们的幸福。

可你又怎么衡量像幸福这样主观的东西？主要靠调查，问人们对生活、对工作有多满意。当然有一个困难是，人们的预期在变。消费者期待产品改进，雇员们期待工作条件改善。两种截然不同的状态很难相提并论，个人的状况也很难改变。维多利亚时期的工厂工人乘时空穿梭机来到现代的工厂，他会以为到了天堂。其实，大多数改进都是增量的，人们是否幸福，取决于这些改进与预期相比是变得快、同步，还是慢。国家卫生服务体系等公共服务领域也适用于此。

对幸福，我们知道什么？

有趣的是，英国最幸福的劳动者没有学历（因为就业预期低），而最不满意的却有学历。这说明，很多人对工作要求过高，有学历的人尤甚。还有些有趣的事，有研究生学历的人工作起来，比大学毕业生幸福。女性在工作上比男性更幸福。服务于非营利组织的人对工作最满意，可能是因为他们自觉地做善事，公共部门的劳动者次之，然后才轮到私营部门。从年龄来看，最幸福的劳动者上了六十岁，退休在即，最不幸福的才二十多岁。

金钱能换来幸福吗？奥斯瓦尔德和加德纳对九千人进行了随机抽样，查询了他们的心理健康和幸福状况。样本中，有的人幸运到发横财的地步，如中了彩票，赌球赌赢了，或者天上掉下来一笔遗产。在这个信息基础上，他们得以计算金钱对幸福的影响。五万英镑或七万五千美元左右的横财足够让人们显著提高幸福的感觉。可多少钱才能让一个真正不幸的人幸福起来呢？根据此项研究，须有一笔一百万英镑或一百五十万美元的横财才行。多出来的金钱换来的幸福能持续吗？也许不能，有待进一步研究。不过凭直觉判断，横财效应时间一长，便渐渐消失。

此外，金钱的影响也是相对的。同样多的财富，让你在世界绝大部分角落感到和克利萨斯一样富有，但在蒙特卡洛或巴哈马，你却跟叫花子差不多。三位瑞典经济学家2002年发现，人类的幸福不光取决于绝对收入，还取决于他们在收入等级上的相对地位。他们以剧本的形式用一系列问题询问一个样本人群，要他们在两种想象的未来社会中做选择。多数人表达了对收入分配更平等的社会的偏爱，很大程度上是因为，他们害怕在不平等的社会里掉到最下层。很多相互冲突的因素出现在这个公式中。人们受"与左邻右舍比富"的欲望的驱使，勃勃进取。正如马克思所说："马有大有小。只要邻居家的马比较小，居民的一切社会要求就满足了。可要是在这房子旁边砌一座宫殿，这座可爱的房子立刻缩成了小破棚子。"

点 评

什么是幸福？字典的解释是快乐、美满、甜蜜。也有人认为是使人心情舒畅的境遇和生活，或指生活、境遇称心如意。文章独辟蹊径，从经济学新增领域之一的幸福经济学的角度讨论什么是幸福。文章分别从对幸福的衡量方法、金钱与幸福的关系展开分析。读完文章后，我们对幸福经济学衡量的"幸福"有了基本了解。本文通过层层设问，形成环环相扣的递进关系，由浅入深地展开说理。

花钱的事

史铁生

据说，我家祖上若干代都是地主，典型的乡下土财主，其愚昧、吝啬全都跟我写过的我的那位太姥爷差不多：一辈子守望着他的地，盼望年年都能收获很多粮食，很多粮食卖出很多钱，很多钱再买下很多地，很多地里再长出很多粮食……如此循环再循环，到底为了什么他不问。而他自己呢，最风光的时候，也不过是一个坐在自己的土地中央的邋里邋遢的瘦老头。

据说，一代代瘦或不瘦的老头们，都还严格继承着另一项传统：不单要把粮食变成土地，还要变成金子和银子埋进地里，意图是留给子孙后代，为此宁可自己省吃俭用。

但随时代变迁，那些漂亮的贵金属最终也不知都让谁给挖了去，反正我是没见过。我的父辈们，也因此得到了一个坏出身。

我怀疑我身上还是遗传着土财主的心理，挣点儿钱愿意存起来，当然不是埋进土里，是存进银行，并很为那一点点利息所鼓舞。果然有人就挖苦我是"老鼠的儿子会打洞"，进而问道："要是以后非但没有利息，还得交管理费，你还存不？"我说不存咋办，搁哪儿？于是又惹得明智之士嘲笑："看你不傻嘛，不知道钱是干吗的？""干吗的？""花的！不懂吗？钱是为人服务的。普天之下从古至今，最愚蠢的人莫过于守财奴。"接着，还搬出大哲学家的思想来开导我：货币就好比筑路、搭桥，本不是目的，把钱当成目的就好比是把家安在了桥上。

倒是我把钱当成了目的？等着瞧吧，还不一定是谁把家安在了桥上呢。

明智之士的话听起来也都不错，但细想就有问题。第一，钱，只要花，才是为人服务吗？第二，任何情况下，都一定是人花钱，就不可能是钱花着人？比如说你挣了好些钱又花了好些钱，一辈子就过去了，那是你花了一辈子钱呢，还是钱花了你一辈子？第三，设若银行里有些储备，从而后顾无忧，可以信马由缰地干些想干而不必盈利的事，钱是否也在为人服务呢？我的意思是：钱是为了花的，并不都是为了花掉的。就好比桥是为了过河的，总不至于有了桥，你就来来回回地总去过河吧？

在我看来，钱的最大用处是买心安。必须花时，不必吝啬，无须它们骚扰时，就让它们都到隔壁的银行里去闹吧，你心安理得地干些你想干的事、做些你想做的梦，偶尔想起它们，知其"召之即来，来之能用"，便又多了一份气定神闲。这不是钱的最大好处吗？不是对它们最恰当的享用吗？就算它们孤身在外难免受些委屈——比如说贬值，我看也值得。

贬值，只要不太过分就好，比如存一万，最后剩五千。剩多剩少，就看够不够吃上非吃不可的饭和非吃不可的药，够，就让它贬值去吧。到死，剩一万和剩五千并无本质不同。好比一桶水，桶上有个洞，会漏，问题是漏多少？只要漏到人死，桶里还有水，就不怕。要是为了补足流失，就花一生的精力去蓄水，情况跟渴死差不太多。

我肯定是有点儿老了。不过陈村兄教导我说："年轻算个什么鸟儿，谁没有年轻过呢？"听说最时髦的消费观是：不仅要花现有的钱，还要花将挣的钱，以及花将来未必就能挣到的钱，还说这叫超前消费，算是一种大智大勇。依我老朽之见，除非你不怕被人当成无赖——到死也还不完贷款，谁还能把我咋样？否则可真是辛苦。守财者是奴，还贷款的就一定不是？我见过后一种奴——人称"按揭综合征"，为住一所大宅，月以继月地省吃俭用不说，连自由和快乐都抵押进去；日出而作，日落而不敢息，夜深人静屈指一算，此心情结束之日便是此生命耗尽之时。这算不算是住在了桥上？抑或是在桥下，桥墩似的扛起着桥面？

但明智之士还是说我傻："扛着咋啦？人家倒是住了一辈子好房子！你呢，倘若到死还有钱躺在银行里，哥们儿，你冤不冤？"

这倒像是致命一击。

不过此题还有一解：倘若到死都还有钱躺在银行里，岂不是说我一生都很富足、从没为钱着急过吗？尤其是当钱在银行里饱受沉浮之苦时，我却享受着不以物喜、不为钱忧的轻松，想想都觉得快慰，何奴之是？

我还是相信庄子的一句话：乘物以游心。器物之妙终归是要落实于心的。**什么是奴？一切违心之劳，皆属奴为。**当然，活于斯世而彻底不付出奴般辛苦的，先是不可能，后是不应该——凭啥别人造物，单供你去游心呢？但是，若把做奴之得，继续打造成一副枷锁，一辈子可真就要以桥为居了。

点 评

比喻奇特，推演有力，成就了一篇谈钱的妙文。作者善于思考，犀利深邃，所言多有启人深思之处："我还是相信庄子的一句话：乘物以游心。器物之妙终归是要落实于心的。什么是奴？一切违心之劳，皆属奴为。"

鱼香肉丝与现代汽车

郎咸平

美国 NBC 有一档脱口秀节目，主持人雷诺在 1990 年的节目中讲到现代汽车，说他经过两年的研究，终于懂得了韩国的汽车跟美国的有什么不一样：美国人造的汽车要开才会动，韩国人造的汽车要推才会动，而且是在下坡的时候。全体观众哄堂大笑。韩国人就这个水平，能造什么汽车呢？

我们笑韩国人，笑啊笑啊。到了1997年亚洲金融危机，韩国整个国家几乎全面崩溃，我们又笑：你就是不行。到了2004年，全世界汽车排行榜出来，其中有一个指标叫作汽车质量排行榜，它按每出厂100辆汽车三个月之内所汇总的零件缺陷数目排行，数目越少越好。全世界37个大汽车厂的平均零件缺陷数是129个。排第一名的是日本的丰田，零件缺陷数只有101个。我们笑了十几年的现代，你猜它排第几名？零件缺陷数102，排全世界第二名。一个在二十世纪九十年代被雷诺先生脱口秀讥笑的韩国企业，经过十几年的努力，竟然在质量排行榜上排到了世界第二名。韩国汽车工业起步于二十世纪六十年代初期，比中国汽车工业还要晚几年，然而，韩国的汽车工业仅用了大约四十年的时间，就走过了美欧等西方汽车工业发达国家百年发展的道路，超越中国，成为世界汽车工业后起之秀。它为什么有如此杰出的表现？那不是因为奥运会，我们把问题看得太简单了。韩国有如此的表现，那是因为从二十世纪八十年代末期开始，也就是从汉城奥运会开始，他们的政府、企业、老百姓，辛辛苦苦地建立起一套资本密集型高科技产业的必备基础——系统工程。

什么叫系统工程？我们中国的企业家大部分是听不懂的，因为我们从来没有过系统工程。我们的企业是什么水平呢？包括很多的汽车制造商，还停留在中餐馆的水平。中餐馆的水平取决于大师傅。比如说我们今晚到这个餐厅吃饭，为什么呢？大师傅的手艺好。我们这个公司为什么做得好？董事长和领导水平高。

这样的中餐馆特有意思，它是不能量产的。这个餐馆的菜好吃，开个分店就不好吃。原因是什么？没有系统工程。你要想制造一台好的发动机，你想量产就一定要有系统工程。我就以大师傅为例，谈谈怎么建立起他的系统工程。他炒的鱼香肉丝特别好吃，别人炒的都不行，你要把他炒鱼香肉丝的过程分解成二十道工序：第一个人切葱花，第二个人切肉丝……第十八个人倒三勺酱油，第十九个人把火开到六百度，第二十个人炒三下……

这二十道工序经过无数次改进之后，比如第二个人切肉丝切短一点，第十八个人倒两勺酱油而不是三勺，第十九个人火开到七百度而不是六百度，最后一个人炒两下……你会发现最后一定有一种组合炒出来的菜要么一样难吃，要么一样好吃。到这个时候你只要严格遵守每一道流程工序的规定，炒出来的菜味道一定是一模一样的。把菜炒好吃不难，把菜炒得一样好吃那是最难的。你需要这二十道工序流程一丝不差，你千万别给我创造，该切多长的葱花，你就听我命令；该倒几勺酱油，也听我命令。只有在这种严格的工序流程，也就是系统工程的要求之下，你的产品质量才是稳定的。

我国政府曾推出用市场换技术的产业政策，结果是市场丢了，技术也没换来。外国厂商靠这个生存，他凭什么把技术给你？工序流程这个系统工程是汽车工业的高科技，是任何资本密集行业的基础，日本跟韩国之所以是真正的亚洲制造业大国，他们之所以有高科技，之所以有索尼、丰田、现代、三星，就在于他们国家已经建立起了制造业的系统工程。

高科技的本质就是鱼香肉丝的工序流程的积累，不是一般的积累，是鱼香肉丝二十道工序的积累。只有这种积累才可以量化，一般的积累是不能量化的。我们的高科技为什么做不好？我们没有量化的积累，我们都凭感觉来造东西。

要建立起鱼香肉丝的流程，这个民族必须是一个知道规则、遵守规则的民族，只有这样他才能从心里、从基础上把这个制度建立起来。而你想让外人教你，他是不会教给你的，因为这是高科技跟资本密集行业的真正秘笈，真正的技巧就在这里——如何建立起一套严谨的工序流程。这就是我们的汽车工业到现在还这么落后的原因。

点评

文章的特色就是比喻说理，在形象的比喻中，"系统工程"这个生僻的概念就被我们感知和熟悉了。这个单元的好几篇文章，都使用了比喻论证，这种论证方法特别适合于讲抽象的道理，你发现了吗？

别想在飞机上吃好

苗炜

在商业飞行的早期，一次洲际旅行要耗时二十小时，你在飞机上只能读书、睡觉、吃饭。那时飞机上可没有电影看，你只能看窗户外面的云彩。航空公司要和火车、轮船竞争，它们乐意提供很好的餐食。二战之后，商业飞行的发轫时期，乘客们在飞机上能吃到有前菜、主菜和甜点的丰盛的一餐。另一大乐趣就是饮酒。航空历史学家德锡恩说："螺旋桨飞机并不十分可靠，如果飞机中途降落到某机场，乘客们多半会很高兴，因为他们可以大喝一顿。后来，飞行的价格便宜下来，乘客增多，航空公司发现，要喂饱那么多乘客太不容易了，餐食的水准就下降了。给六十个乘客做一餐饭是一回事，给四个航班上的六百个人做饭，是另一回事。"

一九五二年，航线上开始有"经济舱"这个东西，其鲜明特色就是饭菜质量下降。国际航空运输协会开始讨论，怎么给经济舱乘客做大锅饭。头等舱的乘客还能吃上点儿好的，但经济舱的乘客就别那么讲究了。

螺旋桨飞机渐渐被淘汰，喷气式飞机出现了，饭菜质量却随着航空技术的发展而下降。老式螺旋桨飞机又慢又颠簸，可机舱内不用增压，今天的喷气式飞机巡航高度35000英尺（约11000米），但增压后，你感觉在海平面6000英尺（约1800米）到8000英尺（约2400米）上才呼吸顺畅。增压的结果是味蕾变得麻木，食物尝起来寡淡无味。机舱内的环境根本就是"反美食"的，正常室内环境中空气湿度应该是30%以上，但机舱内空气湿度一般在20%以下，这时候你会鼻子发干，口渴，嗅觉也变弱，而嗅觉和味觉紧密相连。机舱内的空气每两到三分钟就循环一次，这使得食物在机舱内迅速变干变冷。

解决之道就是调味汁，调味汁能让机上餐食加热上桌的时候还能湿乎乎、软塌塌的。

一九七三年，法国航运协会让法国大厨奥利弗给航空公司设计菜单，大厨建议三道菜——红酒烩牛肉、红酒焖鸡、奶油汁小牛肉。这三道菜有一个共同点，都是在调味汁里泡着的，其原则就是"湿乎乎的就是好的"。这一原则原本是针对肉菜的，可贯彻下来，素菜也给弄得湿乎乎的。总之，要对付干巴巴，唯一的解决之道就是湿乎乎。

德国人以科学研究的精神对待飞机餐食，弗劳恩霍夫研究院建造了一个模拟机舱，压力、湿度、温度、噪音、震动、光线都与飞机上一样。他们在二〇一〇年交出了一份研究报告，主要结论是：飞行中，咸味和甜味受到的影响最大，苦味和鲜味受到的影响最小。报告显示，白噪音也对味觉有影响。弗劳恩霍夫研究院建议航空公司不要为了味觉而加盐或加糖，给乘客来点儿辣味的，咖喱汁不错，咖喱鸡肉、咖喱牛肉都有味道，而且符合湿乎乎原则。

纽约一家学校的公共卫生课程教师对多家航空公司的餐食进行采样研究，算出来二〇一三年飞机上一餐的热量平均是三百六十卡路里，比二〇一二年的三百八十八卡路里有所降低。他说："我们希望飞机餐更有味道，但很少有航空公司提供健康饮食。许多研究表明，食物与情绪相关，乘客吃太多脂肪和糖，会变得消极，重口味食品虽然让乘客更易下咽，但他们在航行中的脾气会变得更坏。"

想在飞机上吃好，这事儿太麻烦。所以很多公司开始取消飞机餐的供应，要想吃，您就花钱买点儿花生或者三明治。德锡恩说："航空公司明白了，与其花力气改善饭菜，不如给乘客多提供点儿娱乐节目。座位上的屏幕大点儿，电影多点儿，再给他们装上 Wi-Fi，有了这些，乘客们就没别的什么要求了。"调查显示，乘客看两小时电影，或者在互联网上浏览，都比吃一顿飞机餐要高兴。也就是说，航空公司的餐食受条件所限，改善的空间很小，他们可能更乐意向你提供新的电影和互联网服务。

> **点评**
>
> 一篇文章让你知道飞机餐演变史。此类文章的特点是，既有有趣的细节，比如食物易变干变冷，采用调味汁则能让餐食保持湿乎乎、软塌塌的状态；也有专业的研究结论，比如给乘客加咖喱汁等辣味食物等；还有另辟蹊径的应对思路——取消免费飞机餐，向乘客提供新电影、互联网服务等。知识、思维、文笔缺一不可。

禀赋效应

罗尔夫·多贝里

一辆宝马车正在二手车商的停车场上闪闪发光。虽然它已经行驶了一些里程，但看起来完好无损。我只是觉得 5 万欧元贵得离谱。我对二手车稍有了解，在我眼里它最多值 4 万欧元。可卖方不让步。当他一星期后打电话给我，说我可以以 4 万欧元的价格买到那辆车时，我当场同意了。第二天，我在一家加油站停车加油，加油站老板与我搭讪，要用5.3万欧元买我的车。我谢绝了。直到开车回家时我才认识到，我的行为多么不理智。某种在我眼里最多值4万欧元的东西，转到我手里后，价值一下子就达到5.3万欧元，我却没有马上卖掉它。这背后的思维错误是：禀赋效应。我们感觉我们拥有的东西比我们没拥有的更有价值。换句话说：当我们出售某物时，我们要求的钱多于我们自己愿意为它支付的钱。

心理学家丹·艾瑞里做过这样一个试验。他将一场重要的篮球比赛的门票抽签分给他的学生们，随后问每个没有得到票的学生，愿意花多少钱买一张票。大多数人的出价在170美元左右。然后他问那些抽到了票的学生，愿意以多少钱出售他们的票，他们给出的平均售价为2400美元。我们拥有某种东西的事实显然赋予了这种东西额外的价值。

禀赋效应在房地产市场上表现得很明显。卖方总是将他们的房价估计得高于市场价格。因为房主对他的房子有一种特殊的感情。他认为可能的买方应该一同支付这份情感的价值——这自然是荒谬的。

查理·芒格是沃伦·巴菲特的合伙人和挚友，一次亲身经历让他了解了禀赋效应。年轻时，人家提供给他一个利润特别丰厚的投资机会，只可惜他当时手里没有流动资金。若要进行新投资，必须卖掉他的股份，但他没有这么做。禀赋效应阻止了他。芒格就这样与一笔500多万美元的丰厚利润失之交臂。

让我们放弃比让我们囤积难得多。这不仅解释了为什么我们会在房子里堆满废物，也说明了为什么邮票、手表或艺术品的爱好者很少将他们的收藏拿出来交换或出售。

令人吃惊的是，禀赋效应不仅神化了我们已经拥有的财产，甚至神化了我们可能会拥有的财产。佳士得和苏富比这样的拍卖公司就以此为生。谁参与出价到最后，谁就感觉这件艺术品可能会属于他了。相应地，该物品对买主就具有了额外的价值。他突然愿意支付比他原打算出价更高的价格，退出竞价则会被当成损失——这显然不合理性。因此，在大型拍卖会上，经常会出现"赢家的诅咒"：拍卖的赢家反而是经济上的输家，因为他出价过高。

应聘一份工作没有成功，你会很失望。如果你知道，你一直坚持到最终环节，然后被拒绝了，你的失望还要大得多——这是没有道理的。因为你要么成功，要么不成功，其他的一切都无关紧要。结论：请不要死抱着某种东西不放，请将你拥有的视作上天临时交给你的。要知道，你拥有的一切随时有可能被拿走。

点　评

　　文章揭示了日常生活中的一种思维误区，即所谓"禀赋效应"。文章启示我们，要尽可能准确、恰当地看待自己所拥有的东西的价值，以免被"禀赋效应"误导。作者从亲身经历谈起，营造亲切感和可信度，再援引科学实验和名流事例来支撑自己的论点，使文章内容充实，观点令人信服。

画什么更值钱

岑 嵘

英国经济学家唐·汤普森曾经担任伦敦政治经济学院客座教授，午休时，他常去不远处的苏富比拍卖行逛，并由此对艺术品经济学产生了兴趣。

汤普森发现，在现代艺术领域，受欢迎的画作是有一些基本规律可循的。比如就人物肖像而言，漂亮迷人的女性和儿童的肖像就要比老妇和丑男的值钱，快乐的人物肖像比忧愁寡妇的卖得好。安迪·沃霍尔的《橘色的玛丽莲》的行情，是同尺寸的《理查德·尼克松》的 20 倍（想想有谁愿意在客厅里挂着尼克松的肖像，而不是美女梦露）。

颜色方面，明亮的颜色优于黯淡的色彩，从最好卖的颜色到最难卖的颜色，依次为红、白、蓝、黄、绿、黑。不过对个体而言也有不同，比如对沃霍尔来说，绿色的排名会在前面，因为那是美元纸钞的颜色。

横幅的画比直幅的画卖得好，圆形和椭圆形的作品尤其不受欢迎。

在静物画方面，花卉优于水果，玫瑰花效果最好，菊花和鲁冰花效果最差，盛开的鲜花优于枯萎的花朵。

水能增加画的价值，但只是在风平浪静的情况下，比如莫奈的《睡莲》。波涛汹涌则会减分，沉船的行情更糟，描绘海难则是禁忌。

动物画方面也有价格序列。纯种狗比杂种狗效果好，巴哥犬比牧羊犬效果好，赛马比拉货车的马效果好。对鸟类来说，鸟越值钱，画也越值钱，比如松鸡的价格是绿头鸭的三倍。同时，画家应该画动物的正面，而不是背面。

风景画不如肖像画。如果在风景画的重点位置加上马和人物，价格能翻番，有工业痕迹的风景画则容易贬值。

《美国艺术家》杂志上一篇由理查德·哈里森撰写的论文也表达了类似观点：那些传递积极情绪或光明景象的绘画对市场有很大的吸引力。积极乐观的主题，如风景、船只、鸟类、海滩和花卉等，是最有可能被购买的。他还强调，不同的地区，适用的色调和主题是不同的，例如在佛罗里达，山景和雪景是要避免的。

为什么艺术品会产生这样的价值差别呢？

这是由于"启动效应"的存在。即当我们看到一些图形或者词语时，会无意识地关注一些主题。作品内容是昂贵的或让人愉快的事物，会引发人们"值钱"的联想，因此我们会赋予这些绘画更高的价值。

美国乔治·梅森大学的经济学家泰勒·考文分析说，之所以产生这些价格差异，是因为"自我"因素在起作用。

艺术品除了具有美学价值，还能扮演一定的社会角色，我们喜爱艺术品，是因为它弥补了我们的自我形象和我们与他人之间的关系。我们对艺术品的喜爱，往往取决于我们的情绪状况，而且对艺术品的喜爱，有助于满足我们对建立积极自我形象的要求。

由此，对大众而言，更"美"的、更鲜艳的、情绪更积极的画作会更容易受到追捧，因为它们能折射我们的自我形象。

什么样的画更好卖？文章通过大量具有说服力的实例，对这个艺术品经济学问题做出了独特解答。有理有据又有趣，让人大长见识。

长故事的陪伴

韩松落

或许大家都已经注意到，电视剧越来越长了，七八十集的比比皆是。理由不难找，因为电视剧是按集售卖的，集数越多越赚钱。

但我总觉得，这并不是电视剧越来越长的最主要原因。篇幅巨大的电视剧是能多卖钱，但如果烂在手里，赔钱也更多。所以，有没有一种可能，电视剧越来越长，是因为观众喜欢看长故事？

网络时代，很多事情都在发生变化，而且这些变化是非常复杂的，是双向的，往往两种结果同步产生，比如阅读。网络让阅读变成了碎片化阅读，人们更喜欢短小的文字，于是微博、微信公众号崛起；但事实上，阅读方式的改变，让阅读同步发生着两种看似矛盾的变化。一方面，阅读越来越趋向于短、浅，向着那些有互动可能、可以提供社交话题的读物倾斜；另一方面，这些短、浅、互动性强的阅读，反而催生了更强烈的读大部头、读经典、不受干扰地阅读的愿望。因为，阅读的本质，其实是给阅读者提供（而不是消耗）一段时间，所以，很多长篇小说或者故事集反而卖得更好，因为它们能给阅读者提供一种整块的阅读感觉，以及整块的阅读时间。

电视剧越来越长，也是基于这样的原因。一方面，人们喜欢看短视频；但另一方面，正是这些短小、碎片化的视频，激发了人们观看长剧的需求，而且这种需求还越来越强烈。

在碎片化时代，人们反而更希望看到长故事。因为，越是碎片化时代，人们越渴望完整性，渴望在完整性中找到完整的自己。

电视剧之所以越来越长，是因为观众喜欢看长故事。文章短小精悍，举重若轻，仅仅用一个很平常，又极富于逻辑性的例证，就支撑起一个有意思的观点。

有故事的云霄飞车

杨 照

佛罗里达迪士尼乐园里的云霄飞车，最高点"只有"大约 15 层楼高。云霄飞车从 15 层楼高的地方俯冲下来，很恐怖吧？怎么会说"只有"呢？

因为那架云霄飞车在 2004 年设计兴建时，别的地方早已出现更高、更刺激的版本。俄亥俄州的一座乐园里，云霄飞车的最高点高到什么程度？超过 100 米。从超过 100 米高的地方俯冲下来，短短 4 秒，飞车的速度达到每小时 200 千米，那种加速的效率，任何顶级跑车都望尘莫及。整趟旅程，云霄飞车转 3 个倒栽葱式的大弯，只需要 25 秒钟。

人家已经做到了超过 100 米，迪士尼设计的还不足人家的一半，怎么会这样？更奇怪的是，迪士尼的云霄飞车不足人家的一半高，建造的花费却高达 1 亿美元，是人家造价的好几倍。

难道是迪士尼财大气粗乱花钱？不是。这 1 亿美元里，很大一部分钱并不是花在云霄飞车的机器设备上，而是花在铺陈关于这趟云霄飞车旅程的故事上。

这架云霄飞车，名叫"珠穆朗玛历险"。想象中在神秘国度安南答谱的边境上，有一座小村庄，西方企业家在这里种植高山茶，同时兴建铁道，运送茶叶。为了进一步挖掘商业利益，他们逐渐将铁道延伸进安南答谱境内，也就是进入世界第一高峰珠穆朗玛峰的山区范围。

在云雾缭绕的深山里，大家以为已经绝迹的巨型雪人出现了。他们对于铁路侵入自己的领域大发雷霆，用他们的神力将铁轨拆解。游客们搭上列车，列车慢慢往上爬，像是要爬上喜马拉雅山脉，进入一个气氛恐怖的地域。突然之间，前面出现怒吼的雪人，列车赶紧急速后退，转入另外一条轨道。眼看就要脱离危机，说时迟，那时快，路上的铁轨突然中断了。在雪人的怒吼声中，列车急速下坠，仿佛要掉进山谷里，中途经过连续几个剧烈的翻滚……主题便是，人必须尊重大自然，狂妄地侵犯大自然，就会为自己带来灾难。这趟恐怖起落的云霄飞车旅程，正是某种"灾难体验"。

搭迪士尼的云霄飞车，不仅是搭云霄飞车，更是走进一个故事，体验故事。你可以借故事来转述自己在列车上的感受，不会一开口除了说"好高、好快、好刺激"，就不知道讲什么了。

猜猜看，有主题的"珠穆朗玛历险"和只有高度的单纯云霄飞车，哪一个会比较受欢迎？哪一个在市场上比较有竞争力？只要想想，你自己是愿意去经历 25 秒的纯粹重力加速度，还是愿意去体验光讲故事就可以讲好一阵子的"珠穆朗玛历险"，不需要数字报表，你就可以得到清楚的答案。

> **点评**
>
> 以云霄飞车为例，讲述一个有趣的经济学现象：有故事即有卖点；经营，在某种意义上就是讲故事，故事越精彩，则经济效益越好。毫无疑问，有主题的"历险"更受欢迎。描述细致，对比鲜明，道理讲得非常透彻。

当理性醒来之后

导语

　　人是目的，不是手段。哲学家康德曾说："人，实则一切有理性者，所以存在，是由于自身是个目的，并不是只供这个或那个意志利用的工具。"正因为人有理性，才有对一切的思考。

　　生而为人，思考的关注点在真善美。

　　日本学者黑田鹏信说："知识欲的目的是真；道德欲的目的是善；美欲的目的是美。真善美，即人间理想。"爱因斯坦也曾说；"照亮我的道路，并且不断地给我新的勇气去愉快地正视生活的理想，是善、美和真。"

　　的确，真、善、美，是指引人生的三种亮光，是生命成长的三种动力，更是一个人穷其一生所要追求的人生价值。

　　本单元的文章，都是来自心灵的理性之声，或思考真理，或叩问生命……让我们走进这个单元，从这些充满理性色彩的文字中，获得生命成长所需要的养分吧。

真理也要修饰

［西班牙］巴尔塔沙·葛拉西安

景　青译

　　真理是悟性的正室，虚妄则是她的对手，企图将她赶下床来。为了将她拉下来，虚妄使尽奸计，任意中伤，批评真理简陋、单纯、僵硬、不事修饰，夸耀自己彬彬有礼、机智灵活、时尚文雅，并以此邀宠。她天生很丑，却善于装扮。她以享乐作为诱饵，用不了多久就颠覆了人们心中最高贵的部分。

　　真理眼看着自己被排斥，就向机智诉苦，并请教办法。

　　机智说："听着，我的朋友，这年头，没有比僵硬的幻灭更难以下咽的东西了，没有比赤裸裸的真相更苦口的东西了。直射眼睛的光，连老鹰和山猫都受不了，更何况那些有眼疾的人。聪明的大夫发明了包装真理的方法，使幻灭的味道变甜，道理正在于此。记住这个道理，你会感谢这点浅见的。你应当像政客，向修饰学习穿衣知识，向她借些珠宝，我保你能成功。"真理恍然大悟，开始留心修饰自己，从此恢复了原有的地位，也更加有巧思，工于心计，使看起来很远的东西变得亲切。它借古喻今，声东击西，善于调动各种情绪，巧为做作；论事说理时，巧妙引用那些通俗易懂的寓言，点出玄机，终于达成所愿。

点评

　　人，不是真理的朋友，却容易成为谎言的天使。为了真理走近大众，真理需要伪装成天使，它需要修辞，需要比喻，需要故事，需要传说……不信你看看古今中外那些传世经典，不管《圣经》《金刚经》还是《古兰经》《塔木德》，有多少语言故事，有多少比喻和修辞。脆弱的人性害怕真理，如黑暗怕光一样，因此思想家帕斯卡才说，没有什么比谎言更适合人类。作家索尔仁尼琴才说，一句真话比整个世界的分量都重。

生　命

张承志

　　生命，也许是宇宙之间唯一应该受到崇拜的因素。生命的孕育、诞生和显示本质是一种无比激动人心的过程。生命像音乐和画面一样暗自带着一种命定的声调或血色，当它遇到大潮的袭击，当它听到号角的催促时，它会顿时抖擞，露出本质的绚烂和激昂。当然，这本质更可能是卑污、懦弱、乏味的；它的主人并无选择的可能。

　　应当承认，生命就是希望。应当说，卑鄙和庸俗不该得意过早，不该误认为它们已经成功地消灭了高尚和真纯。伪装也同样不能持久，因为时间像一条长河在滔滔冲刷，卑鄙者、奸商和俗棍不可能永远戴着教育家、诗人和战士的桂冠。在他们畅行无阻的生涯尽头，他们的后人将长久地感到羞辱。

　　我崇拜生命。

　　我崇拜高尚的生命的秘密。我崇拜这生命在降生、成长、战斗、伤残、牺牲时迸溅出的钢花焰火。我崇拜一个活灵灵的生命在高山大河，在海洋和大陆上飘荡的自由。

　　…………

　　是的，生命就是希望。它飘荡无定，自由自在，它使人类中总有一支血脉不甘于失败，九死不悔地追寻着自己的金牧场。

点评

　　同情生命是道德之本，热爱生命是幸福之本，敬畏生命是信仰之本。本文作者说："生命，也许是宇宙之间唯一应该受到崇拜的因素。"因为我们不知道这生命来自哪里，又去了哪里。这生命一方面被卑鄙打击，被庸俗凌辱，被黑暗抹杀，一方面又在降生、成长、战斗，不断走向新的希望，如劲草一般，野火烧不尽，春风吹又生。它飘荡不定，自由自在，永远在寻找自己的家园。

　　评价一种文化的好坏，就看它对生命的态度。好的文化让人活，坏的文化让人死。对一个生命的扼杀，也是对所有生命的威胁。

跟随你的心

[澳大利亚] 安德鲁·马修斯

邓碧霞 译

为什么人生需要"晴天霹雳"？

大多数人总是在遭受"晴天霹雳"之后才会醒悟。为什么呢？因为不求改变是最不伤脑筋的。所以我们每天都做同样的事，直到我们碰壁为止。

以健康为例，我们什么时候才会注意饮食、开始运动呢？当我们百病缠身的时候，当医生说："如果再不改变生活方式，你就死定了！"突然间，我们就有了改变的动机。

在男女关系方面，我们通常什么时候才对伴侣表示关心？当婚姻亮起红灯的时候，当家庭面临破裂的时候！

在事业方面，我们什么时候才肯去尝试新观念、做出难作的决定？当我们没有钱付账的时候；我们什么时候才体会到为顾客服务的重要性？当所有顾客都走光的时候！

只有在到处碰壁的时候，我们才能学会人生最重要的课题。想想看，你一生最大的决定是怎么敲定的？多半是跌得鼻青脸肿，被人打得头破血流的时候。那时，你会告诉自己："我恨透了过苦日子，恨透了被人当皮球一样踢来踢去，恨透了做一个平庸的人，我一定要出人头地！"成功的时候，我们会大肆庆祝，却没能从中体会任何事。失败也许会让人遍体鳞伤，但是也只有在这种情况下，我们才会从中汲取教训。仔细想想，"晴天霹雳"往往是人生的转折点。

人都有好逸恶劳的习性，如果不是被环境所迫，多半都只会安于现状，不求改变。

玛丽被男友阿尔抛弃了，伤心欲绝地在家里待了一个星期。后来她渐渐和老朋友联络，结交新朋友。不久，她搬了家，换了新工作。半年左右，她比以前更快乐和更有自信。回想起来，失去阿尔这个"晴天霹雳"反而成为她这辈子最好的契机。

弗雷德被公司解雇了，又找不到其他适合的工作，于是干脆自己做起小生意。这是他这辈子第一次当老板，做自己想做的事。虽然他仍然要面对各种问题，但是他的生活更有意义和更有挑战性——这一切都是"晴天霹雳"带来的好处。

那么，人生就是一连串痛苦的"晴天霹雳"吗？

那倒未必，上天通常都是用温和的报警来提醒我们。当我们对他的报警置之不理，他老人家才会重重地敲下一槌来。

当我们拒绝成长，才会感觉到成长痛苦不堪。

我们为什么来到人世？

想想看，如果，买的麦片盒上有一项比赛："请用十五个字回答'人生的目标是什么'这个问题。"你会写什么呢？

"得到一幢房子，里面应有尽有？"

"赚数百万，到百慕大退休？"

"把我的高尔夫球让杆评分减到最低？"

其实，每个人心里都知道，生命并不止于此。我们知道，"人"才是最重要的——宝马车和名牌球鞋都不过是点缀而已。但是有时候我们不免走了岔路，让杂务分心——惦记着牛皮沙发椅和新的视听音响系统。

歌曲和电影最常见的主题是什么？对人的关怀。究竟要发生多少次悲剧，我们才会珍惜生命中珍贵的东西呢？

玛丽安娜·威廉森谈到人临死前的情景：临终前的几小时，当心爱的人围绕在病榻旁，没有人会说："要是我多赚二十万就好了！"他们通常会说："好好照顾你妈妈和孩子……"也没有人会说："记得照顾我的车子。"至于"我们为什么来到人世"，似乎可以回答："我们来到人世，是为了学习彼此相爱。"

美国几所医院做了些实验，把新生婴儿分成两组。第一组每天都抱起来抚摸三次，每次十分钟；第二组完全不抚摸。结果，第一组体重增加的速度是第二组的两倍。这种治疗法有一个很长的医学专有名词，但是我们只需要一个字就可以涵盖它，那就是"爱"。如果没有爱，婴儿长得不健康；没有爱，大人也一样痛苦。

不记得有多少成年男人对我说过："我一辈子只希望听我爸爸说他以我为荣，一辈子只希望他说他爱我。"

如果我们能坦然面对自己，就会发现我们所做的每一件事都是为了得到更多的爱。你在街上遇到的每一位路人、曾经走进你办公室的每一个人，都渴望得到爱和接纳——有些人甚至为此做出疯狂的举动。

为什么要为这事操心呢？为了使生活有意义，我们需要了解人生在世的目的。如果你不赞成"彼此相爱"是人生的第一要务，你就必须先弄清楚什么对你来说才是最重要的，这是有用的步骤。

如果你赞成，你就可以用下面这个标准来衡量你做的每一件事："如果我做这件事，会不会给我的生活、家人、朋友或邻居带来更多的爱呢？"

爱人，不等于你要亲吻所有你遇见的人。爱人，也不是一定要接济贫穷国家的难民。爱是减少批判人；爱是容许别人穿着他们想穿的衣服，过他们想过的生活，做他们想做的人，而不去批评他们。

宽恕

紫罗兰把它的香气留在那踩扁了它的脚踝上。这就是宽恕。

——马克·吐温

事实是这样的：我们在自己脑子里预设了一些规定，认定别人应该有什么样的行为。如果对方违反规定，我们就很反感。其实，为别人对"我们"的规定置之不理而感到不满，是很可笑的事。

大多数人都以为：只要我们不原谅对方，就可以让对方受到教训。也就是说："只要我不原谅你，'你'就没有好日子过。"其实，倒霉的是我们自己：一肚子闷气，甚至连觉也睡不好。

下次怨恨一个人时，闭上眼睛，体会一下自己的感觉，感受一下身体的变化。让别人自觉有罪，你也不会快乐。

一个人爱怎么做就会怎么做，明白什么道理就明白什么道理。你要不要让他感到愧疚，对他都没有什么影响，但是却会破坏你自己的生活。万事不由人。台风带来豪雨，你家地下室变成一片沼泽，你能说"我永远也不原谅天气"吗？万一海鸥在你头上拉屎，你会痛恨海鸥吗？既然如此，又为什么要怨恨别人呢？我们没有权利控制风雨和海鸥，也同样无权控制他人。上天不是靠怪罪人类来让世界运转的——愧疚、责备，都是人类自己制造出来的。

谈到宽恕，要活得快乐，首先就要原谅父母。当然，他们不是十全十美。但是，当你还小的时候，市面上也没有《成功父母心得》之类的流行心理书籍，而他们除养育你之外，还有许多其他事要操心！不论他们有什么不对的地方，都已经是陈年往事了。只要你一天不能原谅父母，就一天不能心安理得地过日子。

点　评

　　一组小文章，论述了三个主题——改变、爱和宽恕。举例恰切而有说服力，论述细腻深刻，值得仔细品味。对成长中的你来说，其中的道理确实会解开心中的疑虑，让你以积极的态度面对生活，开始自己独一无二的人生。

古代妈妈的一封信

杨　暖

古人写信很有意思。

这是古代妈妈写的一封信，母亲写给儿子的。也算不得信，寥寥几十字，只当是一简短的手函。简短，字微，充分发挥了中国汉字的蕴藉和古典，有妙趣。

　　阅儿信，谓一身备有三穷：用世颇殷，乃穷于遇；待人颇恕，乃穷于交；反身颇严，乃穷于行。昔司马子长云：然虞卿非穷愁，亦不能著书以自见于后世云。是穷亦未尝无益于人，吾儿当以是自励也！

写信的母亲叫郑淑云，是明代女作家。我没有读过她的作品，单从这一短笺，倒也叫我生出三分钦佩。

信里，郑妈妈是这样讲的：

人的这一生时常会遭遇三种困顿，千古有之，孩子，你要做好心理准备。

第一种困顿，拥有卓越的才华，却遇不到好的平台和机遇。

第二种困顿，以一颗诚挚宽厚的心待人，却没有交上值得交的好朋友。

第三种困顿，对自己严格要求，时常反省，却无法按照自己的意愿生活。

最后，这位妈妈抚慰儿子，即使人生的际遇如此，也未尝没有好处。孩子你要多读书以自励，不要放纵自己呀！

这样的妈妈，真强大。她的爱，不狭隘，不灰暗，是一个经过风雨历练的女人在看过人生百态后，饱含仁慈宽厚的生命之爱。她爱孩子，爱生命，更能用她的爱，给孩子一个有力的人生。

点 评

文中的信仅有七十五个字，言简而意丰。这位睿智、仁爱的妈妈，爱孩子，爱生命，她用爱给予孩子一个有力的人生，让人心生敬佩。

当猪开始独立的时候——留给儿子的信

〔美国〕洛克菲勒

亲爱的约翰：

我已经注意到那条指责我吝啬，说我捐款不够多的新闻了，这没什么。我被那些不明就里的记者骂得够多了，我已经习惯了他们的无知与刻薄。我回应他们的方式只有一个：无论他们如何口诛笔伐，我都保持沉默、不加辩解。因为我清楚自己的想法，我坚信自己站在正确的一边。

每个人都需要走自己的路，重要的是要问心无愧。有一个故事或许能够解释，为什么我很少理会那些乞求我出钱来解决他们个人问题的人，更能解释让我出钱比让我赚钱更令我紧张的原因。这个故事是这样说的。

有一家农户，圈养了几头猪。一天，主人忘记关圈门，便给了那几头猪逃跑的机会。经过几代以后，这些猪变得越来越凶悍，以至于开始威胁经过那里的行人。几位经验丰富的猎人闻听此事，很想为民除害捕获它们。但是，这些猪却很狡猾，从不上当。

约翰，当猪开始独立的时候，就会变得强悍和聪明了。

有一天，一个老人赶着一头拖着两轮车的驴子，车上拉着许多木材和粮食，走进了野猪出没的村庄。当地居民很好奇，就走上前问那个老人："你从哪里来，要干什么去呀？"老人告诉他们："我来帮助你们抓野猪呵！"众乡民一听就嘲笑他："别逗了，连好猎人都做不到的事你怎么可能做到？"但是，两个月以后，野猪已被老人关在山顶上的围栏里了。

村民们再次惊讶，追问那个老人："是吗？真不可思议，你是怎么抓住它们的？"

老人解释说："首先，就是去找野猪经常出来吃东西的地方，然后，我就在空地中间放一些粮食做陷阱的诱饵。那些猪起初吓了一跳，最后还是好奇地跑过来，闻粮食物的味道。很快一头老野猪吃了第一口，其他野猪也跟着吃起来，这时我知道，我肯定能抓到它们了。"

"第二天，我多加了一点粮食，并在几尺远的地方竖起一块木板。那块木板像幽灵般暂时吓退了它们，但是那白吃的午餐很有诱惑力，所以不久它们又跑回来继续大吃起来。当时野猪并不知道它们已经是我的了。此后我要做的只是每天在食物周围多竖起几块木板，直到我的陷阱完成为止。

"然后，我挖了一个坑立起了第一根角桩。每次我加进一些东西，它们就会远离一段时间，但最后都会再来吃免费的午餐。围栏造好了，陷阱的门也准备好了，而不劳而获的习惯使它们毫无顾虑地走进围栏。这时我就收起陷阱，那些白吃午餐的猪就被我轻而易举地抓到了。"

这个故事的寓意很简单，一只动物要靠人类供给食物时，它的机智就会被取走，接着它就麻烦了。同样的情形也适用于人类，如果你想使一个人残废，只要给他一对拐杖再等上几个月就能达到目的；换句话说，如果在一定时间内你给一个人免费的午餐，他就会养成不劳而获的习惯。别忘了，每个人在娘胎里就有被"照顾"的需求了。

在很久很久以前，一位聪明的老国王，想编写一本智慧录，以飨后世子孙。一天，老国王将他聪明的臣子召集来，说："没有智慧的头脑，就像没有蜡烛的灯笼，我要你们编写一本各个时代的智慧录，去照亮子孙的前程。"

这些聪明人领命离去后，工作很长一段时间，最后完成了一本十二卷的巨作，并骄傲地宣称："陛下，这是各个时代的智慧录。"

老国王看了看，说："各位先生，我确信这是各个时代的智慧结晶。但是，它太厚了，我担心人们读它会不得要领。把它浓缩一下吧！"这些聪明人费去很多时间，几经删简，成了一卷书。但是，老国王还是认为太长了，又命令他们再次浓缩。

这些聪明人把一本书浓缩为一章，然后减为一页，再变为一段，最后则变成一句话。聪明的老国王看到这句话时，显得很满意。"各位先生，"他说，"这真是各个时代的智慧结晶，而且各地的人一旦知道这个真理，我们大部分的问题就可以解决了。"这句话就是："天下没有白吃的午餐。"

智慧之书的第一章，也是最后一章，是天下没有白吃的午餐。如果人们知道出人头地要以努力工作为代价，大部分人就会有所成就，同时也将使这个世界变得更美好。而白吃午餐的人，迟早会连本带利付出代价。

一个人活着，必须为自身与外界创造足以使生命和死亡有点尊严的东西。

　　　　　　　　　　　　　　　　　　　　　　　爱你的父亲

点 评

　　这是"石油大王"写给儿子的第13封信。题目颇值得玩味，他没有用"天下没有白吃的午餐"作标题，而是用了一个拟人化的标题"当猪开始独立的时候——留给儿子的信"，一下子抓住我们的眼球，引人入胜。这封家书见解深刻，娓娓道来，通过两个生动的故事颠覆了人们的常规观念，让我们牢牢记下了一句人生忠告："天下没有白吃的午餐。"这封信告诉我们，能带给人一生幸福的不是金钱，而是精神上的富足和良好的生活习性。

野心的权利

崔卫平

　　十七岁的女儿经常递个小条，要我回答一些问题，她让我写成 Email 回答她，我照办。我和她并不面对面地讨论、争执，这是我俩之间的默契。

　　问题：妈妈是怎样看待"野心"的？

　　问题提得很好，如果问"什么是野心"，那就为难妈妈了，那意味着一个标准答案；而问妈妈"是怎么看这个问题的"，就是表明你自己在这个问题上也在启动，思考的主体是你本人，只是同时想知道别人怎么想的。

　　"野心"也是"心"，是从自己的内心出发的，是属于他本人的。至少这比被人"抬举"出来的"上进心"要好。有些"上进心"背后的动力仅仅是虚荣，那是外在的，不是他本人内心的冲动。

　　这个"野"字呢，是个中国用法，有"中国特色"。中国历来都把朝廷看作是正宗，把朝廷之外都叫"野"，所谓"朝野"之分即是也。沿用到现在，也还有一些痕迹，比如称呼西方政党竞争中这回没有上台的一方，叫"在野党"。英文用法是反对派。我看了现代汉语词典，那上面对于"野心"的解释是："对领土、权力或名利的一种大而非分的欲望。"你看，它基本上是一个贬义词，"非分"的说法背后是，我可以有（野心），但你不可以有（野心）。

　　在这种语境中，我要说，每一个人都有"有野心的权利"，而不是说，只允许少数人有野心，自己之外的他人有野心就是一种非分之想。任何"野心"本身都是正当的。

　　当说一个人有"有野心的权利"时，同时也意味着……他也有"不具有野心的权利"。有人就想当一个普通人，不想成为英雄烈士，你非要他当英雄当烈士，这是强迫别人。

　　强迫别人"当英雄"，和强迫别人"不得具有野心"，是一样性质的。我们的环境就是这么矛盾，当它遏制了一种能量（野心）之后，这种能量必定换一种方式释放出来——要求每一个人去当英雄烈士。我老说"能量守恒，物质不灭"，不是笑话，是在观察了很多现象之后得出来的结论。

现在我宁愿换一个词来讨论问题：在英文里，"野心"和"抱负"是同一个词 ambition。起码，ambition 这个词不具有贬义，可以用来做我们的讨论对象。

点评

这是一篇追根溯源为野心张目的文章，属于一事一议，递进论证，层次清晰，具有很强的说服力。

奥巴马给女儿的一封信

[美国] 奥巴马

陈春利 译

亲爱的马莉娅、萨莎：

我知道，这两年来，在这条竞选道路上，你们享受了不少快乐时光。你们参加了野餐、列队游行和各州的集会，还吃了不少我和你们的妈妈原来不允许你们吃的垃圾食品，所有这一切，我都非常清楚。同时我深切地体会到，对你们和你们的妈妈而言，这两年是多么的辛苦。不过，在这个过程中，也有令人兴奋的时候，就和我们家买小狗时，你们兴高采烈的心情是一样的。我知道，在过去的两年里我错过了许多，但今天我想对你们说，为什么我决定带领全家踏上这条征程。

爸爸年轻的时候，曾认为生活的全部内容只有我自己，以为生活的全部意义就是怎样才能在世界的瞩目下闯荡出一条属于自己的路，一条成功的路，一条能够得到我想要的一切的路。但是到了后来，你们俩先后来到我的世界。你们对一切充满好奇的眼神、你们淘气的样子，还有你们的微笑，填满了我整颗心，也照亮了我的人生。

我突然意识到，我以前为自己制定的宏伟蓝图，似乎变得不再重要了。我发现，你们的快乐，才是我一生中最大的快乐。我觉得，如果我不能给你们带来快乐和幸福，那么我的生命就没有任何价值可言。孩子们，这就是爸爸为何会竞选总统的原因：为了你们，为了全美国的每个孩子。

我希望，每个孩子都能够上学，去那些能充分发掘潜力、激发创造力和想象力、教会用质疑和好奇的眼光看世界的学校；我希望，每个孩子都有机会接受大学教育，即使有些孩子的父母并不富有；我希望，每个孩子能找到好工作，能拿到满意的报酬，能享受各项福利，能在工作之余有时间陪自己的子女，能在退休后仍享有做人的尊严。

我希望，大家勇于探索，攀登科学的高峰，在有生之年能亲眼见证高新科技、发明创造给世界带来的变化，亲身体会我们的星球在科学的带动下，变得更加清洁、更加安全；我希望，在大家的共同努力下，人类不再有种族之分、地域之分、性别之分和信仰之分。因为只要这些人为的界限依然存在，我们就看不到彼此最美好的闪光点。

有时候，我们不得不让青年去参加战争，参与处理其他危险的局面，以保卫我们的国家。然而，一旦我们这么做了，就一定要确保有足够的、充分的理由说服我们非如此就解决不了问题，确信我们已经竭尽所能希望用和平的方式解决争端，确保我们已经尽一切的可能保障战士的安全。我希望每个孩子都明白，这些勇敢的美国人为之奋斗的幸福不是解放自我，而是一种光荣——一种作为国家公民身上所被赋予的神圣使命。这些都是你们的祖母教给我的。那时的我和你们差不多大，当她指着《独立宣言》一字一句读给我听时，她告诉我，我们的战士之所以勇敢地踏上追求平等的征程，正是因为他们相信，我们的祖先在二百年前写在纸上的这些文字，一直有着深刻的内涵。

你们的祖母让我明白，美国之所以伟大，并不是因为这个国家已经完美无缺，而是因为这片土地上的人们总能不断让国家变得日益完美。现在，这个使命落在了我们的肩上。

我希望你们俩能担负起这份责任，要学会不断纠正自己的错误，学会付出自己的努力，让别人也能得到和自己同样的发展机会。这不仅因为你们天生就有责任和义务去报效这个国家，还因为你们必须对自己负责任。道理很简单，只有当你们胸怀大志，并努力去实现它时，你们才能发现自己的潜力所在。

这就是我对你们的期望：在你们自由成长的世界里，你们的梦想不受任何约束，也没有你们不能做到的事情；我希望等你们长大以后，能富有同情心和责任感，为建设一个更加美好的世界而不懈努力；我希望每个孩子都能拥有和你们同样的机会、同样的梦想和同样茁壮成长的经历。这就是我带领全家踏上这条伟大征程的原因。

爸爸为你们俩感到骄傲。你们可知道我有多么爱你们。就在我们准备一起入主白宫、开启生活新篇章的时候，你们表现出了应有的耐心、恬静、优雅和幽默。在这里，我要对你们说一声谢谢。

爱你们的爸爸

点评

这是美国前总统奥巴马上任之初写给女儿的一封信，属于一篇励志类的文章。字里行间流露出对女儿深沉的爱和殷切的期望。全文语言朴素，情感真挚，表达了一个总统应有的伟大信仰和坚定意志。

米洛的维纳斯

［日本］清冈卓行

周保雄 译

我注视着米洛的维纳斯，一种奇怪的念头油然而生：为了这绝代妩媚，她必须失去双臂。

这尊雕像由帕罗斯出产的大理石雕刻而成，据说是 19 世纪初在米洛岛由农民意外地发掘到的。后被法国人买去，运至巴黎的卢浮宫。那时，维纳斯就已经把她的双臂巧妙地遗忘在故乡希腊的海中或陆地的什么地方了。不，更准确地说，是为了自身的美丽，她下意识地藏起了双臂。这样做也是为了顺利地跨越国界，为了更好地超越时代。

无疑，维纳斯所具有的高雅与丰满的高度和谐，令人叹为观止。她可以被称为美的一个典型。无论是容貌还是由胸部到腹部的曲线，或者是舒展的后背，无论你从什么角度观看，维纳斯的每一个部位都充满了几乎使人百看不厌的匀称的魅力。而与这些相比，你若稍加留神便不难发现：失去的双臂更笼罩着某种难以捕捉的神秘美的气氛。而所谓米洛的维纳斯的断臂复原方案，只会令我觉得扫兴、滑稽，而且荒诞透顶。当然，为了复原，一切的尝试都是合理的，由此可以客观地推断出失臂的原貌。

譬如，维纳斯的左手，或许正托着一只苹果，或许正撑着一根人形石柱，还可能正持盾执笏。不，也许与这些姿势都迥然不同，它表现了维纳斯沐浴前或出浴后略带羞涩的娇态。我们还可以进一步想象：实际上她并不是单人雕像，而是群雕中的一个，她的左手是否正搭在恋人的肩上呢？人们可以靠求证和想象来尝试各种复原方案。我查阅过有关的书籍，一边注视着书中的示意图，一边却被一种非常空虚的情绪所侵扰。因为无论选择哪种图像，如前所述，都不可能产生出比失去双臂更胜一筹的美。假如有一天真正的原形被发现，那原形又令我无可置疑地信服，那我大概会带着一种愤怒来否认这个真的原形。

另有一点也很有意思，为何维纳斯失去的是双臂而不是其他什么呢？倘若失去的不是双臂，而是身体的其他部分，恐怕我在此讲述的感想就不一定会产生。例如，假使维纳斯缺了眼睛，少了鼻子，或者是损坏了乳房，而双臂却完好地长在身上，那么，这尊维纳斯就不可能产生生命所具有的变幻不定的光辉了。

为什么失去的必须是双臂呢？我不想在此讨论雕像中躯干部分的美学意义，而是想谈谈手臂，更确切地说是关注手在人类生存方面所具有的象征意义。

手最深刻、最根本地暗示了什么呢？不消说，手的本质与手的象征意义在某种程度上是一致的。人与世界发生千变万化的联系，而手正是联系的一种手段。一位哲学家说机械是手的延长，这一比喻确实很精彩。一位文学家的回忆洋溢着初握恋人之手时的幸福感。米洛的维纳斯受到美术作品命运的摆布，她失去双臂，受到某种难以想象的嘲讽。反过来看，正是因为维纳斯失去了双臂，才奏响了对那双手的姿态进行各种想象的梦幻曲。

点评

美诉诸人的直观感受，它本身就是反逻辑的。本文通过描写维纳斯的神秘之美，让读者思考艺术的根本问题：残缺与想象。其实还有遮蔽，也许正是由于那挂在下半身的衣服既展示了肉体美，又有所遮蔽，有所节制，才使人们的注意力聚焦于人物的内在神韵，将人的精神提升到一个新的境界。这是一篇思想密度极大的妙文，值得再三品味。

警惕"成熟"

[法国] 阿尔贝特·史怀哲

陈泽环 译

决定一个人本质和生命的理想，以充满神秘的方式存在于他的心中。当他走出童年时，它就开始在他心中发芽。当他充满青年人对于真和善的热忱，它就开花结果。我们以后的收获，都取之于我们的生命之树在春天的萌芽。

在生活中，我们应有始终像青年人那样思想和感受的信念，让它像一个忠诚的顾问，陪伴着我们的生活道路。我们应有意识地防止自己成为人们通常所理解的"成熟的人"。

被应用于人的说法"成熟"，对我们来说始终有些令人害怕。因为，在此我总是听到如此不和谐的词：贫乏、屈从和迟钝。通常，我们看到的所谓人成熟的标志是：顺从命运的理性化。人们逐步放弃年轻时珍视的思想和信念，以别人为榜样追求这种理性。他曾信赖真理的胜利，但现在不再信赖了；他曾努力追求正义，但现在不再追求了；他曾信赖善良和温和的力量，但现在不再信赖了；他曾能热情振奋，但现在不能了。为了能更好地经受生活的惊涛骇浪，他减轻了自己生命之舟的负担。他抛弃了被认为是多余的财富，但扔掉的实际上是饮用水和干粮。现在他轻松地航行，但他却是一个受饥渴折磨的人……

我们成年人传授给青年一代的生活知识，不应该是"现实将排除掉你们的理想"，而应该是"坚持你们的理想，生活不能够夺去你们的理想"。

如果人都变成他们14岁时的样子，那么世界的面貌，就会完全不同！

作为一个试图在其思想和感受中保持年轻的人，我已与有关善和真的信仰的事实及经验进行了斗争。当今时代暴力行为前所未有地用谎言打扮自己，但是我仍然确信，真理、爱、平和、温柔和善良仍然高于一切力量。如果有足够的人纯粹地、坚定地、始终充分地思考和实行爱、真理、平和、温柔和善良的思想，那么世界将属于他们。

一切力量本身都是有局限的，因为它们产生着迟早将和它同等的或超过它的力量。善良则简单地始终在起作用，它不产生阻碍它的对立关系。它消除现存的对立关系，它排除误解和不信任，通过唤来善良，它强化了自身。因此，它是最强有力的力量。

一个人给世界增添一点善良，就是促进人的思想和心灵。我们愚蠢的错误在于，我们不敢严肃地去行善，我们要搬动重物，却不使用更有用的杠杆。

耶稣的赞语包含着一种不可估测的深刻真理："温柔的人有福了，因为他们必承受土地。"

点 评

开头提出：我们应有意识地防止自己成为人们通常所理解的"成熟的人"，直接亮出观点（是什么）。接下来分析原因（为什么）：因为"成熟"意味着贫乏、屈从和迟钝，原来相信的现在不再相信，其实，人们丢掉的却是最重要的东西。最后，作者希望人们"不忘初心"（回答怎么办），要坚持自己的理想。他确信，真理、爱、平和、温柔和善良仍然高于一切力量，其中，善良是最强大的力量。然后用耶稣的话作结，干净利索。

生活原本没有痛苦

马 德

法国纪录片《微观世界》中有这样一个场景：

一只屎壳郎，推着一个粪球，在并不平坦的山路上奔走着，路上有许许多多的沙砾和土块，然而，它推的速度并不慢。

在路正前方的不远处，一根植物的刺，尖尖的，斜长在路面上，根部粗大，顶端尖锐，格外显眼。也许是冥冥之中的安排，屎壳郎偏偏奔这个方向来了，它推的那个粪球，一下子扎在了这根"巨刺"上。

然而，屎壳郎似乎并没有发现自己已经陷入困境。它正着推了一会儿，不见动静。它又倒着往前顶，还是不见效。它还推走了周边的土块，试图从侧面使劲，该想的办法它都想到了。但粪球依旧深深地扎在那根刺上，没有任何出来的迹象。

我不禁为它的锲而不舍感到好笑，因为对于这样一只卑小而智力低微的动物来说，实在是不能解决好这么大的一个"难题"的。就在我暗自嘲笑它，并等着看它失败之后如何沮丧离去时，它突然绕到了粪球的另一面，只轻轻一顶，咕噜——顽固的粪球便从那根刺里"脱身"出来。

它赢了。

没有胜利之后的欢呼，也没有冲出困境后的长吁短叹。赢了之后的屎壳郎，就像刚才什么也没有发生过一样，它几乎没有做任何停留，就推着粪球急匆匆地向前去了。只留下我这样的观众，在这个场景面前痴痴发呆。

也许在生活的道路上，它已经习惯了这样的场景；也许它活着，根本不需要像人一样，需要许许多多的"智慧"；也许在它的生命概念中，根本就不懂得赢输。推得过去，是生活；推不过去，也是一样的生活。

由此想来，也许生活原本就没有痛苦。人比动物多的，只是计较得失的智慧，以及感受痛苦的智慧。

点 评

人类也许要向自然万物学习生存的智慧：得，不张扬；失，不在意。只是按照自己的本性生活，像屎壳郎推粪球那样顽强，也许才能获得生命的快乐。

难演的角色

林青霞

演过一百部戏，一百个角色，最难演的角色却是自己。因为剧本得自己写，要写个好剧本谈何容易。

在我演艺事业最忙的时候，在我同时接六部戏、演六个不同角色的时候，我忘了演自己。有一天站在镜子前面，我看到的竟是一张陌生的脸孔。

"我是谁？"我问自己，"我喜欢做什么？""我不喜欢做什么？""我为什么不快乐？"

这才发现，不知道从什么时候开始，我失去了自己。于是我努力找回自己，让自己快乐起来。原来快乐是有定律的。要认清自己，接受自己，不要勉强自己做不喜欢和做不到的事，要懂得说"不"字，要表里合一，要忠于自己，不要斤斤计较——照这个定律去做，快乐就会产生。

有时候我想，当一个人将要离开这个世界的时候，总结一下，赚到的是什么？我以为，快乐的时间多过痛苦的时间，那就是赚到的。

永远记得那两个快乐的下午。有一天，我在纽约一位女朋友的小公寓里，她正在化妆。忽然听到街道上喧闹的锣鼓声，我们来不及换衣服，就把睡衣往裙内一塞，加件风衣往外跑。我们跑到人群里凑热闹。游行的队伍走后，我们散步到中央公园。坐在长条木椅上，微风轻吹着我的长发和衣裙，眼前走过几个中国人，我稍感紧张，但马上意识到，人家可没注意到随意懒散、没化妆的林青霞。刹那间感觉好快乐、好自在。

另一个下午，我和邓丽君到法国南部的海滩裸泳。在众人目光下成长的我们，摆脱了束缚，笑傲在蔚蓝的海天之间。

这种自由自在，相信外人是无法体会得到的。

原来快乐可以这么简单：不需要华服，不需要珠宝，只要一颗自在的心。

点 评

对于演员来说，世界不是剧场，总要回归真实的生活。自我省察的能力拯救了林青霞，她发现了人生真谛：你是否足够快乐。从此回归自我，率真生活。

莫须有与想当然

陈之藩

记得在小学的时候，每星期有作文课。国文教师除在作文卷上有批语外，还把全班的作文排好了名次，当堂唱名发还。如名次排在后面，显得非常难堪，所以大家对作文都很努力。我本来就喜欢作文，再加上努力，所以作文发还时，常是名字在前几名之中。

一次作文题目是"北风"还是"春风"，我已记不清了，作完了自己很得意。当时觉得下星期发还时，我一定是在前几名之中。没有想到，不仅前几名没有我，甚至中间也没有，而是排在最后一个。我根本不明白是怎么回事。

下了课，去问国文老师，老师说："这不像你这个小学生作的，一定是抄自什么杂志上的。"我惊讶得不得了，我说："确实是我作的。"教师说："你不可能作这么好，你是抄的，你如果说你不是抄的，拿出证明来！"我反抗也无从反抗起，委屈地哭了一场。

小孩时的多少事情，现在几乎都忘了，唯独这次所受的委屈，总是记得清清楚楚。

事情竟然无独有偶，我在大学三年级时，又出现一次类似的事。那是考交流电路的课，有一道最低还是最高功率的问题，教授所讲过的是用微分求最大或最小的方法。我在考试时，嫌那个方法麻烦，竟异想天开，用几何作圆，利用切线的关系，找出了答案来。那一次考试，我又是很得意，却没有想到这一题竟然得了零分——教授说我不会微分。而这个几何方法呢，一定是从别处抄来的。于是我在小学所受的委屈又再版一次。

时光流水似的逝去，我在美国当了教授，遇到又一次类似的事件，不过我扮演的不是学生，而是教师的角色。

有一个美国学生提出一篇学期论文，当作期末考试。我翻来覆去地看他这篇论文，发现不仅风格清新，而且创意满纸，令人不能相信是一个大学生所作。

我很自然地怀疑他是从什么地方抄来的。问题就这么极端：如果是抄来的，只有给不及格；如果不是抄来的，那就太好了。我到图书馆查了两天最新到的期刊，看看有无类似的东西，却不得要领。于是请教一位同事，问他该怎么办。

这位同事对我提出的问题，倒显得有些惊异。他说："如果你不能查出你学生是抄来的，你就不能说他是抄来的。你的学生并没有义务去证明他不是抄来的，这是罗马法的精神；文明与野蛮的分际，就在这么细微的差别上。我觉得这是常识，你却觉得这是个问题，好奇怪！"

听了这一番教训后，我倒没有什么惭愧的感觉，而是想起中国文化中好多好多莫须有与想当然的故事。

> **点 评**
>
> 疑罪从无。这正是罗马法的精神。"文明与野蛮的分际，就在这么细微的差别上。"被人怀疑与怀疑他人，三件事揭示的都是人性的幽暗，足以发人深思。作者默而不语，但法治作为人权的屏障，其意义尽在其中矣。

法治的基本要义

罗 翔

法治的基本要义在于用公开的规则去约束权力，让民众能够有合理的预期，免于对惶惶未知的恐惧。

科学家做过一个试验，铁笼中养着一只白鼠，左右各开一扇小门，左边放着一根通电的棍棒，右边放着一块蛋糕。科学家用木棍驱赶白鼠，经过几次训练，白鼠习惯了向右跑，一看到木棍，就会主动往右跑。此时，试验者把食物和棍子对调，白鼠往右跑时，等待它的变成被电击的痛苦，白鼠慢慢地又学会向左跑，试验者再次对调食物与棍子。几次对调后，试验者发现，不论用什么刺激白鼠，它都不愿再跑了——它已经疯了。白鼠之所以发疯，是因为它失去了对未来的合理预期，不知道世界为什么突然变了。

对未来的合理预期是所有生物存活的基本条件。作为万物之灵的人类更是需要合理预期，法律必须保障人们的这种需要，让人免于恐惧。

点 评

法治是什么？约束权力，保障公民人身权利。刑法学教授罗翔的这个普法段子，言简意赅，让人过目不忘。

成本最高的邮件

感 动

2007 年 9 月，在挪威大选前一天，挪威西部城市桑纳讷市的邮局迎来了顾客皮尔先生。皮尔的邮件很特殊，那是一张已填好的选票。他委托邮局将这张选票邮寄到 80 公里外的一个小镇去。皮尔离开时特意嘱咐邮局的工作人员：请务必将选票在选举投票结束之前送到那个小镇。

邮局的员工按照皮尔的要求，马上寄出了选票。但是在选举当天上午，邮局的接线员突然接到一个电话，电话来自另一个城镇的邮局，他们说收到了一张被误寄的选票。桑纳讷邮局的员工认真核查后，才发现被寄错的正是皮尔先生的那张选票。

此时，小镇的选举已经开始了。如从错寄地邮局再邮寄那张选票，根本无法按时送到。

邮局员工将这件事报告给局长，局长立刻召集所有员工一起想办法。员工们都认为，这件事很严重，因为它涉及邮局的信誉问题。虽然挪威的法律没有规定，邮局的邮寄工作不许出现失误，但是选票不能如期寄到，顾客皮尔先生就将失去他的选举权。从此以后，他一定会对邮局的信用产生怀疑。情况万分紧急，究竟该如何补救？

局长最终决定，无论花多大的代价，也要把顾客的邮件准时送到。紧接着，桑纳讷市邮局向一家快递公司求助，快递公司马上向一家民用航空公司租用了一架直升机。直升机载着那张选票，快速飞向了目的地。在距离投票截止时间还有 25 分钟时，直升机终于到达小镇的选举现场。得知皮尔先生的选票被如时投进了票箱里，邮局的所有工作人员才松了一口气。

为了这张小小的选票，桑纳讷市邮局向快递公司支付了包机费等各项费用总计 3000 美元，而这张选票，也成了邮递史上邮寄成本最高的邮件。

包专机运送一张选票，这到底值不值得，桑纳讷市邮局的做法引起了全世界的争议。对此，这家邮局的发言人这样认为："无论花费多大的代价，也要把顾客的邮件准时寄到，这是我们邮局的责任和义务！"

点 评

一张选票如此之轻，又如此之重。在轻重的掂量与对比之中，我们看到了责任沉甸甸的分量，看到了人性的温暖美好。设置悬念，造成紧张感，叙事简约均衡，张弛有度。

当心优秀陷阱

六神磊磊

学霸容易陷入一种陷阱，叫"优秀陷阱"。因为他们都是一直领先、一直获胜的孩子，比武总是赢，参加竞赛总是赢，而奖状和大红花总是由他们拿——一旦习惯了赢，就会厌恶输、厌恶失败。

他们可能容易形成一种心态：老爱待在舒适区，宁愿去挑战难题、超纲题，也不想去触碰短板和弥补弱项，从而回避自己的缺点。这就是"优秀陷阱"——学霸当久了，不肯当小学生。

除此之外，还有一个陷阱学霸要特别提防，叫"聪明陷阱"。学霸往往都聪明，善于举一反三，学什么都快。老师演示一遍，其他学生只能模仿出百分之四五十，聪明学生却能理解百分之八九十，很快就能出成绩。

可这也会导致学霸容易出现另一种问题：往往转益多师，偏爱模仿，想快速出成绩，从而忽略了自我沉淀，不能形成属于自己的风格，最终是起步早、成材晚。聪明是一个人巨大的优势，但如果太依赖，就会成为桎梏。

《神雕侠侣》中的杨过小时候就是这样的，特别聪明，什么武功看几遍就会了，和同龄的郭芙等人比起来是典型的学霸。杨过学的武功五花八门：全真剑法、打狗棒法、玉箫剑法……令人眼花缭乱，却没能沉淀出自己的风格，一直都是小学霸，没成大器。直到后来，在遇到剑魔独孤求败遗留的玄铁重剑的那一刻，杨过才若有所悟，咬咬牙抛弃了过去的套路，转到了玄铁重剑朴实无华的路子上，最后成为"神雕大侠"。

点 评

　　本文对"学霸"问题进行了深入思考，指出他们存在"优秀陷阱"和"聪明陷阱"两个误区，只有及时走出来，才有成为优秀人才的可能。然后，举杨过的例子进行证明。全文结构清晰，在分析弊端时，不仅列举现象，也一并分析危害，并预测结果。这种写法具有驳论文写作的特征，即在批驳别人错误观点的基础上，提出自己的观点。

等那个你接不住的东西

何森堡

　　人要想做好一件事，往往需要分两步：第一步是让自己处于可以把事做好的状态，第二步才是把事情做好。

　　我在博物馆给人讲解时有切身体会。如果一周之内我每天都讲，连续讲两周，我嘴皮子就特别利索，第一句话刚说出口，第三句话在脑海中已经准备好了。在脑海中，一个词往往有若干个同义词的备选方案，我一边说前边的，一边在所有措辞方案中选出那个最恰当的，表达既流畅又精准。

　　但如果我两个星期不做这种高强度的讲解，我就能清晰地感觉到，我的表达能力迟钝了。我说话开始颠三倒四，有的词在嘴边绕圈，可就是抓不着；嘴在脑子前边，手又在嘴前边，有时候比画半天手势，愣是说不出一句完整的话，急得满头是汗。

　　我知道一些职业作家，每天都会写几百上千字的文章，其实写出来的东西也不错，但他们不给任何人看，写完之后关闭文件不保存，就上床睡觉了。他们要的就是保持那种写作的感觉，要不容易迟钝。

　　其实仔细观察一下，在体育、艺术、科研、社交等领域都是这样，那些真正惊人的成就和突破，往往是在一种良好状态的惯性之上实现的。平时一直保持在一定水准，灵光一闪后撞穿天花板，抵达新天地，于是人就到了一个新的层次。所谓进步就是如此。

　　所以，我觉得无论干什么，都先别想着做出成绩来，应该先想着如何让自己处于那种容易做出成绩的状态并且稳住，指不定哪天灵光一闪，或者顿悟，成绩就有了。

　　灵光一闪这种事可遇不可求，等待是唯一的办法，但当那一瞬间真正来临时，也只有持久勤勉的人才能接住它。从本质上来说，勤勉其实是一种正确的等待姿势。

　　"每天下班都看见他去图书馆自学，一副和自己过不去的样子，也不知道他图个啥。"

　　"他在等。"

　　"等什么？"

"等那个你接不住的东西。"

点 评

> 文章开门见山进行立论，然后通过正反对比论证，确认并升华观点。结尾使用对话手法营造情境，并和标题形成呼应。作者的观点契合生活经验，能给人有益的启示。

科学和艺术

〔英国〕赫胥黎

朱长超 译

尊敬的弗莱德里克累顿爵士殿下，各位阁下，各位先生：

请允许我感谢你们极大的好意，感谢你们欣然接受为科学的祝福。对我来说，更为令人高兴的是，能在这样一种集会上听到有人提议这样祝酒。因为近年来，我已经注意到，存在着一种强大的和不断发展的倾向，把科学看做一种侵略和侵犯的力量。仿佛如果任凭科学为所欲为的话，它将把其他各种研究统统从宇宙中清除出去。我认为，有许多人把我们时代这个新生的事物看作一种从现代思想海洋中生长起来的妖怪，其目的就是吞没艺术之神安德洛墨达。有那么一位柏修斯，脚穿促使作家文思敏捷的鞋子，头戴编辑文章的隐形帽，也许还有一个会诅咒人的女妖美杜莎之头，他面对着蛇发女怪美杜莎的咒骂，不时地表示要随时与科学的毒龙决一雌雄。先生，我希望柏修斯三思而行。首先，为他自己起见，因为那玩意儿是硬的，下巴骨又厉害。过去一段时间以来，它已经显示出具有极大的能力去赢得胜利，并扫荡其前进道路上的一切障碍。其二，为了公正起见，我向你们保证，从我自己拥有的知识角度看，如果你不去惹它，它是一种很有礼貌和温和的妖怪。至于艺术之神安德洛墨达，科学对这位女士非常尊敬，只希望看到她愉快地安居下来，每年生育一群像我们在自己周围看到的那样迷人的孩子。

但是，如果撇开比喻，我就不能理解，任何一个具有人类知识的人怎么能够想象科学的成长会以各种方式威胁艺术的发展。如果我的理解不错的话，那么科学和艺术就是自然这块奖章的正面和反面，它的一面以感情来表达事物永恒的秩序，另一方面，则以思想表达事物的永恒秩序。

当人们不再爱，也不再恨；当苦难不再引起同情，伟大的业绩不再激动人心；当野百合花不再显得比功成名就的老所罗门装扮得更美；当面对白雪皑皑的高山和深不可测的山谷，敬畏之情完全消失，到那时，科学也许真的会独占整个世界。但是，这倒不是科学这个怪物吞没了艺术，而是因为人类本性的某一面已经死亡，是因为人们已经丧失了古代和现代的品质的一半。

点 评

这是一封为科学辩护的信，作者认为，科学是一种新生事物，它并不妨碍艺术，想用艺术战胜科学，不仅是不可能的，也是一定会失败的。他认为："科学和艺术就是自然这块奖章的正面和反面，它的一面以感情来表达事物永恒的秩序，另一方面，则以思想表达事物的永恒秩序。"诺贝尔奖获得者李政道曾指出："科学和艺术是不可分割的，就像硬币的两面，它们源于人类活动最高尚的部分，都追求着深刻性、普遍性、永恒和富有意义。"文章语言富于感情，极有感染力。

左拉与左拉们

林贤治

1894 年，法国陆军上尉、犹太人德雷福斯被法国军事法庭以泄密罪判处终身流放。1896 年，有关情报机关查出一名德国间谍与此案有涉，得出德雷福斯无罪的结论。但是，战争部及军事法庭不但无意纠错，而且极力掩盖事实真相，调离该情报机关负责人，公然判处真正泄密的德国间谍无罪。为此，著名作家左拉挺身而出，接连发表《告青年书》《告法国书》直至致总统的公开信，即有名的《我控诉》，由此引发整个法国争取社会公正的运动。军方以"诬陷罪"起诉左拉，接着判一年徒刑和三千法郎的罚金。左拉被迫流亡英国，一年后返回法国。继续与军方斗争。直到 1906 年，即左拉逝世四年后，蒙冤长达十二年的德雷福斯才获正式昭雪。

这就是历史上有名的德雷福斯事件。

左拉受到法国乃至全世界的赞誉是理所当然的。因为他是如此不遗余力地为一个与自己毫无瓜葛，同整个军队和国家相比实在渺小不足道的人说话，维护他的权利、名誉与尊严；因为他敢于以一己的力量向一个拥有强大威权的阴谋集团挑战，而正是这个集团，利用现存的制度，纠集形形色色的邪恶势力，极力扼杀共和主义、社会正义和自由理想；还因为他不惜以抛弃已有的荣誉和安逸的生活为代价，不怕走上法庭，不怕围攻，不怕监禁和流放，而把这场势力悬殊的壮举坚持到最后一息。为维护法兰西精神而反对法兰西，这是不同寻常的。马克·吐温写道："一些教会和军事法庭多由懦夫、伪君子和趋炎附势之徒所组成；这样的人一年之中就可以造出一百万个，而造就出一个贞德或者一个左拉，却需要五百年！"如果目睹了人类生命质量的差异之大，应当承认，这些话也不算什么溢美之辞。

但是，在左拉周围，有一个富于理性、知识、良知和勇气的知识者群体——和左拉战斗在一起的"左拉们"，这是不容忽略的。正是因为有了卢梭和整个启蒙运动的思想滋养，有了法国大革命所培育的"自由、平等、博爱"的民族精神，才有了这样一个团结的坚强的精神实体。没有这个实体，未必能够产生这样一个勇敢而坚定的左拉；没有这个实体，左拉的单枪匹马的战斗将会因严重受阻而中断。唯其有了这个实体，在社会正义受到威胁的时候，就一定能从中产生一个左拉，或不叫左拉的左拉。

事实上也是如此。在法国作家拉努的传记著作《左拉》中，有叙述说：事情开始时，埋头创作的左拉还处在犹豫不决的状态，他是被"德雷福斯派"的人物推举出来的；尤其重要的是，他是被一群记者、律师、历史学家说服的。周围的一群人物是如此优秀，他们完全因为一个犹太人的冤案而被吸引、凝聚到了一起。难得的是，其中如作家法朗士、报人克列孟梭，都是与左拉不同类型的人物，在有关专业或别的意见上并不一致，甚至相反；然而仅仅凭着"正义感"这东西，他们就走到一起来了。他们把左拉的斗争当成自己的斗争，在斗争中，表现出强烈的"团队精神"。像克列孟梭，他改组《震旦报》，倾全力支持左拉；左拉的檄文《我控诉》的题目，也是经他建议加上去的。他们陪左拉出庭，在左拉离开法国后仍然坚持由他开始的斗争；在正义因左拉蒙罪而使全国沮丧，法兰西的精神财富面临沉沦的危险之时，他们便成了号角和旗帜，引导公民社会上升的头脑和力量。直到左拉死后，正是他们，将左拉未竟的事业进行到底。没有他们的集体斗争，德雷福斯事件的结局很难设想，至少昭雪的时间要因此而大大推迟。

一个国家，一个社会，有没有一个知识分子群体的存在是很不一样的。从苏格拉底到布鲁诺和伽利略，甚至伏尔泰和雨果，他们所以受死，受罪，始终孤立无援，都因为缺乏这样一个集体。他们被分切为若干个体，只能单独向社会发言，以致在同类中间也得不到回应。

法国当代知名作家雷威认为，在法国，只有从德雷福斯事件开始，知识分子才有了一个相当大的数目；也就是说，此时不是只有一个左拉，而是有了一个"左拉们"。"我们是知识分子！知识分子的党！在这喊声中有种挑战，有种逼人的傲慢……"雷威在一本题为《自由的冒险历程》的书中这样写道："这是一种方式，非常大胆的方式，将一个近乎侮辱性的称号作为一面旗帜来挥舞。"回顾知识分子的历史，他高度评价左拉的行动，以及由克列孟梭起草的《知识分子宣言》。在讨论"知识分子"命名时，他是把知识分子的多少作为其中的一个重要部分，也即作为一项标准来看待的。他写道："成百上千的诗人、画家、教授，他们认为放下手中的钢笔或画笔来参与评论国家的事务是他们分内的责任，与此同时他们修正了'知识分子'这个词的含义。甚至于那些反对者们，那些辱骂德雷福斯的人以及那些国家利益的支持者们，也随着时代的激流，不再沉默或赌气，不再掩藏他们的恼怒和信仰，面对挑衅者，不再坚持学院式的静默和泰然处之的传统，他们也使用同样的词语，同样的参与手段，并且也组成了各种各样的同盟和协会。是一种模仿？是一种狂热？可以这样说吧。但也可以这样记录下来：在思想的舞台上，出现了一种新型人物——如同教士、抄写员、诡辩家、博学家标志出其他时代一样，也是新鲜而有特定性的。"这新鲜而有特定性的一群，就是现代知识分子。他的意思是说，真正意义上的知识分子，只有到了现代才有可能出现。

的确，知识分子与现代民主社会是互生的，互动的。倒过来说，没有产生一个像样的知识分子群体，这样的社会只能称作前现代社会；时间的推移并不能为它带来实质性的变化，不过徒增一点新世纪的油彩而已。

点评

文章由法国历史上著名的德雷福斯案说起，讲述了左拉和"左拉们"在案件平反过程中的作用，让读者看到知识分子群体对守护社会公义的重要性。事实上，对一个人的不公，就是对所有人的不公；为一个人争取权利，也是为大众争取权利，因为社会利益是一个整体，如多米诺骨牌一样，推倒一块，意味着所有的都会被推倒。"左拉们"这样的知识分子，现在叫"公共知识分子"，简称"公知"，他们承担着守护社会良心的作用。林贤治的文章雄辩有力，能激发人深入思考。

推荐阅读：作者的散文集《故园》和传记《人间鲁迅》。

清白的记录

潘向黎

有一个熟人，是我的同龄人，读大学时就认识的。我们不是同一个学校，但知道他是个活跃人士，并且早早就有了市场意识，在大家还在闷头读书的时候，已经知道编《娱乐手册》挣稿费，去外地旅游时在边远地区为当地人拍照，挣回一部分车钱。我们来往不多，关于他的故事大多是听说的，对于当时的我来说太"前卫"了，理解有些困难，所以他并没有给我留下太深的印象。他毕业后到北京工作，我们就没有见过面。

十年一转眼就过去了，没有想到又和他见面了。他出差来上海，有事找我。办完了正事，我们几个年轻朋友就找了家茶馆开始大泡特泡。话题很多。关于北京和上海这些年的变化——同龄人的看法永远比报上、电视里的信息更有参照意义，有关自己这些年的经历——我们都有了不少变化，对现状的感觉与今后的打算，还有天南海北各种奇闻怪事……

这种谈话通常都很愉快，没想到的是，因为这次谈话，这个十多年前就认识的人却给我留下了深刻的印象——直到现在我才肯定，我不会忘记他了。

他说起他前几年在南方的Z市经商的事。那时他和朋友合伙在Z市注册了一个公司，做进出口贸易，初见成效。因为他在北京还有工作，所以他让那个朋友负责Z市的日常事务，有大事和他联系或者他飞过去处理。

"那时候，已经挣了两百多万的家当了，我们说好全都放在公司里，个人不吃不用，把生意做大。结果有一天，一个电传过来，是我们的客户，说我们公司没有按期付款。我打电话找我的合伙人，哪儿都找不到他，我意识到有问题，马上飞过去。打开公司门，我眼前真是顿时一黑，整个公司都空了，除了家具还在，所有的东西都没有了，当然我的那个朋友也没有了踪影。有人告诉我他出国了。不用说他带走了所有的钱。留给我的，是一张国际长途电话账单，还有拖欠的房租和各种账单，共有十万块。我当时就傻了，整个脑子都乱糟糟的。从心里说我觉得我是受害者，我的钱让人卷走了，根本没有理由要我付这些账单，我真想一走了之。可是我又觉得这样不行，公司也是我的，出这种事是我看错人，错了就应该承担责任。更何况，我是一个前程远大的人，我不能让自己这辈子永远不能到 Z 市。我要自己能堂堂正正地到任何地方。"

故事的结局是：他将个人的积蓄倾其所有付清了账单，向一个朋友借了机票钱回了北京。他当然没有就此灰心，又重新开始干起了别的。而那个合伙人，听说有人在泰国看见过他。"我想想，他比我惨，他不敢回来了。我觉得自己当初绝对是作了一个英明的决定。"

如果不是身处一个只问结果、不问过程、巧取豪夺和欺世盗名畅通无阻的时代，无法理解我们听到这番话的感动。我对经商没有兴趣，也无从判断他是不是一个有经营才能的人，只是当我听到他说"我是一个前程远大的人"时，我相信他会有所作为的，不管是哪个方面，这是迟早的事。一个人在那样的情况下，没有惊慌失措，没有自怨自艾，更没有放弃一切，仍然对自己抱着很高的期望和自信，这样的人应该是有出息的，否则这世界就彻底疯了。

觉得自己前程远大、是做大事的人，对人的影响也是截然不同的，有人处处严格要求自己，尤其在大事上坚持原则，认为"暗室欺心，君子不为"；有人却觉得自己可以随便放任，不屑于遵守规范，反正"成者为王败者为寇"。

可是，当一个人还年轻的时候，他最大的资本就是他的清白记录，如果他不保护这个记录，他很快就会变得污浊丑恶。从人的本质意义上说，失去了清白便失去了一切。无论攫取多少东西都不是成功，即使赢得了世界，也必履危机，因为占有的越多只说明他伤天害理的事干得越多。一旦失败没有人会伸出援手，于是"眼看他起高楼，眼看他楼塌了"。

雁过留声，人过留名。一个人如果在某地做了缺德亏心的事，他就很难再到那里，别人的鄙视与不信任，使那个地方成为他的禁地；同样，一个人如果对朋友做了损人利己、情理难容的事，那么这个朋友也就成了他不敢见的人。一个志向远大的人，确实是不肯让自己轻易有这样不敢去的地方、不敢见的人的。换言之，每个志向远大的人，必然有这种自我意识，要让自己永远可以堂堂正正地到任何一个地方、见任何一个人。拒绝一时得益而后心虚、躲避、脸红、眼神闪烁的小人态。

我也认为我的这位同龄人当初作了一个"绝对英明的决定"。听见他这样平静如水地说自己的失败，看见他脸上的坦然、眼睛里未折断的锋芒，我不禁在心里为他击节叫好：

好样的，我的同龄人！

剩下的事，就是看他在成功的路上能走多远，并且为他祝福。

点评

人生无常，随时会有风霜雨雪；人性复杂，随时会被背叛出卖。只是，我们可以对世界失望，对人性失望，却不可对自己失望。文章的好坏与作者的社会阅历、理性、良知都有关系，文字背后隐含着一个人的价值观。

让规则看守世界

陈全忠

公元1764年的一天深夜，一场大火烧毁了哈佛的图书馆，很多珍贵的古书绝籍被毁于一旦，让人痛心疾首。第二天这场重大事故学校上下得知，有名学生尤其面色凝重。

突发的火灾把这名普通学生推到了一个特殊的位置，逼迫他做出选择。在这之前，他违反图书馆规则，悄悄把哈佛牧师捐赠的一本书带出馆外，准备优哉游哉地阅读完后再归还。突然之间，这本书就成为哈佛捐赠的二百五十本书中的唯一珍本。怎么办？是神鬼不知地据为己有，还是光明坦荡地承认错误？一番激烈的思想斗争后，惴惴不安的学生终于敲开了校长办公室的房间，说明理由后郑重地将书还给学校。霍里厄克校长接下来的举动更令人吃惊，收下书表示感谢，对学生的勇气和诚实予以褒奖，然后又把他开除出校。

哈佛的理念是：让校规看守哈佛，比用其他东西看守哈佛更安全有效。

与哈佛人相似，德国人也被看作是世界上最守规则的人之一。一位留学德国多年的中国学生说，他在德国所到之处，从未看到过一辆闯红灯的车，即使在深更半夜，空寂无声的街头，德国人依旧沿着横行线，看着红绿灯过马路，德国老人喜欢向别人炫耀的是，在他几十年的驾车历史中，违章记录栏内始终是一片空白。

经济学家茅于轼先生在美国做访问学者时，曾对美国邮局前的排队作过观察。他发现排在队伍前面的顾客，一般距离正在接受服务的顾客至少一米远：一方面避免彼此靠得太近不舒服，一方面也是尊重别人的隐私空间，免遭嫌疑。如果服务窗口不止一个，也不是每个窗口前面都排一个队，而是只排一个队，前面的人依序到空出来的窗口去办事，以保证先来的人先接受服务。没有一个人会打破这种默守的规则。小中窥大，茅于轼先生深有感触地说："在美国生活的一年中，我无时无刻不在思考，为什么美国如此富有？有哪些地方值得我们学习？"

对比之下，中国的银行服务窗口前都画有鲜明的警示线，而有些漠视"请在线外等候"字样的人们，仍然选择无序紧张的拥挤，同样也让外国人百思不得其解。

当我把上面的事例说给周围人听时，我得到不同的意见版本：哈佛人是做作的，书交上来了，人家改过了，还计较什么？

德国人是刻板的，能够趁机过马路为什么不过？浪费时间；美国人是固执的，来得早不如站得巧，能够早点把事办完为什么不挤？规则是死的，人是活的，活人为什么要被死规则缠住……

到底是怎样的生活才更惬意？没有规则的自由是不是一种真的自由？

德国人的名言是，循规蹈矩，一丝不苟才是轻松的活法，而凡事无章可循，才使人疲惫不堪。自由必须有所约束，不然，A的某种自由可能就要以B的另一种自由为代价。德国人把用规则看守的世界，称为"天堂"。在这个天堂里，规则首先是科学合理的，其次要有对规则的集体信任。或许有些人会将此视为"刻板固执"，嗤之以鼻。但实际上，德国人是聪明的，他们对待任何事物都认真负责，他们把自己的国家建设得洁净美丽，他们在不争吵、不拥挤的环境里，不凭体力、投机取巧或者其他伎俩，就可赢得平静安稳的幸福生活。规则不仅保证着人们在工作、学习和生活上的公平公正，带给他们高效率，甚至保证着他们心灵的自由：知道有所为，有所不为，灵魂才在高处放声歌唱。

散文家张丽钧也曾在一篇文章中谈到"规则"的重要性时肯定地说："世界上如果真有所谓的天堂和地狱，那么，天堂的规则应该比地狱的规则更详细。"

让规则看守的世界，是生命的圣洁花园，是人们向往的天堂。而生活在那里的人，也将规则时刻放于心中，心甘情愿接受约束，以获得更完满的自由。相反，无视规则、对抗规则的人，必将受到规则的惩罚，甚至付出全部自由的代价。在好规则面前，懂得捍卫和赞美，才是人类崇高精神的体现。

心中有正义良善的规则，犹如灵魂有了信仰，人的生活才会享受更多的明媚阳光。

点评

你的自由不能妨害别人的自由。德国人的刻板，美国人的固执……其实彰显的是一种文明，他们知道任何一个人对公序良俗的破坏都会影响到其他人的生存。西方有契约文明，东方有智慧文明，价值追求不同，带来的社会景象迥异。

文章的选材和开掘都颇富启示意义。鲁迅说，选材要严，开掘要深。本文就是典范。

世界需要天真

陈祖芬

我先讲一个美丽的小故事。

伊丽莎白女王在八十大寿庆典的茶会上，邀请了两千位哈里·波特的小"粉丝"来白金汉宫。还有《哈里·波特》的作者罗琳，以及英国其他儿童文学作家，和扮演童话里的小熊、小飞侠的演员等。然后孩子们一起参与一个美丽的游戏——一起寻找伊丽莎白女王丢失的"最喜欢的手袋"。

孩子们在白金汉宫花园里为女王找到了手袋，更找到了好多他们喜欢的童话书和卡通玩具。

伊丽莎白女王接过她的手袋，感谢为她辛苦寻找手袋的孩子们，她说："我好高兴我的手袋又回来了。这是我最喜欢的快乐结局了。"

我想，这就是很多童话故事的结局——从此他们幸福地生活在一起。

再讲一个美国总统大选的小故事。美国历届总统大选时，总有一万来张选票上总统候选人的名字是MICKEY（米老鼠）。

填写选票的当然不是小孩，是有选举资格的成年人。这些成年人不是恐怖分子，也不是捣蛋分子，他们只是长不大的孩子。

他们或许是看唐老鸭、米老鼠长大的，或许不管到多大岁数还是把米老鼠视为第一偶像。米老鼠天真可爱、正直智慧、见义勇为、乐于助人，而且幽默快乐、百折不挠，实在是集人性的优点于一身！

那一万来张选票，正是人类向往爱与快乐的一种印证。

喜欢米老鼠的成年人，一定是和米老鼠合得来的人，是内心天真的富人——拥有快乐，拥有爱情，拥有智慧，拥有恒心，拥有勇敢，拥有年轻，是长大了的儿童。

米老鼠的铁哥们儿哪里都有。瑞奇·马丁在世界杯足球赛上，把《生命之杯》一下唱到二十五个国家的歌曲排行榜榜首。

有一天，他突然在家里接到世界美声歌王帕瓦罗蒂的电话："喂，我是帕瓦罗蒂，你是瑞奇·马丁？"

"我是——"瑞奇·马丁惊喜得说不上话来，他说，"我是米老鼠！"

健康阳光的人必定有一颗童心。天真是想象力和创造力的源泉。没有三分天真往往难成大才，即使成为大才也不一定可爱。一个可爱的人，大家才爱你；一个爱别人的人，才可爱。

所以现在很热门的字是"蔻"，英文 cute（可爱）的音译。

我在石家庄的一所小学，看到一个虎头虎脑的小男孩，正在对同学说他希望世界上有更多的人学汉语，说着还"老谋深算"地点一点头。他"老成持重"地慢慢道来，好像伟人在做国际形势报告。只是他老拖着鼻涕，似乎有损庄严形象，我递过两张纸巾，说："你先擦一下鼻涕。伟大人物是不应该有鼻涕的。"我这一句话让孩子们哄笑起来。

"伟人"不笑，擦完鼻涕继续做报告。他说他的脑子里充满了奇思妙想，他想用空气做燃料，减少污染，节约能源，可是又怕耗资太大，再说，如果对空气"乱砍滥伐"的话，以后地球上剩下的就都是二氧化碳了。

我说："我觉得你很有思想，你有没有想过，怎么建设石家庄？"

他说："想过。"又第一、第二、第三地讲起来。他讲到天上打雷时，如果把落地雷回收用来发电，是多么大的能源。

我不禁请教这位"伟人"今年"高龄"，他矜持地说："十岁。"旁边一个支棱着一对招风耳的小男孩叫道："你明明是九岁！"

"伟人"不紧不慢地说："再过一个月我就是十岁了。"

英雄莫问岁数。

小孩最接近人的本质。老子说："含德之厚，比于赤子。"意思是道德修养极好的人，就如同初生的婴儿一样纯真自然。婴儿筋骨柔弱，拳头却握得很牢固。老子讲婴儿"和之至也"。和，即纯粹无邪，与天地之和合而为一。

佛五行中，更有婴儿行，修行的级别仅次于圣行、梵行、天行。

石家庄那位十岁的"伟人"，因为流鼻涕而更叫人喜爱。

因为，那是婴儿行。

成功未必成熟。比尔·盖茨有强大的生命力、超人的想象力、丰富的激情，但他最动人的，是他独有的婴儿的表情。

沃尔特·迪斯尼因为天真，于是创造了一只米老鼠，建造起为全世界源源不断地输送欢乐、输送天真的迪斯尼王国。迪斯尼说："我要唤起的是这个世界正在泯灭的孩子气的天真。"

不管是婴儿行、赤子心，还是迪斯尼王国，所有的可爱，所有的创意，所有的缤纷，都是因为"孩子气的天真"。

我想说：请注意，一切都是从"孩子气的天真"开始的。想象力比知识更重要，而天真是想象力的胚胎，有天真就有想象力，就有创造一切的可能。

点 评

巴金七十三岁时回四川，接待他的诗人流沙河后来说："他依然保持天真。"北大学者钱理群很喜欢一个学生对他的评价："这是一个天真可爱的老头。"一个天真的人一定是可爱的人，一个天真的民族一定是充满智慧和创新的民族。

文章由几个精彩的故事阐发主题，最后总结升华，颇有感染力。

只画鱼儿不画水

白　巍

《落花游鱼图》是北宋画家刘寀的作品。春日花开时节，缤纷的花瓣随和煦的春风飘落水面，引来一群鱼儿。它们追逐着花瓣，时而浅出，时而沉入，尾鳍摆动，意态安闲，水草亦随波轻轻摆动，一片怡然。定睛细观，如此美景却无一笔水纹，完全是鱼态使然。

齐白石《三余图》，几笔简淡水墨，三条稚气可爱的小鱼，没画一笔水，却水色自现。隐去的水、自在的鱼，于虚实之间、有无之中，清简了画面、突显了主题，留给人更多的想象空间。老子曰："天下万物生于有，有生于无。"虚实相生，天地万物便有了无限生机。没有着笔墨画水，更显鱼儿情态之妙。民间画诀便说："画了鱼儿不画水，此间亦自有波涛。"

八大山人画过多幅鱼图，简之又简，却生气十足——鱼鳍展开，鱼尾轻摆，神态精妙，灵动地游向前方，身后一片空白。虽然没有画水，却满纸烟波。

古人说"空本难图"，是说"空"是很难画出来的；又说"实景清，空景现"。八大山人把鱼画得非常突出，通过鱼的动作、鱼的姿态，水便被淋漓尽致地展现出来。看到鱼的神采，便感觉到水波的美妙，真可谓"虚实相生，无画处皆成妙境"。

只画鱼儿不画水，不是不画，是真水无香亦无痕。

点 评

文章由刘寀、齐白石、八大山人三人画鱼不画水的现象谈起，引人思考艺术创作中的虚实、有无命题，发人所未发。三件事得出一个深刻的结论，干脆利索。

顶尖选手的表情

乔治·伦纳德

人们往往觉得，好的运动照片就是那些凝固了动感的瞬间，表现"胜利的激动"或"失败的沮丧"这类充满戏剧性场景的画面。大家对这种"巅峰时刻"的运动照片渐渐习以为常，似乎体育摄影只剩"力量之美""胜利的喜悦"和"失败的泪水"这几种类型。然而，真正顶尖的选手，他们流露出来的表情往往是平和、放松甚至略带微笑的。

那些体育明星在场上大展身手的时候，不只是为了击败对手，也不只是为了赢得欢呼，他们是真心热爱自己的运动项目，喜欢挑战极限，越是高手云集，越能激发他们的潜力。那些在常人看来无法想象的成绩、难以完成的动作，在顶尖选手看来，只是水到渠成的表演。

田径运动员史蒂文·斯科特在长跑比赛中，通过最后一个弯道时的动作舒展自如，表情坚定而放松；跳水运动员格雷格·洛加尼斯在跳板上准备起跳时，神情专注；体操运动员彼得·维德马在自由体操比赛中，尽管正做着令人眼花缭乱的翻腾动作，但他的表情依旧镇定自若；NBA球星卡里姆·阿布杜尔·贾巴尔在球场上使出自己的绝技，成功越过对方防守队员得分时，脸上呈现出发自内心的喜悦。

平静、持续，热爱练习本身，甚至热爱困境，热爱自己的平台期，这才是来自世界顶级运动员的启示。

点 评

表面写运动员的表情，实际写顶级运动员的优秀品质。由表及里，由浅入深，最后升华主题，水到渠成。文字简洁、准确。

大幕拉开

张达明

北京人民艺术剧院流传着这样一句话："大幕拉开才是真的。"意思是说，演员不管在剧中饰演什么角色，不管在排练时怎样争啊吵啊，只有等大幕拉开才见分晓，得由台下观众说了算，上座率说了算。

于是之演了一辈子戏，饰演了许多小人物，也从来没得过一个大奖。用人艺著名演员濮存昕的话说："于是之先生没得过一个大奖，是没赶上，他演的角色虽然比我要少一半，但谁敢说他的表演不是最好的？他演过的那几个角色往那儿一杵，能让人记一辈子，一想起那几个角色，马上就能想到他。程疯子是他，王利发是他，《骆驼祥子》里的老马也是他，裹着一阵风雪就进来了，五分钟的戏演完，利利落落就下场了。很多观众看完他演的这段后起身就走，他们掏钱买票来就是为了看于是之演的这一段。他真厉害，表演得漂亮极了。"

　　为什么于是之的表演如此受观众喜爱？因为他年轻的时候受过苦，见过拉洋车的为了几个小钱挥汗如雨，见过那些贫苦底层小人物为了一口饭苦苦挣扎。那些见闻让他刻骨铭心，也让他内心充满了同情。演员就是将自己的本色和角色融在一起，才显示出真功夫。

> **点　评**
>
> 　　写作启示：第一，技巧并不是最重要的，重要的是要有生活体验，要有对生命的同情和热爱；第二，感情是装不出来的，里面有什么，抒发出来就是什么，生命境界决定你能达到的高度。

美貌的力量

[美国]南希·埃特霍夫

曲　静　译

　　关于人为什么爱美，古希腊大哲学家亚里士多德曾经说过：只要不是瞎子，谁都不会问这样的问题。

　　美貌能令人神魂颠倒。从古至今，哲学家们一直在思考关于它的问题；言情小说家们一直在提供关于它的描述。

　　然而，直到我们生活的这个时代，美貌仍是个捉摸不透的谜。1991年，著名的女社会学者内奥米·沃尔夫驳斥了几百年来人们对美貌本质的思索。她认为，美貌作为一种客观和普遍的统一体实际上并不存在，它只不过建立在人的一种神秘理念之中。

　　如今，对于美貌仍存有很大的争议。不少学者声称，美貌并无实际意义，因为它既说明不了什么，又解决不了什么问题，更不能教会我们任何事情。人们对美貌的看法是自相矛盾的。一方面，他们把它看成是力量的源泉；另一方面，又认为它是无能和受奴役的根源。

　　还有人认为，疯狂地追求美貌是一种文明败坏的迹象。据报道，仅1996年间，就有近70万美国人自愿接受了换肤、抽脂、隆胸等外科手术。

　　纵观人类历史，人们为了得到美忍受过无数的痛苦与煎熬，但对美的追求始终是那样地强烈和难以抑制。若想告诉我们不要对美发生兴趣，就如同告诉他们别吃饭、别恋爱一样。

　　美貌给人安慰、令人陶醉。对美的敏感是人类普遍具有的天性。

　　但是，什么是美？没有一个定义能够完全概括它。专家们可以叙述自己看到美时的感受，却无法确切地说出美究竟是什么样子。有人曾这样形象地描述"美貌"："当你看到一位美人从门外走进来时，你几乎会停止呼吸。"

　　人类学家和心理学家认为，一张美丽的面孔实际上是我们在日常生活中看到的所有面孔的"合成品"。我们之所以认为它"美"，是因为它包含了我们所熟悉的特征。然而，更进一步的研究表明，漂亮女人的面孔大都拥有瘦削的下巴，大大的眼睛，而且嘴和下巴之间的距离要短于平均值。

漂亮女人的脸蛋看上去都像个孩子。有人曾把美国《时尚》杂志的封面女郎的脸部细节输进电脑，结果电脑推测她们的年龄在 6 至 7 岁之间！

评说女人的脸要比评说男人的脸容易得多。这是因为，我们对于女性的美貌早已有了清晰的概念。社会学家艾伦·马苏尔正在研究的问题是什么使男人富有魅力，使他们看起来更出众。

相貌特征突出的男人容易获得成功。一项对十几岁的少年所做的研究表明，相貌特征越突出的少年男子，性的吸引力越大；另外一项研究结果显示，即便某些男人看上去并不可爱，但他们若是做出很有主见的神情或举动，仍能够吸引女人的目光。

男人的"男子汉味道"存在于面部的棱角和发达的肌肉。心理学家迈克尔·坎宁安在研究中发现，女人通常会被大眼睛和笑容灿烂的男人吸引。坎宁安认为，一个男人的脸上雄性特质越突出，就越容易被女人当作有魅力的理想的配偶。男人若是长了一张"娃娃脸"，其吸引力肯定会减少。

虽说"人不可貌相"，但是美丽的容貌确实能左右我们对人的感觉、态度和行为。

从幼年到长大成人，不论是男人还是女人，只要长得漂亮，就容易获得优待与肯定。

长相漂亮的人不仅容易在辩论中获胜，而且在说服别人时成功率也比较高。在社交场合，有魅力的人相对来说显得更为自在和自信，因为他们认为生活就操纵在自己的手里，他们不会受命运和环境的摆布。

事实上，长相漂亮的学生也常常会获得较高的分数——即使他们的学习成绩并不好。人们常常认为，漂亮的学生要比相貌平平的学生聪明。根据对三种人的研究结果表明：无论画家、作家还是学生，长相越出众，他们的劳动成果就越容易获得肯定，因为长相给了他们很大的帮助，甚至可以因此而获得额外的赞誉。社会心理学家称这种现象为"光环效应"。

在研究人的魅力方面，卡伦·迪翁是一位先驱者，她曾向成年人提出过这样一个问题：假如一个 7 岁大的孩子有了越轨行为，你会怎样对待他？人们的回答分为两类：如果他是个漂亮的孩子，大人们不会相信他会有越轨行为，即使有，也将归咎于坏天气或者不良环境的影响；如果他是个长相一般的孩子，人们大多会用怀疑的目光把他看成是未来的"少年犯"。

相貌出众的成年人，特别是女性，若是有入店行窃或考试作弊等行为，往往会逃过重罚。这些人很少被告发，即使被告发，也很少受到指控和处罚。

我们必须了解美的实质，否则我们就会被它束缚。怎样正确地对待美？请谨记：漂亮的长相只不过蕴含着遗传方面的优势。

我们应当摒弃这种约定俗成的观念——凡是美的就一定是好的，因为这种观念否定了人性的反复无常和不确定性。

然而，在让美貌与善良脱钩的同时，我们同样不能犯这样的错误——认为美貌总与恶行相伴。拥有美和被美所"俘获"都不是社会性的罪恶。

美容需要耗费金钱、时间和心神。但在这方面，女人总能获得丰厚的"回报"。那种认为女人只要不为打扮自己而耗费精力就可能获得更大成绩的说法是荒唐的。的确，女人拥有平等的法律和社会权益是她们事业成功的基本条件，但这并不意味着要放弃对美貌的追求。

点评

这是一篇关于美貌的精妙议论文。材料丰富，引述有力，论证层次分明，结论公允，极富启发意义。文章妙语连珠，请记住这句话："在让美貌与善良脱钩的同时，我们同样不能犯这样的错误——认为美貌总与恶行相伴。"

••• 人生的觉悟 •••

导 语

生命总是在相互关照中成长的，人生的每一步都离不开他人的经验。

尽管如此，那些宝贵的道理，只有你从自己的经历中印证，似乎才会真正成为你的收获。这也是所谓痛醒——不经受磨难，就不能从内心接受真理。

人生箴言有多种表达形式，有的是随笔，一事一感悟；有的是格言集纳，一条一条皆为隽语；有的是长篇大论，逻辑严谨，深思熟虑。

"人生如诗"，这从一个年长者的嘴里说出来，真的会让人怦然心动：他经历了，他做到了。但对于一个少年而言，你的人生将会如何，很大程度上有赖于你的规划和选择。那么，不妨听一听生命圆融者的言说吧。

哪些句子最能打动你，让你有醍醐灌顶的感觉？

它们给你带来了怎样的人生思考？你从中获得了哪些人生智慧？

人生如诗

林语堂

我以为，从生物学角度看，人的一生恰如诗歌。人生自有其韵律和节奏，自有内在的成长与衰亡。人生始于无邪的童年，经过少年的青涩，带着激情与无知、理想与雄心，笨拙而努力地走向成熟。

后来人到壮年，经历渐广，阅人渐多，涉世渐深，收益也渐大。及至中年，人生的紧张得以舒缓，人的性格日渐成熟，如芳馥之果实，如醇美之佳酿，更具容忍之心。此时处世虽不似先前那么乐观，但对人生的态度趋于和善。再后来就是人生迟暮，内分泌系统活动减少。若此时吾辈已经悟得老年真谛，并据此安排残年，那生活将和谐、宁静，安详而知足。

终于，生命之烛摇曳而终熄灭，人开始永恒的长眠，不再醒来。

人们当学会感受生命韵律之美，像听交响乐一样，欣赏其主旋律、激昂的高潮和舒缓的尾声。这些反复的乐章对于我们的生命都大同小异，但个人的乐曲却要自己去谱写。在某些人心中，不和谐音会越来越刺耳，最终竟然能掩盖主曲；有时不和谐音会积蓄巨大的能量，令乐曲不能继续，这时人们或举枪自杀或投河自尽。这是他最初的主题被无望地遮蔽，只因他缺少自我教育。否则，常人将以体面的运动和进程走向既定的终点。在我们多数人胸中常常会有太多的断奏或强音，那是因为节奏错了，生命的乐曲因此而不再悦耳。

我们应该如恒河，学她气势恢宏而豪迈地缓缓流向大海。

人生有童年、少年和老年，谁也不能否认这是一种美好的安排。一天要有清晨、正午和日落，一年要有四季之分，如此才好。人生本无好坏之分，只是各个季节有各自的好处。如若我们持此种生物学的观点，并循着季节去生活，除了狂妄自大的傻瓜和无可救药的理想主义者，谁能说人生不能像诗一般度过呢？莎翁在他的一段话中形象地阐述了人生分七个阶段的观点，很多中国作家也说过类似的话。奇怪的是，莎士比亚并不是虔诚的宗教徒，也不怎么关心宗教。我想这正是他的伟大之处，他对人生秉着顺其自然的态度，他对生活之事的干涉和改动很少，正如他对戏剧人物那样。莎翁就像自然一样，这是我们能给作家或思想家的最高褒奖。对人生，他只是一路经历着、观察着离我们远去了。

> **点 评**
>
> 人生如诗，自有其韵律和节奏；人生如画，颜色要自己调配；人生如乐曲，节奏要自己掌握。萨特说："人不过是自己的造物。"所有的人生，不是全部都被安排好的，虽有时运机遇，也有自我教育、自我把控的因素。作者洞悉生命的奥秘，向我们和盘托出自己的心得，是说明书，也是赞歌。

时间的故事

杨无锐

井上靖先生的《天平之甍》，讲鉴真和尚东渡弘法的故事。

圣武天皇天平四年，正当唐玄宗开元二十年（公元732年），日本第九次遣唐使团到达中国。使团中有四名二十出头的"留学僧"，他们肩负着一项特殊使命。当是时也，扶桑佛法盛炽，却又戒律废弛。四名年轻人受命，欲从大唐寻觅具足三师七证的高僧，赴日整顿华林。

此事难如登天。高僧赴日，不仅要跨越浩淼沧波，还需与刁难他们的唐土官员周旋。扬州大明寺鉴真，时年五十五岁，已是江淮第一高僧。日本使者请求鉴真差遣数名有道弟子共同归日。鉴真询问众弟子，有无自愿东渡者。众人不答，如是者三。鉴真说："为了佛法，纵使海天远隔，沧海浩淼，也不应恋惜身命，你们既然不去，我去吧。"

东渡之事，始于唐玄宗天宝二年（公元743年），前后六次，共十一年。其中一次，航船失事，漂流至海南。第五次失败的时候，因盐性海风吹损，鉴真双目失明。登岸扶桑，鉴真已六十六岁高龄。而此时的日本佛学界，纲纪已然得到整饬，早就没有必待鉴真化解的燃眉之急了。

当初的四名"留学僧"，仅一人随鉴真归国。另外三位，命运各异：其一，娶唐女为妻，终老于扬州市井；其二，放弃一切官方身份，浪迹天涯，走在乞丐、病人、烦恼人之中，从城镇到村落，讲道说法；其三，几次随鉴真东渡失败，病逝途中。小说里还有一位名唤"业行"的日本僧人。四名"留学僧"到达唐土时，业行已在洛阳的寺庙里抄了三十年经卷。日本没人记得他，大唐也没人知道他。三十年来，他不知道日本发生了什么，也不知道大唐发生了什么，他唯一的心愿，是把手抄的经书送回日本。为了经卷，他随时准备舍弃身命。他坚信："我抄写的经卷一踏上日本之地，会自己走起来，丢弃我走向各处。"后来，他和他的经卷一同葬身于汪洋。

井上靖先生这部书，在讲一个关于时间的故事。竟然有一群人，冒冒失失地花掉一生，仅仅用来做成一件事，或者没有做成一件事。他们并没有考虑时机，更不在乎被时代抛弃。对这样的人，我惊奇了很久。他们对时间的看法，一定和我们不一样。

点 评

这部小说所写的一群人的故事，不免让人讶异：这也能算作人生吗？你愿意这样过一辈子吗？但为何他们会让我们沉默不语？因为那是我们内心所认可的一种生命方式。

光阴的故事

张晓风

一锅米饭，放到第二天，水汽就会干了一些；放到第三天，味道恐怕就有问题；第四天，我们几乎可以发现，它已经变坏了；再放下去，眼看就要发霉了。

是什么使那锅米饭变馊变坏？——是时间。

可是，在浙江绍兴，年轻的父母生下女儿，他们就在地窖里，埋下一坛坛米酿的酒。十七八年以后，女儿长大了，这些酒就成为女儿婚礼上的佳酿。它有一个美丽而惹人遐思的名字，叫女儿红。

是什么使那些平凡的米，变成芬芳甘醇的酒？——也是时间。

时间到底是善良的，还是邪恶的魔术师呢？都不是，时间只是一种简单的乘法，使原来的数值倍增而已。开始变坏的米饭，每一天都不断变得更腐臭；而开始变醇的美酒，每一分钟，都在继续增加它的芬芳。

在人世间，我们也曾经看到天真的少年一旦开始堕落，便不免愈陷愈深，终于变得满面风尘，面目可憎了。但相反的，时间却把温和的笑痕，体谅的眼神，成熟的风采，智慧的神韵添加在那些追寻善良的人身上。

同样是煮熟的米，馊饭与美酒的差别在哪里呢？就在那一点点酒曲上。

同样的父母所生的，谁堕落如禽兽，而谁又能提升为完美的人呢？是内心深处，紧紧怀抱不放的，求真求善求美的渴望。

时间将怎样对待你我呢？这就要看我们自己是以什么态度来期许我们自己了。

点评

精妙小品，耐人寻味。事实上，灵魂只是一个杯子，如果接纳天上的圣水，就会变得圣洁；如果承载地狱的毒酒，就会变得邪恶。在有限的光阴里如何塑造自己，也在于自己的选择。

一心一境
林清玄

小时候，我时常寄住在外祖母家，有许多表兄弟姐妹，每次相约饭后要一起去玩，吃饭时就不能安心，总是胡乱地扒到嘴里咽下，心里尽想着玩乐。

这时，外祖母就会用她的拐杖敲我们的头说："你们吃那么快，要去赴死吗？"

这句话令我一时呆住了，然后她就会慢条斯理地说："吃那么快，怎么会知道一碗饭的滋味呀！"当时深记着外祖母的话，从此，吃饭便十分专心，总是好好吃了饭再出去玩。

从前不觉得这两句话有什么了不起的地方，长大以后，年岁日长愈感觉这两句寻常的话有至理在焉，这不正是禅宗祖师所说的"吃饭时吃饭，睡觉时睡觉"那种活在当下的精神吗？

"活在当下"看来是寻常言语，实际上是一种极为勇迈的精神，是把"过去"与"未来"做一截断，使心思处在一心一境的状态。一个人如果能每时每刻都处于一心一境的状态，就没有什么困难能牵住他，也没有什么痛苦能动摇他了。

点评

林清玄的散文往往充满了禅意，令人怦然心动。题目是"一心一境"，实际在说"活在当下"：过去的回不来，未来的靠不住，只有当下的一心一境、一物一事才是真实的存在，因而要好好珍惜。

下 棋
梁实秋

有一种人我最不喜欢和他下棋，那便是太有涵养的人。杀死他一大块，或是抽了他一个车，他神色自若，不动火，不生气，好像是无关痛痒，使得你觉得索然寡味。君子无所争，下棋却是要争的。当你给对方一个严重威胁的时候，对方的头上青筋暴露，黄豆般的汗珠一颗颗地在额上陈列出来，或哭丧着脸作惨笑，或咕嘟着嘴作吃屎状，或抓耳挠腮，或大叫一声，或长吁短叹，或自怨自艾口中念念有词，或一串串地噎嗝打个不休，或红头涨脸如关公，种种现象，不一而足。这时节你"行有余力"，便可以点起一支烟，或啜一碗茶，静静地欣赏对方的苦闷的象征。我想猎人追逐一只野兔的时候，其愉快大概略相仿佛。因此我悟出一点道理，和人下棋的时候，如果有机会使对方受窘，当然无所不用其极；如果被对方所窘，便努力作出不介意状，因为既然不能积极地给对方以苦痛，只好消极地减少对方的乐趣。

自古博弈并称，全是属于赌的一类，而且只是比"饱食终日无所用心"略胜一筹而已。不过弈虽小术，亦可以观人。

相传有慢性人，见对方走当头炮，便左思右想，不知是跳左边的马好，还是跳右边的马好，想了半个钟头而迟迟不决，急得对方拱手认输。是有这样的慢性人，每一着都要考虑，并且是加慢地考虑，我常想这种人如加入龟兔竞赛，也必定可以获胜。也有性急的人，下棋如赛跑，噼噼啪啪，草草了事，这仍旧是饱食终日无所用心的一贯作风。下棋不能无争，争的范围有大有小：有斤斤计较而因小失大者，有不拘小节而眼观全局者，有短兵相接作生死斗者，有各自为战而旗鼓相当者，有赶尽杀绝而一步不让者，有好勇斗狠而同归于尽者，有一面下棋一面诮骂者，但最不幸的是争的范围超出了棋盘，而拳足相加。有下棋者，久而无声响，排闼视之，阒不见人，原来他们是在门后角里扭作一团，一个人骑在另一个人的身上，在他的口里挖车呢。被挖者不敢出声，出声则口张，口张则车被挖回，挖回则必悔棋，悔棋则不得胜，这种认真的态度憨得可爱。我曾见过二人手谈（即下围棋。——编者注），起先是坐着，神情潇洒，望之如神仙中人，俄而棋势吃紧，两人都站起来了，剑拔弩张，如斗鹌鹑，最后到了生死关头，两人跳到桌上去了！

笠翁《闲情偶寄》说弈棋不如观棋，因观者无得失心。观棋是有趣的事，如看斗牛、斗鸡、斗蟋蟀一般，但是观棋也有难过处，观棋不语是一种痛苦。喉间硬是痒得出奇，思一吐为快。看见一个人要入陷阱而不作声是几乎不可能的事，如果说得中肯，其中一个人要厌恨你，暗暗地骂一声"多嘴驴！"另一个人也不感激你，心想"难道我还不晓得这样走！"如果说得不中肯，两个人要一齐嗤之以鼻，"无见识奴！"如果根本不说，憋在心里，受病。所以有人挨了一个耳光之后，还要抚着热辣辣的嘴巴大呼"要抽车，要抽车！"

下棋只是为了消遣，其所以能使这样多人嗜此不疲者，是因为它颇合于人类好斗的本能，这是一种"斗智不斗力"的游戏。所以瓜棚豆架之下，与世无争的村夫野老不免一枰相对，消此永昼；闹市茶寮之中，常有有闲阶级人士下棋消遣，"不为无益之事，何以遣此有涯之生？"宦海里翻过船最后退隐东山的大人先生们，髀肉复生，而英雄无用武之地，也只好闲来对弈，了此残生，下棋全是"剩余精力"的发泄。人总是要斗的，总是要钩心斗角地和人争逐的。与其和人争权夺利，还不如在棋盘上多占几个官；与其招摇撞骗，还不如在棋盘上抽上一车。

宋人笔记曾载有一段故事："李泌仆射，性卞急，酷好弈棋，每下子安详，极于宽缓，往往躁怒作，家人辈则密以弈具陈于前，睹，便忻然改容，以取其子布弄，都忘其恚矣。"（《南部新书》）下棋，有没有这样陶冶性情之功，我不敢说，不过有人下起棋来确实是把性命都可置之度外。

我有两个朋友下棋，警报作，不动声色，俄而弹落，棋子被震得在盘上跳荡，屋瓦乱飞，其中一位棋瘾较小者变色而起，被对方一把拉住："你走！那就算是你输了。"此公深得棋中之趣。

> **点评**
>
> 梁实秋学贯中西，博古通今。其文字生动潇洒，诙谐幽默，让读者"在笑声中品味人生"。他用夸饰的笔法把棋中人的窘态写得惟妙惟肖，让人读来有身临其境之感。他的人生态度或许可用平和、洒脱来形容。

安静的角落

张 炜

说到安静，我们会觉得这种要求越来越奢侈，除了极少数人，对一般人来说简直是不可能获得的。去哪里都是人流如织，呼号之声震耳，根本没法安静下来。可是人如果一直处在这样的环境里，那会十分可怕，有再多的钱、再高的地位，都不会获得最起码的幸福，更谈不上做人的尊严。

我们现在面临着一个现实，就是进入了数字声像时代。一切都在改变，无论你接不接受，愿不愿意，这都是一个事实，一个客观存在，它的到来让人类猝不及防。有时候我们觉得无非就是多了一些娱乐和广告，无非就是网络输送一些讯息，但是也就在这种日夜不停地输送和堆积之中，巨大的危险把我们覆盖了。它巨大的毁坏力，比核武器来得更隐秘、更长远，后果也更严重。它也许暂时夺不走我们的生命，却会从根本上改变我们的生命，让我们在不知不觉中变成另一种人。它有可能把我们全部的幸福、美好的未来，在暗中窃取一空。

我们看一下现代生活如何提速：出门可以坐高铁和飞机，移动一下鼠标的分秒间接通整个世界。什么生活我们都不陌生，千奇百怪的故事我们都会知道，再加上每个城市出现的各种各样的地方小报、广播，所有人就在这样一个纵横交织的信息空间里活着。无论愿不愿听，愿不愿看，谁都无可回避，都要在这种剧烈旋转和沸腾的状态下存活。

这种加速度使人类失去了基本的、自然的平衡力，变得不知所措，昏头昏脑，没有了准确的方向感和判断力。现代人再也没法慢下来，无法获得宁静，所以也就没有了深入思索的可能，更没有了感悟力，这是非常可悲的，更是非常危急的。

快节奏的生活给我们提供的方便只是一种表面的小利益，更大更致命的剥夺却被我们忽略了。我要问一句：我们获得了更多的幸福吗？因为提速我们节省的时间好像很多，但是省下来的时间又做了什么？没有用来寻找个人的生活、理想的生活，而只是一味模仿机器和技术，想着提速、再提速。我们总是嫌网络慢，因为我们的心已经飞起来，比网络要快得多。人类在各种技术的教唆和引导下，已经慢不下来了。

最后要问的就是：我们能不能在快速旋转的生活中找到一个安静的角落？如果这样的角落真的存在，那么它会属于我们吗？不一定。因为一颗心已经改变了性质，它现在已经慢不下来了。看来我们首先要做的一件大事，就是先改变自己的心，让它稍稍安静一点。我们要更多地到大自然中，接受它的培育。我们如果总是看到挺立的树木、潺潺流动的河水，时间长了，就会变得和它们一样安静和坚定。不要忘了，人类是山川大地的儿女，我们要和诞生自身生命的那个环境相亲相爱，和谐一致起来，这才是人类的根本利益。

安静也是积蓄能量的一个过程。我们许多人到了关键时刻就没有了力量，其中的一个原因就是缺乏一种能量的积蓄。特别是思想的能量，它更是需要安静下来才能获得。任何高深的思想、能够影响世界和历史的思想体系，都是由个体产生的。人多了只会吵成一团，产生不了深刻的思想，因为这时候没有了独处与安静，生命中的大能量无法在心里缓缓聚集。许多人愿意到大城市里去，到人多的地方去，享受所谓的人气。但是他们忘记了，人多的场所也是语言和思想最为平均化的地方。一个人只有退回自己的空间里去，在沉默中，才能够好好地思索，好好地享受属于自己的一段时间。时间这个东西会在匆忙中悄悄流逝。速度越快，节奏越快，时间溜走得也就越快。现代生活的速度实在太快了，我们哪里还有心情去琢磨时间、享受时间，与时间耳鬓厮磨。

时间具有客观性，但不仅仅如此，它还会在感觉当中存在。我们回忆一下就知道，小时候的"一年"是非常缓慢的，可是到了四五十岁以后，"一年"好像缩短了十分之一。因为我们的生命退化了，它已经陈旧，视野里再无新鲜事，外部世界很难留下鲜明的印象，所以一切都飞快地被我们排除到记忆之外，不再咀嚼和享受它了。

我们不停地追逐物质，目标是那些发达国家。如果那里才是我们的未来，那么这个"未来"有可能太漫长了——因为我们可以看到，那里的大部分地区，无论是城镇还是乡村，并不像我们这样闹腾，那里大致还是非常静谧的。可能那里的人和我们不一样，比如他们不那么浮躁和急切，做事情之前，尽可能把一切想好了再做。我们的一些城市是怎样的？今天这条路剖开了，明天那个楼拆掉了，后天又一个区要改造；这个村庄刚刚扒掉，那个新区又在崛起……在一些时髦人士眼里，这恰恰是社会发展和进步的体现。可恰好就是这种"生气"，让我们再也找不到一个休养生息的地方，到处都在吵闹，都是灰头土脸，四下都在建，都在挖，都在拆。

为什么我们不停地拆和建，却很少弄出一座像样的城市？就因为每一次都是对上一次的否定，不停地否定自己，又不停地犯下新的错误。显而易见，我们每一次都没有考虑好，总是匆忙急速地去做。

我们身边总是有一股呼啸而过的巨大噪音，这样下去，会是怎样一种生存？比如我们将没法阅读，因为既没有了安静也没有了时间。看文学作品不能像看电脑一样快速浏览，因为它是语言艺术，需要进入它的语境，随着它的标点符号、语汇调度来享受创作的愉悦，还原它的思想、它在产生那一刻最具有巅峰意义的犀利状态。轰鸣和快速的现代生活中，我们已经失去了正常阅读的条件。人们不再可能理解高雅的艺术和绝妙的艺术，最好的东西被这个时代所冷落，价值标准荡然无存。

这需要我们痛下决心，在飞速旋转的当代生活中争夺一块属于我们个人的空间。这对每个人来说都是一个重要的命题。我们或许会发现，在这个时代里似乎存在着一种生存谋略：那些制造和催促我们飞快旋转的巨大力量，与这个时代却是另一种关系。或者说，那些有巨大资本或权力的人，可以将每个人都安在一个飞速旋转的轮子上，让其日夜不停地飞转，而他们自己躲在世界最安静的某个角落里，好好享受缓慢与安静。与其说这是一种骗局或阴谋，倒不如说是一种天性，一种不自觉的、潜意识里形成的对自身、对生命的保护。这就形成了双重的生活哲学和生存格局。

那就让我们自己动手挽救自己，打破这种格局吧。无论是贫穷还是富有，我们一定要尽可能抓住人生唯一的一次机会，去获得安静的权利。我们也要拥有自己的一杯茶、一本书——我们改变不了别人，却要管住自己。也许面对纷纭复杂的现代世界，对付它的办法以及全部的奥秘，就存在于这两个字之中：安静。

点评

在飞速发展、喧闹浮躁的现代社会，我们需要退回自己的空间，夺回安静的权利，品味享受慢生活。通往阿尔卑斯山的山路上有一条标语："慢慢走，欣赏啊！"我们也需要说出："别急着去生，也别急着去死。"要自问一下："你为何而生？你幸福了吗？"

小物养清趣

物道君

或许每个文人都有一件自己喜爱的宝贝，它是陈列在书斋中的奇石、扇坠、古砚、盆景、花木等"小摆设"，虽体小形微，却有着大趣味。此物有一雅名：清玩。细细把玩，可养清雅之性。纵不把玩，闲暇赏之，也能让枯索的生活明亮起来。

明人文震亨在《长物志》中记载清玩之物"于世为闲事，于身为长物"。陆游是"蒲痴"，常常到山间捡白石头、接泉水回来养菖蒲。即使在外面喝醉了，很晚才回家，也不忘把菖蒲拿到室外通风，所以他的菖蒲长得节叶坚瘦。他甚至用菖蒲上的露珠来洗眼睛，以明目静心。不仅如此，他更是作诗表达对菖蒲的喜爱："寒泉自换菖蒲水，活火闲煎橄榄茶。自是闲人足闲趣，本无心学野僧家。"

以物养性，不为物役，是清玩之性，也是为人之本。

陶渊明爱菊，在自己的田舍四周种满了山菊，每至重阳，便坐在菊丛中，静静欣赏寒霜中傲然挺立的秋菊。他认为不是他看菊赏菊，而是菊在陪伴他。理想幻灭，满怀遗憾和无奈，在他独自叹息时，有爱菊一直陪伴左右。菊虽不能言语，但那份静静的陪伴足以抚慰内心的苦闷。

文人清玩，始于遇见，长于陪伴。陪伴是最舒心的安慰，它不仅让人感到温暖，也让人有底气、有勇气面对失意的人生。

点评

清玩有益。本文借"小物"来阐述"以物养性，不为物役"的清玩之性，也借此申明为人之本。

二手时间

蒋 曼

朋友阿朱热爱旅行，近几年却似乎少了兴致。事前攻略准备得越充分，游玩就越顺畅。然而，到了旅行地，阿朱突然发现失去了最重要的体验——新鲜感。

不仅是旅行，信息时代，模仿成为新的生活状态。人也好，物也好，前面都有一面鲜红的旗帜，逗引着人们热切地追随。短视频层出不穷，网络上各种体验笔记，稍微有点创意的，大家马上就跟风。我们度过的时间都是别人的"二手时间"。

流行田园美学时，一到风和日丽的周末，朋友圈全是格子布、竹编提篮、莫兰迪色的气球，渲染出相同风格的郊外野餐。新开发的古镇都标配统一的牛轧糖、手工酸奶、东北大板、煎饼果子、糖葫芦、银器、背景音乐，南北千里时尚的潮汐一线牵。

张爱玲曾经感慨，生活在都市文化中的人，总是先看见海的图画，后看见海；先读到爱情小说，后知道爱。我们对于生活的体验往往是第二轮的。

信息时代，我们更容易把追随当成特立独行，在模仿中人云亦云。看电影之前先去查看网络评分；外出吃饭，先打开点评 App；旅行更不用说，要么跟着微信朋友圈的九宫格一拥而上，要么下载一份详细的攻略按图索骥。年轻父母痴迷育儿专家的科学理念，老年人跟着各种偏方去养生。海拔 8848 米的珠峰人潮汹涌，大家都在拥堵中获得征服的虚荣心和成就感。中产阶级的"广场舞"是跑过不同城市的马拉松，不用牙齿咬住奖牌，就觉得不是积极上进的人生。

微博和朋友圈成为人们卖力摇旗的舞台，名牌、潮流、热点是这条路上醒目的路牌。阿列克谢耶维奇说："今天的所有想法和所有语言全都来自别人，仿佛是昨天被人穿过的衣服。"潮流借助科技的力量，正在呼啸而来，它席卷过普通人的生命，把他们变成空无的海滩。我们以为的新鲜与奇特，不过是别人走过的风景，流利畅达中失去的恰是自己的探索和发现。这是信息时代流水线上的灌装生活，一笑一颦，都有着标准尺度。短视频的火爆使得人们的某些行为呈病毒式扩散，不论是话语、食物，还是行为、姿势。

有一年正月初一，路过云南楚雄。到饭馆吃饭，发现地板上全铺着松枝，散发出浓郁的树木香气，像走进森林。当地人的过年风俗与许多地方不一样：逢年过节，屋子里要铺新鲜松枝。一屋子的松枝香气，这是属于楚雄的翠绿、清香的新年，它不是火红色的新年。

幽居瓦尔登湖畔的梭罗在自然的山林、湖泊中获得宁静的喜悦，但他并不认为那段生活是值得效仿的。他恰好希望这世界上有尽可能多的与众不同的人，非常清醒地去追求自己的生活方式，而不是模仿他的父母或者邻居。

做你想做的事，走你想走的路。千人一面，灵魂该是何等无聊和疲倦。

点评

物品有"二手"，竟然时间也有"二手"。作者列举大量事例来证明观点，告诉读者要清醒地追求自己的生活方式，而不是模仿。文章一句一例，将追随模仿的种种现象详细罗列，便有一种气势，增强了说服力。这种举例子的方式叫点例，即连续运用三五个事例来表述事实。

另一种时间

［美国］星野道夫

曹逸冰 译

一天夜里，我与朋友有过这样一段对话。当时，我们正在阿拉斯加的冰川上野营，抬头便是满天星斗。

"如果在东京也能看到这么多星星就太好了……工作到深夜，带着一身疲惫下班时，随便抬头一看，宇宙仿佛就在触手可及的地方。能在每天快结束的时候看到那样的光景，是个人都会浮想联翩吧。"

"假设你看到这样的星空，或是美得让人热泪盈眶的夕阳，你会用什么样的方法把风景之美与当时的心情传达给心爱的人呢？"

"可以拍照啊，如果擅长画画，还能画在画布上给他看……不，还是直接告诉对方比较好。"

"我会把自己的变化告诉他。被夕阳之美感动，一个人会因为心绪的改变而渐渐改变，所以把自己的心情传达给对方是最好的方法。"

大自然会在人一生中每一个时期发出不同的讯息。无论是刚出生的婴孩，还是即将离去的老者，大自然会向他们诉说各不相同的故事。

小时候有一天，我在家附近的空地看完连环画后一路狂奔回家，生怕赶不上晚饭。那个绝美的黄昏，我至今无法忘怀。那时我如何看待时间，又如何看待周围的世界呢？也许我虽然年幼，却也在一天即将结束的悲伤中朦朦胧胧地意识到，我是不可能永远活下去的。那是孩子所特有的、出于本能的、初次和世界打交道的方式吗？现在回想起来，我也经历过好几件让我以不同的角度感知世界的事情。每一段体验，好像都成了我来阿拉斯加之前的人生分歧点。

第一段体验，来自我上小学时碰巧在家附近的电影院看到的一部电影，名叫《蒂科和鲨鱼》。故事发生在南太平洋的塔希堤岛，当地因旅游开发迎来剧变。与鲨鱼为友的当地少年蒂科和来自欧洲的少女游客发展出一段青涩的恋情。这部电影为什么能吸引儿时的我呢？关键在于背景中那一望无际、无比蔚蓝的南太平洋。直到现在，我还记得女主角名叫"狄安娜"，可见它对我产生了多大的影响。

不久后，我便对北海道产生了强烈的向往。对当时的我来说，北海道是一片特别遥远的土地。我看了各种各样的书，然后在这个过程中对棕熊产生了无可救药的兴趣。当我在大都会东京的车厢里摇摇晃晃时，当我置身于你推我搡的嘈杂人群时，我会忽然想起北海道的棕熊。就在我生活的同一时刻，棕熊也生活着，呼吸着……此时此刻，有一头棕熊在某处的山林中跨越倒地的大树，强有力地前进着……我觉得这件事特别不可思议。仔细想想，这其实是理所当然的事情，但是在十多岁的少年眼里，这点小事都是触动心弦的。我心想，自然可真有趣，世界可真有意思啊。那时我还无法把这些念头转化成语言，但那应该就是"万物平等共享同一条时间轴"的神奇吧。在那一刻，世界不再是干巴巴的知识。我虽然还小，却在感官层面第一次真正把握住了世界。

几年前，有一位朋友发表了一段异曲同工的感言。她是个编辑，在东京过着十分忙碌的生活，好不容易才挤出一个星期的时间，跟着我一起出海拍摄鲸鱼。对前一天还在东京忙到深夜的她而言，阿拉斯加东南部的夏天与海景，就是赫然出现在她眼前的异世界。

一天傍晚，我们遇见一小群座头鲸。我们坐着小船，慢慢跟在一边喷水一边前行的座头鲸身后。距离那么近，我们甚至能感觉到鲸呼出的气息。这是多么震撼人心的情景啊——四周尽是冰川与茂密的原始森林，在悠久的时光大潮中，所有的自然元素和谐共存，生生不息。朋友靠着船舷，沐浴着徐徐微风，凝望着奋力前行的鲸群。

就在这时，一头鲸跳出海面，巨大的身躯飞上半空，静止片刻，又沿原路落下，把海面生生劈开。那画面如此震撼，仿佛电影中的慢镜头。

不一会儿，大海重归平静，鲸继续强有力地游动，仿佛什么都没有发生过。这种行为被称为"鲸跃"，我见过好几次，却从没有这么近距离地观察过。人类总想解释动物的每种行为，但到头来我们还是无法理解鲸到底想通过这种行为表达什么。它也许只是想感受一下海面的风，也许只是想随便跳起来试试看罢了。

眼前的光景让我的朋友一句话也说不出来。想必打动她的并不是取景框中的巨大鲸鱼，而是大海的广阔，以及生活在此的鲸鱼的渺小吧。

很久以后，她对我说了这样一番话："虽然东京的工作很忙，但我很庆幸自己去了这一趟。你问我为什么庆幸？因为这次旅行告诉我，当我在东京忙得团团转的时候，也许在同一时间有鲸鱼冲出阿拉斯加的海面……回东京后，我思考了很久，不知道该怎样表达此行的收获。我想来想去，仍然觉得根本说不清楚。"

我们一天天地活着，而就在同一时刻，另一种时间也的的确确在缓慢地流动。能不能在日常生活中用心的一角惦记着这一点，必定会给人带来天壤之别的感悟。

点评

心理学认为，行走在钟表上的"时钟时间"与人主观体验到的"心理时间"是两个完全不同的概念。东京忙碌的工作，让人感到时光飞逝，个体无法掌控时间；在阿拉斯加的海面，看到鲸鱼的游动，则对时间有了另一种体认与思考。文章提醒我们：若能在日常生活中用心惦记着工作时间之外的"生活时间"，必定会给人带来不一样的感受。

联系前篇文章的"二手时间"，这两种对时间的思考方式，都有助于提升我们的思考深度。

相　遇

张定浩

米兰·昆德拉有一本书叫《相遇》，这个名字很好，但他没写好，或者说，他只能写成这样。他讲的相遇，是电光、石火和偶然，好似两颗各自运转的行星在第三轨道的碰撞，在充盈着陌生感的新鲜天宇下，随之迸发出的生命热情和个体自由，构成了昆德拉坚持的现代美学。

这种相遇，我想对于写作的人会是很好的激发，有幸感受时也应该珍惜，但真正能够打动我的，每每是另一种相遇。

孔子有一次驾车出游，在路上遇到齐国的程本子，倾盖而语终日。要分手的时候，孔子想送点东西给程本子作为留念，便让随行的子路取一些束帛。子路有些不高兴，倒不是小气，只因为他觉得大家都是有身份的人，相互见面，应该像女子出嫁一样，有人居中介绍，哪能在大马路上逮着了就聊个不停，临了还直接送人东西。孔子回答他道："夫《诗》不云乎！'野有蔓草，零露漙兮。有美一人，清扬婉兮。邂逅相遇，适我愿兮。'且夫齐程本子，天下贤士也。吾于是而不赠，终身不之见也。"

邂逅相遇，令人意外的是在此时此地遇见对方，自己想想也没做过什么努力；适我愿兮，是见到了心里一直描画和期待的人，不用去刻意调整自己。总之，不用耕耘，就有收获，这是多么高的境界。他们原本就"两相思，两不知"，现在见到了，自然要"邂逅两相亲"。汉代邹阳《狱中上梁王书》引"倾盖如故"的古谚，六朝谢灵运又有"相逢既若旧"的句子，再到张爱玲"你也在这里吗"的低语，几千年了，说的都是同样的意思，也还没有说够。

至于见到以后呢，除了送一点束帛，也没有想过要怎么样。而他们在相遇的那一刻，甚至都不知道怎么办才好，只能不停地讲话，还好那时候路上没有交警。

点评

这是一种美好的相遇。我想到学者傅国涌《美的相遇》一书中《教育就是与美相遇》和《人生最美是相遇》两篇文章。傅先生认为，教育就是与美相遇。生命与生命的相遇是美的，学生与老师、学生与学生、学生与自我的相遇都是美的，每个人通过阅读与古今中外的生命相遇也是美的。所有的相遇都是为了拓展一个更宽阔的世界，让你的世界变得更大。

闲

刘世河

闲，大体可分为两种。一是清闲，无事可做抑或不愿做事，皆属此列。另一种是偷闲，如闲情逸致。这两种"闲"最大的区别是，前者"闲"乃常态，亦称常闲，而后者"忙"才是常态，正因为忙，才偷，所谓忙里偷闲是也。

《吕氏春秋》中说，判断一个人是否值得深交，其中之一便是"止则观其所好"——闲暇时，通过一个人业余时间的爱好，就能看出这个人的品行；看一个人喜欢把精力投入什么方面，就能窥见其心之所向和人生格局。

大千世界，万种奇观，芸芸众生用来打发业余时间的方法自是五花八门。有人爱喝茶闲聊，有人爱醉酒度日，有人爱上网神游，有人则蒙头酣睡。也有人爱读书学习、探索新知，抑或陪家人旅游看景、增长见识，更有人借此机会苦练业务技能，或者发展业余爱好，从而让自己不断成长，丰盈人生。如何打发时间，往往与人生的规划和目标有关。

"闲"还有身闲与心闲之分。整日身闲的人貌似轻闲，实则最累；而心闲的人，身体虽鲜有得闲，却十分惬意。漫画家方成先生八十九岁高龄时，身体依然十分硬朗。一位澳大利亚漫画家向他讨教养生之道，方老只说了一个字——忙。后来，他又为自己画了一幅自画像，题字就是："生活一向很平常，骑车画画写文章。养生就靠一个字——忙。"

这个"忙"就是一种最好的心闲状态，也是忙与闲的最美融合。

点评

虽然标题中没有"时间"二字，但写的还是"主观时间"。作者的切入点是一个"闲"字，通过对"闲"的划分、界定、分析，得出了新颖的观点。

时间的证词

龙建雄

早些天，有朋友在闲暇之时，把自己坚持写了 12 年的电子日记在电脑上汇集成册。本是 4300 多天的日常琐事，每天也就三言两语，不承想竟有 50 万字之多。面对海量的文字、庞大的数据库，朋友来了兴致，他好奇地搜索关键词，一段又一段地回顾经历。

在众多关键词中，我对极具生活气息的几组数据很感兴趣。

从日常生活来看，朋友提"休息"2057 次，"散步"683 次，"上网"473 次。带"酒"字的有 1167 次之多，有意思的是，记录喝酒 47 次，醉酒却有 70 次，说明谁对"醉"都记忆深刻。记录儿子 2579 次，老婆 753 次——孩子才是每个家庭真正的"中心"。

从工作统计看，"参加会议"2866 次，"加班"798 次，"写材料"466 次，"交班"360 次，"考核"99 次。

从心态记录来看，"高兴"79 次，"累"41 次，"喜"36 次，"遗憾"27 次，"哭"15 次。我很好奇他为何而哭，他解释说，记录儿子哭 12 次，自己哭仅仅 3 次。

时间承载着真实感。把人的一生比作电脑程序，在人世间运行数十年之后，你所留下的记忆既是数据，也是回不去的光阴。通过朋友详细的分析，我仿佛找到自己当年的影子，但时间给予我的真实感没有他的那般实在和震撼，用文字记录下来的时间才有生命力。

时间确实是世界上最公平公正的计量单位，它至今不曾欺骗过谁。

点评

文章以"关键词"为写作对象，从"关键词"的频率变化，感受时光给人带来的酸甜苦辣和喜怒哀乐。这不失为一种好的写作方法，也打开了我们的写作思路。那就写起来吧！

坐下来聆听

［西班牙］阿兰·珀西

叶淑吟 译

卡夫卡说要得到智慧，唯一该做的事情就是，"聆听、沉着、安静，以及独处。世界会摘掉面具，放下挑剔，以赤裸裸的面貌，在你的脚下欢欣地展开"。

帕斯卡也提出了相似的见解。他认为，人类所有的不幸均来自一件事，那就是不知道自己是孤零零一个人，平静地待在一间锁起来的房间里。

这位法国物理学家、哲学家以及作家指出，人类现实的样貌跟希望的样貌之间存在一个巨大的反差。他们渴望快乐，却碰上单调乏味；渴望真正的正义，却陷入相反的状况；

渴望永恒，却碰上短暂。人类处在分裂的状态，人的一生是一出不断上演的悲剧。

"人类怀念失去的快乐。"帕斯卡说，"人类的灵魂是一个唯有无限才能填满的无尽深渊。"

卡夫卡知道，忙于工作和处理问题的一天过后，只需要安静和独处，就能接触到那个无限。

点 评

本文是一篇令人清醒的箴言。看到第一段时，能想到叶廷芳翻译过的类似句子："你没有走出屋子的必要。你就坐在你的桌旁倾听吧。甚至倾听也不必，仅仅等待着就行了。甚至等待也不必，保持完全的安静和孤独好了。这世界将会在你面前自愿现出原形，不会是别的，它将如醉如痴地在你面前飘动。"

人生教我的四十五个功课

［美国］雷吉娜·布雷特

为了庆祝变得更老（下个月我这把老骨头就九十岁了），我写下人生教我的四十五个功课。这是我写过的最叫座的专栏。

1. 人生是不公平的，但还是好得很。

2. 怀疑的时候，为未来踏出一小步。

3. 人生太短，短到来不及浪费时间去恨任何一个人。

4. 生病的时候，你的工作不会照顾你，你的朋友和父母才会和你保持联络。

5. 每个月付清你的信用卡账单。

6. 你不需要每一次都吵赢，同意你原本不同意的。

7. 找人一起哭，这要比独自啜泣更能治疗伤痛。

8. 对上帝生气没有关系，他受得了。

9. 从你的第一张薪水条开始为退休存款。

10. 对巧克力的抗拒是徒劳无功的。

11. 和你的过去和解，这样它才不会搞砸你的当下。

12. 让你的孩子看到你哭没有关系。

13. 别拿自己的人生和他人的做比较，你根本不清楚他们的人生是怎么一回事。

14. 如果一段亲密关系要偷偷摸摸，你根本就不应该进入。

15. 一眨眼的工夫什么都会变。但是别担心，上帝从来不眨眼。

16. 深吸一口气，它会让你的大脑安定。

17. 把没用、不美或不令你喜悦的东西都丢掉。

18. 没让你死的，真的会让你更坚强。

19.重拾快乐童年永不嫌晚，但这只能靠你自己而不是别人。

20.当追求你生命的所爱时，不要把"不"当答案。

21.点上蜡烛，用最好的床单，穿上华丽的内衣。不要在特殊场合才用，今天就是特别的一天。

22.准备要周全，然后随遇而安。

23.现在就离经叛道，不要一把年纪了才开始穿紫色。

24.最重要的性器官是脑袋。

25.除了你，没有人能主宰你的快乐。

26.把所谓的不幸用这一句话装裱起来："五年后，这还重要吗？"

27.永远选择生活。

28.原谅每一个人及每一件事。

29.别人怎么看你不关你的事。

30.时间几乎会抹平每一件事，给自己一点儿时间。

31.无论情况多好或多坏，它都会变的。

32.不要那么认真地看待自己，没有人会这样看待你。

33.相信奇迹。

34.上帝爱你是因为他就是这样，不是因为你做了什么或是没做什么。

35.不要等待，现在就呈现自己，并做最大的发挥。

36.变老后打败另一个选项——死得早。

37.你的孩子只有一个童年。

38.最后真正最重要的是你爱过。

39.每一天都出门，奇迹在四处等着你。

40.如果我们把自己的问题都丢在一边，然后看看其他人的，我们会把自己的再捡回来。

41.忌妒让你浪费时间。你已经拥有你所需要的了。

42.最好的都还没来。

43.不管你感觉如何，起来，穿好并展现自己。

44.让。

45.人生不会打上蝴蝶结，但它仍然是一份礼物。对于生命，你永远有选择更好版本的机会与能力！

点　评

　　本文是一位九十岁老人人生经验的总结，你需要反复阅读，仔细思考，如果能记住它们，并用它们来指导人生，一定会少走很多弯路。

　　对于写作来说，语言只是思想的外壳，重要的是认知水平，这和经历、体验、情感、理性、良知以及"三观"都有关系。

乔布斯说

［美国］史蒂夫·乔布斯

有关设计

根据受众的需要去设计产品其实是非常难的。因为在很多情况下，人们并不知道自己想要的是什么，所以需要你去展示给他们看。

有关选择

你想用余下的生命去卖糖水，还是想有一个机会去改变世界？（乔布斯说服 John Sculley 担任苹果 CEO 时说的话）

有关品格

我是我所知道的唯一一个一年损失了 2.5 亿美元的人，但这对塑造品格很有帮助。

有关好的设计

简单，可以比实现复杂的东西更难。你必须花很多力气让你的思维变得简单、有条理，最终它的价值非常大，因为你一旦达到那一步，就可以撼动山脉了。

有关愿景

做墓地里最富有的那个人对我来说毫无意义，对我真正有意义的是，晚上睡觉前可以说自己做了一些精彩的事。

有关在苹果公司所扮演的角色

这里有很多非常有才华的人，这些人很多年来一直在听着外界贬低他们，他们中的一些人差点就要相信自己是失败者了，但他们不是。他们所缺乏的是好的指导、好的规划、好的高层管理团队，但他们现在有了。

总是会回来的

我会永远和苹果联系在一起的。我希望在我的整个生命中，将我生活的那条线和苹果的那条线编织在一起，交互缠绕。也许有些年我不在这里，但我总是会回来的。

对未来充满信心

你不可能在向前展望的时候将这些片断串联起来，你只能在回顾的时候将这点点滴滴串联起来。所以你必须相信这些片断会在未来的某一天被串联起来，你必须相信某些东西：你的勇气、目的、生命、因缘。这个过程从来没有令我失望过，只是让我的生命更加与众不同而已。

有关职业生涯

工作将会占据你生活的很大一部分，因此你只有相信自己所做的是伟大的工作，才能怡然自得。如果你现在还没有找到这样的工作，那么继续找，全心全意地去找，不要停下来！当你找到的时候，你会知道的。就像任何真诚的关系，随着岁月的流逝，会变得越来越紧密。所以继续找，直到你找到它，不要停下来！

有关死亡的重要性

没有人愿意死，即使人们想上天堂，人们也不会为了去那里而死。但是死亡是我们共同的终点，从来没有人能够逃脱它——也应该如此。因为死亡是生命中最好的一个发明，它将旧的清除，以便给新的让路。你们现在是新的，但是不久以后，你们将逐渐变成旧的，然后被清除。很抱歉，这很具有戏剧性，但是这十分真实。

不要安静地坐着

我想如果你做了一些事，并且有了一些好的结果，那你应该去做另外一些好的事，不要停留在那里太久。应该去想想下一步是什么。

点　评

乔布斯虽然在这个世界上只活了五十六年，但他是美国最伟大的创新领袖之一，也是改变世界的天才，他懂得如何创造出令人惊叹的伟大产品。作为计算机业界与娱乐业界的标志性人物，他和他的团队发明的一系列电子产品深刻地改变了现代通讯、娱乐乃至生活的方式。他不仅是技术发明的伟人，也是洞悉人性的哲人。我们不妨记住这句话："做墓地里最富有的那个人对我来说毫无意义，对我真正有意义的是，晚上睡觉前可以说自己做了一些精彩的事。"

文章使用小标题贯穿全文，层次结构极其清晰。

七大恶

［美国］斯蒂芬·柯维

罗　慧译

甘地说过，在西方社会中，有七件与政治、社会生活关系密切的事情会毁灭人类，称为"七大恶"。

不劳而获

指的是无需付出劳动就可获得资产。今天，许多行业即是不劳而获，如炒股票、不动产等，赚钱不需付税，享受公民权利和福利，却不用承担风险和义务。

社会上有许多行业，让许多人无需工作就能迅速致富。他们使用各种理由为自己辩护，但归根到底总是"贪婪"二字。"不要辛勤工作即可致富，刚开始或许要忙上一会儿，但不久财源就滚滚而来"，这些社会伦理规范，使人们的判断受到严重的扭曲。

不顾良知追求乐趣

不成熟、贪婪、自私、追求感官享受的人，最常问的问题是："这对我有什么好处？会让我高兴吗？会让我轻松吗？"近来，许多人都追求这类乐趣，却不谈良知与责任感，甚至以此为名，完全不顾家庭。独立并非成熟，只不过是通往互相扶持、进步与成熟的状态的中途站而已。学会施与、不自私、敏感、体谅，才是挑战。

追求乐趣而愧对良知的最后代价，在于损失时间、金钱和名誉，而且也让他人心灵受到伤害。背离自然法则却缺乏自知之明，是很危险的。良知是真理与原则的储藏所，也是自然法则的内在监视器。

空有学识，却没有人格

比缺乏学识更危险的是，拥有丰富学识，却缺少强有力、有原则的人格。人们只注重知识上的发展，而内在人格上却缺少相应的进步。在学校教育上，我们确实不经意地忽视了青少年的人格培养。

缺少道德的生意

史密斯《道德情感》一书，揭示了道德基础对体制成功的重要性，及彼此如何对待、互惠、服务和贡献的精神等。忽略了道德基础，经济体系势必将会制造一个没有伦理观念的社会，所以经济与政治体系应建立在道德基础之上。

史密斯认为，每笔交易都是向道德挑战，双方应公正处理。商业上的公正与互惠，正是资本主义自由企业体系的基石。

讲究科学，却缺乏人性

科技是来自科学的典范，但是如果我们不了解发展科技的更高层的人性目的，我们将受制于科技。我们常看见受过高等教育的人，攀登科技的成功阶梯，却错过称为"人性"的那一阶，最后发现梯子靠错了墙头。

有宗教信仰，却没有奉献精神

不愿奉献的人，可能在教会内活跃，但执行教义不积极。唯有奉献，牺牲我们的骄傲与偏见等，才能顾及到他人的需要。

从政却没有原则

没有原则，就没有方向，你将无所依靠。而注重人性道德可迅速给人好印象，在社会和经济市场上得到极好的口碑。许多政治人物花费大量金钱塑造形象，以争取选票，挣得一官半职，但后果是他一旦获选，将使得政治体制脱离支配它的自然法则，很快就被大众发觉。

戒除七大习性就要懂得如何与他人相处：如何服务他人，如何为他人牺牲、奉献。第四、五、六习性是不懂得双赢的相互扶持，不懂得认同他人情感和同心协力。我相信戒除这些习性需要有温柔的心和自省的精神，这对某些人而言，即是奉献的极致。

> **点 评**
>
> 　　天主教有七宗罪，罪行分别为傲慢、嫉妒、暴怒、懒惰、贪婪、暴食和色欲。本文写了七种恶，作者指出，戒除七大恶"就要懂得如何与他人相处：如何服务他人，如何为他人牺牲、奉献"。全文采用"总—分—总"的结构，完整、清晰、重点突出。

一语惊心

邓　皓

老家有一小小寺庙，曰洪山禅寺。那是一幽静的去处。我不信佛，但我爱煞了去寺庙里读书散步、洁净内心。

有一段日子，我情绪低迷，在家小憩。忽一日，我想到了去寺庙走走，借此涤荡内心的郁闷。

到了寺院，但见寺庙里香客不断，檀香馥郁。再看香客们的脸，一张张写满坦然、安详、幸福，我有些嫉妒，又有些疑惑：莫非佛门真乃净地，果真能拂拭了众人的心灵？

信步流连中，但见一在枯树下潜心打坐的佛门老者，那入迷之态止住了我的脚步。走近细看，老者那面露慈祥却心纳天下的表情强烈地震撼了我，原来一个人能心态安详地活着是多么美好！

我悄然坐在了老者身边，惴惴向老者求得开悟。我向老者谈了我心中的苦痛，然后说："为什么现代人之间居心叵测，纷争不停？"

老者拈须而笑，没作详解，却铿锵而悠长地说，我送你一句佛语吧。老者一字一顿说的是："爱出者爱返，福往者福来！"

一语惊心！

醍醐灌顶。天蓝草碧，云白风清。

爱出者爱返，福往者福来！且看芸芸众生，许多的失意和烦扰不都是在苛求得到时萌生的吗？你去做那个施人以爱、赐人以福的人，你精神愉悦舒张了，而最终爱心和福祉又会回到你的身边，何乐而不为？

我不信佛，但我爱极了这句佛语。

点评

"爱出者爱返，福往者福来！"这句话出自贾谊的《新书》，意思是：善于奉献爱和布施福德的人，往往会得到别人的爱和恩惠。这句话体现了因果报应的思想，说明帮助别人也是帮助自己。佛家讲慈悲，基督讲慈爱。因为爱是生命的缘起，也是世间的光。事实上，献出爱的人并不一定渴求爱的回馈，但播下了爱的种子，这颗种子迟早会发芽。

文章分十个小段，层次结构清晰。使用独词段、独句段，可以有效地表达情感和突出重点。

脱口而出

杏林子

"猿猴由于太像人了而显丑恶，迷信由于类似宗教也使其更丑恶。"这是培根说过的话。

在许多事情上，近似性都是一种危险的构成。而许多事情又由于近似而获赞扬。

一个成年人可以轻而易举地打倒一个儿童，这个儿童长大后亦可轻而易举地打倒当年的成年人。

在这里，强有力的不是体力，而是时间。

人的某些行为究竟是否明智，这个问题似乎几千年也未争论清楚。

譬如，人在年轻的时候以健康换取金钱，在年老的时候以金钱购买健康。

那么在什么时候享受呢？

在我看来，有两种人最容易沉溺于迷信，那就是经验较多的人和完全无知的人。他们具备接近神迹的心理状态。

打个比方说，他们是老人和孩子。

怯懦的人多是些聪明的人，也多是些善良的人。这种结论令人尴尬，于是人们倾心于那些"智勇双全"的人。

男人在一群女人中，其男性气息会渐渐消磨。女人在一群男人中，其女性特点会越来越强。

男人对女人，像对酒一样，喝下去也许因晕眩而幸福，也许因晕眩而痛苦。

人在童年总是努力睁大眼睛，人到老年总是努力眯小眼睛，不知是生活的原因还是生理的原因。

把一个简单的道理极深奥地阐述一遍，会引起人们的敬佩。把一个复杂的道理极简单地挑明，会引起人们的惊奇。

一个充满悲剧的时代过去之后，下一个时代的人看着却充满喜剧色彩。

那么，悲剧还没有结束。

点 评

虽是脱口而出，却很精辟。话语就是能量，不同的话语给人不同的能量，积累话语也是积累能量。你是什么样的人，就会吸收到什么样的能量。全文采用并列式结构，新颖、鲜活。

人生的四种力量

[巴西] 保罗·科埃略

冯国川 译

智者艾伦·琼斯曾经说过，一个人的灵魂需要四种看不见的力量来构筑，即：爱、死亡、权力和时间。

爱是不可或缺的，因为我们每个人都在享受着爱；死亡是必不可少的，它让我们更明白人生的意义；一个人在奋斗中成长，但是不要掉入权力的圈套，因为获得的权力相对于奋斗是毫无价值的；虽然我们的灵魂能够达到永恒，但是这都是在有限的机会和条件内做到的，所以时间非常重要。

第一种力量：爱

伊库乌先生的妻子总是找借口和他吵架，而伊库乌从不回应妻子的挑衅。

终于到了某天晚上，在和朋友聚餐时，这位和蔼的先生一改平时的温顺面孔，和妻子大声吵了起来。在座的朋友无不惊诧。

"怎么了，"朋友们问道，"为什么你不保持一贯的沉默？"

"因为我意识到，妻子气愤的正是我的沉默，她觉得我在感情上疏离了她。我的发作完全是出于爱。我要让她明白，我一直在听她讲话。"

第二种力量：死亡

胡安死后，发现自己来到一个美丽的地方，周围都是他朝思暮想的美妙事物。

一位白衣人过来说道："你想要什么随便拿。"

胡安从此过上了纸醉金迷的生活。几年的荣华富贵后，他对白衣人说："我体验了所有的快乐，现在我需要一份工作来获得价值感。"

"这是我唯一不能满足你的事情。"白衣人说。

"那我的生活还有什么意思？还不如去地狱呢！"

"你以为你在天堂啊？"白衣人不以为然地说道。

第三种力量：权力

"我大部分时间都在想不该想的事情，期待不该期待的结果，计划做不该做的事情。"

智者指着一株植物问他的弟子："那是什么？"

弟子说："有毒的颠茄，它的叶子能致人死命。"

"只是看看它，并不会对你造成什么伤害。同样，如果你不被欲望所诱惑，就不会深受其害。"

第四种力量：时间

木匠带领弟子们去山里寻找木材。他们看到一棵巨树，五个人手拉手都抱不过来，它的树梢直入云端。

木匠说："我们不要把时间浪费在这棵树上了。就算把它砍倒，用这么重的木头造成的船肯定会沉底；即使做成屋顶，墙壁也得经过特殊加固。"

一个弟子说道："这么大的一棵树，竟然毫无用处。"

"你错了，"木匠说，"它为自己的尊严而生。如果与其他树没有区别，它早就被人砍掉了。正是别具一格的勇气，让它生存这么长时间，让自己不断强大。"

> **点 评**
>
> 　　作者在对智者的箴言进行解读后，试图用故事进行形象化阐述，分别命名为爱、死亡、权力和时间。观点鲜明，引人深思，故事意味深长。
>
> 　　全文采用"总—分"结构，线索清晰。

皮克斯讲故事的十一条法则

[美国]艾玛·孝斯特

1. 切实感受观众想要什么，而不是你想要表达什么。

《恐龙当家》描绘了智力得到充分进化的恐龙和傻乎乎的人类之间的故事。在撰写剧本时，皮克斯放弃了电影里刻画恐龙时一贯的粗糙外表和充满野性、原始性的特征，而把故事聚焦在了恐龙细腻充沛的感情上，并通过恐龙与人跨物种的情感连接打动观众。

2. 主题是非常重要的，如果直到结局也无法表现主题，那就重新写故事吧。

《玩具总动员4》最初的结局是：牧羊女跟随一个孩子去了新家，而伍迪只能离开牧羊女。但影片的故事团队意识到，他们需要为伍迪的人生增加更多的改变，让他得到更多的成长，但目前的故事不足以支撑人物的成长，也缺乏与观众情感上的共鸣。最终，在《玩具总动员4》中，伍迪离开他的朋友，和牧羊女开启新的生活。

3. 简化，突出重点。合并相似的人物，不要刻意绕弯子。你可能会觉得丧失了宝贵的素材，但实际上，你的思想会因此得到解放。

《1/2的魔法》构建了一个神奇的、幻想中的世界，在那里，精灵、巨魔和灵魂自由地生活。不过拨开这些纷杂的表象，影片实际上讲述的是兄弟俩想念他们父亲的故事，在这条主线的带领下，影片得以聚焦，而不是对准种种神奇动物，成为一部神奇动物百科全书式的电影。

4. 你的人物擅长什么？喜欢什么？把完全相反的给他们，挑战他们，看他们如何处理。

在《海底总动员》中，小丑鱼爸爸玛林在妻子去世后，谨小慎微地抚养自己唯一的孩子尼莫，他惧怕一切可能威胁尼莫生命的东西，做事常常畏首畏尾，尼莫觉得爸爸很不勇敢，甚至有点看不起自己的爸爸。尼莫天不怕地不怕，跟同伴们去水面玩耍的时候，被渔网捞了起来，辗转被卖到一家牙医诊所。儿子生死未卜，玛林感到十分担忧，就算平时不能大胆行事，为了儿子他也要勇敢地豁出去。最终父子俩得以重逢，玛林也从此成为儿子心中的英雄。

5. 摘录你喜欢的故事。你喜欢这些故事是因为自己和它们产生了共鸣。在你用到这些故事前，先认识它们。

很多电影都对《怪兽大学》产生了影响，不过，它们的影响都远不及《动物屋》。当我们将《动物屋》剖开来看，我们发现，它不仅是一个关于大学恶作剧的搞笑故事，它更关注反抗不公平制度和建立兄弟情谊，而这才是故事的核心。这一点也被《怪兽大学》采用，表面上看，《怪兽大学》讲的是一个关于失败者试图证明自己的故事，但实际上，毛怪苏利文与大眼怪麦克在一次次的磨难中建立的友情，才是故事的核心。

6. 把想法写在纸上，并不断改进。如果你只是将它留存脑中，它只能是一个好点子，你永远无法讲给别人听。

2000年，约翰·拉瑟特在一次携家人外出时有了对《赛车总动员》的最初构想。此后，这个想法渐渐演变出了故事内核、主要人物、主要情节。最初灵光乍现的想法是至关重要的，但是只有通过不断地写作和打磨，故事才能被呈现。

7. 让你的人物有思想。也许你喜欢消极或者无所谓的态度，但它们对观众而言是毒药。

在《心灵奇旅》中，主人公乔伊因为发生意外而被带到一个奇幻的地方——"生之来处"，并遇到找不到生活兴趣、拒绝前往地球的灵魂"22"。在热爱生活的乔伊带它不断体会、感受生命的精彩之处的过程中，"22"终于幡然醒悟，充满热情地去了地球。在《心灵奇旅》中，导演对"22"的颓废和消极着墨并不多，而是用更多的镜头来表现"22"如何体验生命，重拾对生命的激情，也借此点燃了观众对平凡生活的热爱。

8. 你为什么偏偏要讲这个故事？故事背后的信念是什么？信念才是故事的灵魂。

《飞屋环游记》的导演兼编剧彼特·道格特、鲍勃·彼德森创作影片的原因或许是多种多样的，影片也为我们展现了很多不同的侧面：一只爱讲笑话的狗狗逗逗，一座靠气球飘游的房子，一个荒野探险者。但剥去这些表面情节，卡尔和艾丽浪漫的爱情故事，以及那个未能实现的愿望带来的悲伤结局，才是故事的重要驱动力。两个人度过了很幸福的一生，当垂垂老矣，他们仍深爱着对方，就算其中一位已不在，另一个也要带着他们曾经共同的梦想在生命的最后冒险一把。这种简单的执着，构成了《飞屋环游记》最为温情的内核。

9. 如果你是故事中的主人公，在此时此刻，你的真实感受是什么？真诚能让不可能的故事变得可信。

机器人瓦力或许是皮克斯最有同情心的角色，这个角色不会做口头交流，但会发出声响并在身体上做出反应。在《机器人总动员》中，瓦力在被人遗弃的地球上默默工作了700年，他很孤独，渴望与他人建立联系。映照到现实中，我们每个人在某个时刻都经历过这类情况，有过相似的感受。当我们感到孤独时，我们该做何反应？如何表达呢？当我们终于找到朋友时，我们如何表达内心的喜悦？影片中，瓦力的认真和发自内心的喜悦表情唤起了我们对相同情感的共鸣，也让我们对这部电影产生认同，为电影带来了可信度和充沛的情感。

10. 通过巧合让角色陷入困境，这没问题，但是通过巧合使角色脱离困境，就是作弊。

在《玩具总动员》中，很多的转折是建立在巧合之上的：胡迪和巴斯光年一不小心被遗落在家外，还被玩具虐待狂希德抓走。然而，胡迪和巴斯光年能从希德手中逃脱并不是因为巧合，他们完成了对彼此信任的建设，才得以携手度过危机，回到安迪身边。

11. 你知道你正在构思的故事的实质吗？你知道它最简洁的表达方法吗？如果你知道，现在就来创造属于自己的故事吧！

《玩具总动员3》包含多条情节主线，如芭比和肯、抱抱熊和他对被取代的恐惧等。当我们欣赏完影片，会意识到，所有情节的主题都很突出，它们相互呼应，衬托着故事的本质——放下过往，继续前行，它们共同形成了一个美丽的高潮，凸显了《玩具总动员》系列电影的灵魂。

点评

　　文章写的是皮克斯讲故事的准则，其实也是谈写作原则。这些原则对我们写作文也颇具指导意义，比如第一条："切实感受观众想要什么，而不是你想要表达什么。"这一点对写作考试作文就很有指导价值。写作文要审题，你要明白考试作文命题"要你写什么"，而不能只关注"你想要写什么"。

三习一弊疏

玖 玖

　　乾隆刚登基，左都御史孙嘉淦便上书劝谏，这就是被后世称为"清代第一奏折"的

《三习一弊疏》。

所谓"三习"，是说人为官时间久了，往往不由自主地生出三个坏习惯，即耳习、目习和心习。耳习：耳朵听惯了奉承话而讨厌逆耳之言。目习：眼睛看惯了讨好的行为而讨厌耿介之举。心习：内心习惯了温顺服从而讨厌违抗拒绝。

孙嘉淦还详细分析了"三习"日积月累的养成过程。耳习——开始时只是不喜欢别人有不同意见，后来便逐步发展成不顺耳的话也不爱听，最后连讨好的话说得水平不高都不行。目习——刚开始是排斥不礼貌的人，而后讨厌那些对自己敬而远之的，再后来连对自己尊敬但不会办事的，都觉得厌烦了。心习——原本认真地工作，可时间一长，便不再严格要求自己，再后来不管自己有什么想法，都觉得正确，不允许有不同的意见产生。

"三习既成，乃生一弊。何谓一弊？喜小人而厌君子是也。"这就是"三习"导致的恶果。《出师表》中说："亲贤臣，远小人，此先汉所以兴隆也；亲小人，远贤臣，此后汉所以倾颓也。"可见这"一弊"的危害性有多大。孙嘉淦切中了历朝历代兴衰的要害。乾隆将他的奏折宣读于朝堂之上，与众大臣共勉。

点评

这是一篇精致好文。从解释"三习一弊疏"起，到皇帝于朝堂宣读奏折止，一件事叙述得干脆利落。"三习"乃权力专制制度之果，亦为"一弊"之因。何以根除？作者不言。我们不妨思之。

一个比喻

罗振宇

哲学家尼采的名著《查拉图斯特拉如是说》中有一个句子，那天我偶然看到，觉得很精彩。

这个句子是："我是河边的栏杆，谁能扶我，便扶我吧！我不是你们的拐杖。"

这个句子有两层意思。第一层是，我愿意帮你——不管你是谁，只要你需要，你就扶我，我就帮你。

第二层意思是，我的价值是建立在自己的位置上的——我之所以对你有用，是因为我在自己的根基上成长，而不是迁就你，成为跟着你到处跑的拐杖。

我觉得这是一个非常精彩的比喻。就拿从事服务业的人来说，要么对客户过于谦卑，要么对自己的手艺过于骄傲。如果是前者，那就失去了自我价值的根基；后者呢，又缺了慈悲的心肠。

那怎么调和呢？其实很简单，想想尼采讲的"栏杆"就好了。它不拒绝帮助任何有需要的人，但是它在自己该在的地方。

点 评

点 评

这个世界不属于有钱人，也不属于有权人，而是属于有心人。作者就是这样的有心人。文章虽短，要素俱全。议论文写作的"是什么""为什么""怎么办"，都讲得很明白。

旧酒痕

倪 匡

清嘉庆年间，有一个著名的篆刻家赵懿，所传的印章之中，有一方刻了一句白居易的诗："襟上杭州旧酒痕。"很淡的一句诗，若不去留意它，淡得几乎不被人注意；但如果留意它，就可以嚼出它的味道来。

襟上有旧酒痕，旧酒痕是在什么样的情形下留下来的？当时和什么人共饮，和什么人言笑？一切都成了过去，偶然打开衣服来，酒痕犹在，当时的情景，立刻浮上心头，如今抚着旧酒痕，只剩下一片惆怅。

看到旧酒痕，而引起一连串的回想，自然，当时酒溅到襟上的时刻是值得缅怀的。不论那时的情形如何，过去的都无法再回来。就算同样的人，在同样的地点，一切都和以前一样，也必然没有法子将曾经的情景原封不动地重现。

心绪在不断地变化，一分钟之前和一分钟之后不同。人在不同时刻拥有同样的心绪是不可能的事。心绪的变化，可以使同样的事，由甜蜜变成苦涩，由欣喜变成悲伤，由温馨变成粗野，变幻到想都想不到的程度。

旧酒痕真令人伤感，可以用新酒痕来改变吗？只怕也不能。

点 评

文字似有一丝感伤色彩。一诗一议，虽短，却颇有感染力，给人留有思考余地。

三分生

郭华悦

戏要常带三分生，这"三分生"指心理层面的"生"。就技巧而言，唱戏自然得学到十分熟。熟能生巧，巧而生悟。但若一个人总是认为自己已经学到十分，闭着眼也能完美无瑕地走完整个表演流程，那就容易因自满而缺乏上进心。久而久之，惰性渐深，便麻木而无所悟，技艺难有寸进。好的文章，也得带着三分生。

要写出好的文章，需要长年不辍地练好驾驭文字的基本功。有十分熟的技巧，才能下笔如有神。除此之外，还得留出三分生的余地。有这三分生，作者才不至于流于虚骄自满而难以再续；也因为有这三分生，在文章中留出了空间，不至于因自大封闭而无法引起读者的共鸣。技巧十分熟，下笔留三分。这三分留在心间，也就有了日后的更进一步。

为人处世，亦得留三分。一个人，不管在哪个方向走得再远，心间也得留着三分生。十分熟的专业，是努力的结果；三分生的警醒，是为日后有更进一步的空间。缺了这三分，人便容易因惰性和麻木而落后。

与人相处，三分的空间至关重要。人太熟了，容易因知根知底而忽略对方的感受，失了分寸，视一切不宜为理所当然。哪怕熟人，心间长存三分生，才不会熟视无睹，才能时时刻刻关注对方的感受，倾听对方的心声，这样的关系才能长久。

三分生，讲的是戏，亦是人生。

点评

　　文章围绕"三分生"，由唱戏写到作文，再写到做人，层层深入，结构严谨，语言简洁，耐人寻味，很有可读性。

人生的两条真理

亚历山大·M.辛德勒

王　妍　译

人生的艺术就是要懂得适时地收与放。而人生其实就是这样的一个矛盾：尽管到头来注定一切都不能长久，它还是令我们依恋于它所赋予的各种恩赐。正如前辈们所言："人出生时双拳紧握而来，过世时却是松手而去。"

我们当然要抓紧这神奇而美妙的生命，它的美孕育在我们这片神圣土地的每个角落。我们其实都懂得这个道理，可是我们却常常在回顾往昔时才突然觉醒，意识到其中之美，可为时已晚，一切都时过境迁。

我们深深铭记的是褪色的美，消逝的爱。但是这种记忆却饱含了苦涩，我们痛惜没有在美丽绽放的时候注意到它，没有在爱情到来的时候回应它。

最近的一个经历又令我悟出了这其中的道理。我因为严重的心脏病发作而住进了特护病房。那地方可不是好待的。

一天上午时分，我要接受几项辅助检查。因为检查的器械在医院对面的一幢建筑中，所以我就要穿过庭院，躺在轮床上被推到那里。

就在从病房出来的那一瞬，迎面的阳光一下子洒在我的身上。我所感觉到的就只有这阳光，它是如此美丽，如此温暖，如此璀璨和辉煌！

我看看周围是否有人也沉醉在这金色的阳光中，而事实是大家都来去匆匆，大都目不斜视，双眼只顾盯着地面。继而我就想到我平常也太过于沉湎于日常的琐碎俗物中，面对身边的美景漠然甚至是视而不见。

从这次经历中我所洞悉到的实际就像这个经历本身一样并无什么奇特之处：生活的恩赐是珍贵的——只是我们对此留心甚少。

那么人生给予我们的第一个矛盾的真理就是：不要太过忙碌而错过了人生的美好和庄严。虔诚地迎接每个黎明的到来。把握每个小时，抓住宝贵的每分每秒。

紧紧地把握人生，但是又不能抓得过死，松不开手。这正是人生的另外一面，也就是矛盾的另一面：我们要接受失去的一切，懂得如何放手。

这个其实并不是容易做到的，尤其当我们尚年轻时，自以为世界在我们的掌控之中，而不论什么，只要是心想就会事成，而且一定能事成！但是现实往往事与愿违，然后渐渐地这第二条真理必然显现在我们面前。

在人生的每个阶段我们都会承受失去——也因而成长起来。当我们出生时失去母体的保护，从那一刻我们开始了独立的生命。而后我们上学了，一级一级地升上去，离开了父母和儿时的家庭。我们结婚生子然后又只能看着他们离去。我们遭遇父母及爱人的离世。我们也要面临自己逐渐或者突然的衰老。而最终，就像握手和松手的比喻那样，我们必须面对自己不可避免的死亡。就这样我们失去了一切，其中包括我们自己人生已经拥有的以及尚未实现的。

但是我们为什么要服从于这种人生中矛盾的要求呢？为什么明知美是短暂的还要去创造美好？为何明知自己所爱的人会最终离我们而去却还要全心全意去爱？

要解开这个矛盾我们就必须把眼光放开，像透过可以通向永恒的窗户那样来审视我们的生活。一旦这样做，我们就会知道我们的生命虽然有限，可我们在地球上的作为却在造就永恒。

人生不仅仅是静止的一生，它是不断变幻的，是一股不屈不挠的奔流。我们的父母通过我们得到生命的延续，然后我们通过我们的子女得到生命的延续。我们所确立的制度会历久长存，而我们自己也随之长存。我们所崇尚的美不会因为我们的死亡就失去颜色，我们的身体会腐朽，我们的双手会枯萎，但是我们所创造的美、善和真是永存而不朽的。

不要浪费你的生命去聚敛财物，它们只会变为尘埃，化为虚无。追求理想而不是物质的东西，因为只有理想赋予生命意义，也只有理想才会有恒久的价值。

房子有了爱便成了家；城市有了道义就成了社会；红砖有了真理就成了学堂；陋室有了宗教就成了圣殿；人类全方位的努力有了正义就成了文明。把这一切全放在一处，完善它们，使之精益求精。而这一切有了在人类获得救赎后那永远无欲无求的远景，便成就了一个充满希望的绚烂未来。

点 评

　　作者提出了两条应对人生疑惑的真理，可以说是给人希望和信心的精神药丸。你如果信服，并以之对待自己的生命，一定会获得一个不一样的人生。开篇立论：人生的艺术就是要懂得适时地收与放。然后以自身经历的一个例子，证明人最容易忽视生命之美，忘记生活的恩赐。接着提出关于生命的两条真理，最后总结升华。文章一气呵成，仿佛是一股自然流过心头的清流，让人回味无穷。

••• 大自然的声音 •••

导 语

　　所谓自然，是指人生活于其间的时空，无论从哪个角度看，人都是自然之子。这是不言而喻的。谦卑地生活于自然之中，这才是人该有的样子。但人类却把自己凌驾于自然之上，加害于它，由此造成诸多可怕的后果。

　　自然界有一个现象，叫作"一鲸落万物生"。意思是当食物链顶端的主宰死去，其他生物才有活路。对地球上的许多生物而言，人类或许就是那头必须死去的鲸鱼。

　　本辑里的许多文章告诉我们：

　　一草一木都有自己不可剥夺的生命，它们装扮大地，怡然自得，绽放独一无二的美丽；

　　兽性，远不是你所想象的那样，只有凶残和无情；在与人类相对的那一刻，它们的眼睛里也会闪烁柔光；

　　自然不仅是美的，还是人类的老师，我们能从中得到多少教益，取决于自己的悟性。

画里画外

吴冠中

飞尽堂前燕

　　小小的、墨黑的窗与窄窄的屋檐改变了素白宣纸的本质，一堵巨大的粉墙截住了视线，碰壁，碰壁，碰了谁家的壁。壁下萧萧之竹在粉墙前摇曳自如，她不知寂寞，不关心大宅主人的悲愁或欢乐。飞尽堂前燕，也许主人家早已门庭冷落。

　　然而很美，造型上那大块白与小块黑的对照之美，白色素底与竹枝竹叶互相穿插的对照之美，没有语言，凭比例、体形呈现了舒畅泰然之悠闲，等待诗人来赏竹，悠然见飞雀。

窗

　　古旧的木板墙，色棕黑，中央一个小小的窗，窗里全是乌黑，像一个黑的洞。洞口有小块红色与绿色，是孩子的衣帽？是妈妈的服饰？是盆花？住在阴暗陋室的主人还有闲情浇灌盆花？谁是主人？他忙于长街觅食，夜宿暗室；他是遗老，穷愁潦倒，种花自嘲？

　　窗里的人向往阳光灿烂的窗外世界，却没想到他的窗居然也成为点缀艺术的聚焦。

流逝

"流光容易把人抛，红了樱桃，绿了芭蕉。"时光的流逝看不见，摸不着，只留下了枯藤残叶。

流动的线、断断续续的点、出没无常的形、彩色的跳跃与跌落……她们相互拥抱在同一空间，映入同一画面，似纷乱的雪掠过人间春色，予人苍茫、迷惘之感。

不见明显的具象实物，也可说是抽象的画面，只缘作者彷徨于时空的上下左右，记忆的前前后后，想表现那难于捕获的岁月之流逝。

花

北国早春，山野的杏花先开，那干瘦乌黑的枝条上绽放出明亮的粉色花朵，生意盎然。但远看那山坡上一簇簇的杏花，一团团白灰灰的，被衬托在灰暗的土石中，倒像是癞秃头上的疮疤。花，宜近看不宜远看；树，依凭体态之美，才宜于远看。鲜艳的碧桃，远看不过是一堆红色灌木，失其妖娆；牡丹、芍药，远看也不见其丰满华贵之态，只呈点点嫣红了。所以，中国传统绘画中画花大都表现折枝花卉，取花瓣转折之柔和，如亲其肌肤，闻其芬芳。

鲜花令人珍惜，由于花期苦短，落花流水春去也，花比青春，年华易逝，诚是人生千古憾事。为了赋予短暂的花期以恒久深远的含义，人们歌颂荷花出淤泥而不染，兰花为空谷幽香，梅花的香则来自苦寒。其实也正是生命的轮回，促成了人间的缤纷多彩。新加坡地处赤道，终年酷暑，我同新加坡的友人开玩笑，说你们不分春、夏、秋、冬，便没有风、花、雪、月，便失去文学艺术。新加坡的国花兰花，鲜艳闪亮，终年盛开，但似乎难有荷花或梅花由于身世而形成的独特风姿。

点 评

　　这是画家吴冠中先生的自然观察随想，展示了一双寻找美的眼睛所发现的意味深长的事物，有打开人的审美触角之魔力。他曾说："从艺以来，如猎人生涯，深山追虎豹，弯弓射大雕。不获猎物则如丧家之犬，心魂失尽依托。在猎取中，亦即创造中，耗尽生命，但生命之花年年璀璨，人虽瘦，心胸是肥硕壮实的。"

孤独的树

Ent

1895 年，植物学家约翰·麦德利·伍德在南非见到了一棵漂亮的树。它站在一片小森林的边缘，看起来就像一株棕榈：长达 3 米的叶子弯曲成优雅的弧形，远远望去就像浓密的伞形王冠。

伍德拔下树周围的几株吸芽，将其中一株寄到了伦敦。它被命名为伍德苏铁。它很可能是这个星球上的最后一棵伍德苏铁。

两亿多年前，苏铁曾经遍布世界，伴随了恐龙从诞生到衰亡的全部历史。苏铁的生长很缓慢，往往要几年甚至几十年才能开花。但他们不急，因为它们的寿命很长。侏罗纪时代，地球上 20% 的植物可能都是苏铁。

但今天，苏铁只剩下大约 300 个物种，伍德苏铁是其中一员。它的祖先也曾经历了二叠纪、三叠纪和白垩纪三次大灭绝，经历了不计其数的冰河时代。它曾经繁盛过，但终究无法与被子植物竞争；它曾经也许广泛分布在非洲大地，但今天只剩下了这最后一株。

苏铁是雌雄异体的植物。伍德苏铁是一株雄树。

此刻它还不会灭绝。它的克隆体生长在全世界的植物园里，这些克隆体当然也都是雄性。所有这些克隆体和它的遗传特征几乎完全一样，突变带来的变化可以忽略不计。它们将永远这样静止下去，直到最终消失——或者，直到找到一株雌树，绽开金黄色的美丽花朵，结出饱满的种子，重新踏上演化的漫漫旅途。

然而，植物学家已经在南非的森林里搜寻了很久，直到今天，依然一无所获。

《魔戒》的作者托尔金以另一种方式想象过这个场景。在他笔下的中土大陆，有一个种族叫作树人。他们是森林的牧人，外形像树，能够移动和说话，只是非常缓慢（树人的寿命很长，所以他们不急）。树人的雌性成员在很久以前的战乱中消失了，但许多树人相信，她们只是躲避到了遥远而不可触及的世界的某个角落，当然这一切只是猜测和传说。一切迹象表明，树人作为一个种族终将消亡。

除非……不，不应该有除非。无论读者如何心怀希望，托尔金都知道，雌树人不会复活。她们不应该复活，这将是一个廉价的奇迹。

也许奇迹真的会出现，也许真的有一株雌性的伍德苏铁还藏在非洲某片无人涉足的森林里。但是，无论如何，苏铁的时代已经结束了。即使挽救了这一棵树，也不能改变任何事情。

或许我们只能这么看着它凝固在时间里，看着它成为一个个克隆体，经人之手传遍所有的庭园，然后随着人类的文明一起消失。这将是一个孤独的结局——但有些时候，孤独才是最真实的。

点 评

被命名为伍德苏铁的树是地球上最后一株苏铁雄树，它将因为找不到雌株而只能以克隆体的形式存在下去。这就是文章告诉我们的悲剧。一个植物的命运，竟如此牵动人的愁肠，不得不惊叹于作者的叙事能力，这有赖于作者丰富的知识、深入的思考，以及温和的理性。

对一朵花微笑

刘亮程

我一回头，身后的草全开花了。一大片。好像谁说了一个笑话，把一滩草惹笑了。

我正躺在山坡上想事情。是否我想的事情——一个人脑中的奇怪想法让草觉得好笑，在微风中笑得前仰后合。有的哈哈大笑，有的半掩芳唇，忍俊不禁。靠近我身边的两朵，一朵面朝我，张开薄薄的粉红花瓣，似有吟吟笑声入耳；另一朵则扭头掩面，仍不能遮住笑颜。我禁不住也笑了起来。先是微笑，继而哈哈大笑。

这是我第一次在荒野中，一个人笑出声来。

还有一次，我在麦地南边的一片绿草中睡了一觉。我太喜欢这片绿草了，墨绿墨绿，和周围的枯黄野地形成鲜明对比。

我想大概是一个月前，浇灌麦地的人没看好水，或许他把水放进麦田后睡觉去了。水漫过田埂，顺这条干沟漫流而下。枯萎多年的荒草终于等来一次生机。那种绿，是积攒了多少年的，一如我目光中的饥渴。我虽不能像一头牛一样扑过去，猛吃一顿，但我可以在绿草中睡一觉。和我喜爱的东西一起睡，做一个梦，也是满足。

一个在枯黄田野上劳碌半世的人，终于等来草木青青的一年。一小片。草木会不会等到我出人头地的一天？

这些简单地长几片叶、伸几条枝、开几朵小花的草木，从没长高长大、没有茂盛过的草木，每年每年，从我少有笑容的脸和无精打采的行走中，看到的是否全是不景气？

我活得太严肃，呆板的脸似乎对生存已经麻木，忘了对一朵花微笑，为一片新叶欢欣和激动。这不容易开一次的花朵，难得长出的一片叶子，在荒野中，我的微笑可能是对一个卑微生命的欢迎和鼓励，就像青青芳草让我看到一生中那些还未到来的美好前景。

以后我觉得，我成了荒野中的一个。真正进入一片荒野其实不容易，荒野旷敞着，这个巨大的门让你努力进入时不经意已经走出来，成为外面人。它的细部永远对你紧闭着。

走近一株草、一滴水、一只小虫的路可能更远。弄懂一棵草，并不仅限于把草喂到嘴里嚼嚼，尝尝味道。挖一个坑，把自己栽进去，浇点水，直愣愣站上半天，感觉到的可能只是腿酸脚麻和腰疼，并不能断定草木长在土里也是这般情景。人没有草木那样深的根，无法知道土深处的事情。人埋在自己的事情里，埋得暗无天日。人把一件件事情干完，干好，人就渐渐出来了。

我从草木身上得到的只是一些人的道理，并不是草木的道理。我自以为弄懂了它们，其实我弄懂了自己。我不懂它们。

点评

寓言乎？寓言也。刘亮程的文章就是成人寓言。有人评价其散文：身边小事皆可入文，村中动静皆可成诗。其实，他的文字是自然哲学，也是生命哲学。个中滋味需要你细品再细品。

美丽的兽性

刘世芬

2011 年，一只被海上泄漏的石油呛得奄奄一息的小企鹅，漂流到巴西里约热内卢附近的一处海岛渔村，被 71 岁的老渔民 Joao 花了一周时间清洗，活了下来。Joao 明白企鹅是离不开水的，在喂养数月并确定企鹅完全康复后，他拿出几条鱼喂饱了它，并将它放归大海。

然而，老人把企鹅放到海里，它却跟着老人又回到岸上。反复几次之后，老人认为是水浅载不起企鹅，便借了一条船，划到深海区，将企鹅抱下船放到了海里。

"再见了，小企鹅……"回岸的路上，Joao 心里很是不舍。然而，这只企鹅早就先于老人游回了岸上，正因为找不到老人急得团团转。看到老人回来，它摇摆着尾巴尖叫着迎了上去。Joao 没再狠心赶它走，而企鹅也跟老人越来越亲密。

老人没有亲属子女，自从有了企鹅，企鹅就成为家庭一员，老人为它取名 Dindim，Dindim 也像对待老朋友那样跟 Joao 热络着。于是小小的渔村里出现了奇特的场景：别人遛狗，Joao 走在路上时，身后却跟着一只大摇大摆的企鹅……

当大西洋的季风吹来的时候，这两个老伙计已经共处了 11 个月之久。这期间，企鹅褪了毛，在长出新的羽毛后，突然不见了。

Joao 以为这只可爱的企鹅永远离开了。第二年 6 月，它却回来了。根据企鹅世界的生存定律，企鹅们本该聚在一起，前往共同的目的地繁衍后代，但 Dindim 却选择放弃同伴，万里迢迢赶回来陪伴这位古稀老人。它准确无误地找到了 Joao 的住所，用带着海腥味的嘴亲吻老人，黏着老人，蹭鱼吃。

此后 5 年，企鹅每年 6 月来，次年 2 月离开，到阿根廷、智利附近海域繁殖，周而复始。生物学家做过精确计算：麦哲伦企鹅的聚居地位于南美洲南端，从距离上估算，它每次为了见到 Joao，要游至少 5000 英里（约 8000 千米）。一路上，它要克服疲惫和疾病，躲过海豹、鲸鱼等天敌。它就这样远涉重洋，年复一年，只为与它生命中的恩人相聚。在小企鹅的世界观里，Joao 值得它跋山涉水去致谢。

老人的双手布满大片的白癜风，青筋鼓胀，企鹅那黑白相间的小身体娇柔地依偎在老人胸前，安详，平静。他们的身后是一间破旧的屋子，没有院子，屋前的地面泥泞不堪，挂满渔网，但我相信，这里是企鹅最温馨的伊甸园。在一张老人与企鹅亲吻的照片上，老人穿着脏旧的条格衣衫，头发花白，赤脚，阳光把他晒得黝黑，他已经微微驼背了……可是怎能否认他在企鹅眼里是健美无比的呢！这是一种比亲情还美的情感。

生命如此短暂。人类只顾伤心、争吵、斤斤计较，而老人与企鹅，他们比谁都明白要抓紧时间去爱。这只憨笨的小兽，给人类上了怎样的一课？

时光荏苒，人们担心着两件事：老人等啊等，企鹅却再也没出现；企鹅来到老人所在的渔村，找啊找，却再也找不到老人……我再难抑久蓄的泪水。

但我又相信，一个人如果真心在等着什么，那么这个人一定是不会随便从这个世界消失的。

点 评

题目似乎是一个悖论，可以激发起读者急切的阅读欲。叙事简洁，细节真切，富有感染力。抒情与议论出自内心，颇能打动人。这是怎样的一种兽性啊！竟让人自愧弗如。

鸟 人

郁喆隽

一群白额雁跟随着一架由人驾驶的超轻型飞机，从瑞典飞到法国，完成了它们生平的第一次迁徙。白额雁把飞机和驾驶员当作自己的"父母"，而飞机驾驶员将白额雁当作自己的"孩子"。在飞行途中，由于没有座舱阻隔，超轻型飞机的驾驶员伸手就可以触及飞行中的雁，甚至可以将它们揽入怀中。这是法国电影《给我翅膀》（尼古拉·瓦尼埃导演）中的情节。这部电影取材于真实人物——法国人克里斯提安·穆莱克的真实经历。

穆莱克原本是一个气象学家。工作中他需要经常驾驶超轻型飞机飞翔在欧洲的天空。一次偶然的机会，他在飞行途中遇到了一群正在迁徙的候鸟。然而他发现，由于人类文明给环境带来的剧变，很多候鸟迁徙的路线已经很不合理了。几百年以前适合鸟类落脚的地方变成了城市、工厂或者高速公路……但是鸟类并没有意识到这一点，还在年复一年重复它们祖先的飞行路线，为此它们每次迁徙都要付出生命的代价。穆莱克想要帮助它们，然而失望地发现，候鸟是从它们的父母那里学到迁徙路线的。受《尼尔斯骑鹅旅行记》的启发，穆莱克突发奇想，想要带领鸟儿飞翔，教会它们一条新的路线。

在电影中，主人公克里斯提安和他的儿子托马斯穿上了棕色麻布长袍，焦急地在鸟蛋的孵化箱旁边等待，希望出壳的幼鸟第一眼就看见他们，这样才能形成"最初印象"——从出生的那一刻起就把人当作自己的父母。等鸟儿长大一点后，他们还用一个铃铛来训练鸟儿的专注力，这样就可以使它们在吵闹的发动机噪音中跟随飞机。托马斯也从一个沉迷手机的少年，变成一个自然爱好者……事实上，美国电影《伴你高飞》表现过类似的主题：失去母亲的小女孩艾米，在父亲的农场中，用滑翔机带领一群野雁飞越了安大略湖。

"自然"在中文里有自然而然的意思，也就是不人为地干预或干涉。但是我们看到，自从人类这个物种成为地球表面的绝对霸主之后，自然就不那么"自然"了。若不加干预，地球上的物种将面临前所未有的大灭绝。虽然并不是所有的野生动物都那么容易接受人类的改造，但至少有一些人迈出了善意的第一步。正如电影最后所说："土地不是我们从祖先那里继承的，而是我们向子孙借的。"

点 评

自然教会人尊重生命，良善之人也正在以善行回馈自然。无功利之心的一对父子，通过带白额雁迁徙的壮举，给予人类以强烈的启示：帮助野生动物，事实上就是恢复我们的人性。

远志：最励志的本草

阿 南

我最初是通过刘义庆的《世说新语》知道远志这一味中药材的。书中提到，心怀隐居东山之志的谢安曾多次拒绝朝廷出仕的邀请，后来碍于一代枭雄桓温的再三相邀，才终于出山当了桓温的司马。一天，有人给桓温送了一些草药，其中就有远志。桓温便问谢安："此药又名小草，何一物而有二称？"一种东西为什么会有两个名字呢？谢安闭口不答。这时，在座的素以诙谐著称的名士郝隆回答："隐居山中时叫远志，出山后便成了小草。"显然是在调侃谢安晚节不保，屈就朝廷一事。桓温爱才心切，怕谢安面子上过不去，赶紧打圆场说："郝参军这个失言却不算坏，话也说得极有意趣。"

我当时折服于刘义庆通过寥寥数语，便将三人的性格特征刻画得淋漓尽致的笔法，哪里有心思去深究远志的前世今生。

某年五一假期，我和家人去丫髻山游玩。在沿阶登顶的途中，我偶然瞥见在向阳的贫瘠风化土地上，有几丛十多厘米高的植物开着蓝紫色小花，煞是好看。我稍事停留，站在一旁向来往的游人请教它的名字，但游人都忙着赶路，顾不上回答我。我只得拿手机拍了几张照片，方便路上继续询问。在半山腰处，终于有一位游人不吝赐教，说这是"阮志"，山上多的是。"阮志"？我的大脑里怎么也搜索不到这么一种植物。

直到抵达金顶，扶栏远眺，我仍在想阮志。清风中，我猛然想起平谷和蓟州一带的口音特点，猜测半路上那位中年男子所说的"阮志"，会不会是《世说新语》中提到的"远志"。我立刻拿出手机查询了一番，果然证实了自己的猜想。

回家后，我补了功课，这才知道郝隆一语双关的由来：作为中药材，远志指的是这种植物的根，而发苗长出的枝叶又被称作小草，小草虽然也可益智，却不具远志的祛痰功效。显然，东晋时期的人们对远志的了解还有一定的局限。北宋的《本草图经》强调："古本通用远志、小草；今医当用远志，稀用小草。"

古人处世，相较于今人含蓄了许多，但也不乏妙趣，比如汉唐时期别离时的赠柳旧俗。古人们也常借用某一事物名称的谐音，来表达自己的心志。相传，姜维诈降期间，曾遣人给母亲捎去远志、当归以明心志。这便是"但有远志，不在当归"这一名言的由来。据载，此类习俗在魏晋时期已颇为盛行，召唤出行在外的人回归时会寄送当归，若收到者自觉大业未竟，拒绝返回，则回寄远志。晚清时期的思想家、诗人龚自珍，因屡次建议清廷抵制鸦片遭拒，自觉报国无门，借用远志、小草之异，奋笔写下诗句："九边烂熟等雕虫，远志真看小草同。"

远志是有名的益智良药，唐朝以前多用来提高人的记忆力。葛洪在《抱朴子·仙药篇》中说："陵阳子仲服远志二十年，有子三十七人，开书所视，记而不忘。""药王"孙思邈更是将远志列为益智方药的首位。现在，远志益智安神、抑菌抗癌、降压、催眠等功效正逐渐得到现代医学的证实。

像远志这样拥有十足现代感且具有意蕴深远"花语"的植物，在本草中并不多见。远志耐旱、不喜湿，只需选择排水性良好的植料，控制浇水量即可保持生长；一旦过了苗期，不需要多么细心养护，也能茁壮成长。远志丛生的枝干，仅十几厘米高；其细细的叶子互生，仅1～4厘米长。配上山石或枯木，这么矮小的一丛远志，也便有了玉树临风的仪态。等到五月，远志进入花期，2～14厘米长的总状花序便会从枝头冒出，探出蓝紫色的花。在随后的两个月内，花朵的顶端会慢慢开满淡紫色的花丝，状若朋克的夸张发型。这应该是为了提高传粉概率而进化出的结果，却为养花人提供了为之一振的视觉效果。

点评

从一种草本植物的名字引申开来，举凡趣闻逸事、个人经历、民间风俗、药用知识、植物栽培，皆为作者所用，作成了一篇妙文。如何写出有营养的文章，此篇可做参考。

繁缕

[日本]柳宗民

烨 伊虞辰 译

母亲喜欢金丝雀，我小时候家里就养过一只。不过现在养的人似乎比从前少了。因为叫声动听，那年头有很多人养。母亲是声乐家，尤其爱听金丝雀那珠落玉盘般婉转的啾鸣。

我总是给金丝雀喂圆粒鸟食，每次还会加一点青菜之类的绿色食物，它特别爱吃。院子里有的是繁缕，我就摘来喂它。可以说，我和繁缕的交情就是从那时开始的。

繁缕在日本随处可见，不光金丝雀，养鸟的人都会用它来喂鸟儿——听说在别的国家也是如此。

巴黎塞纳河中的西岱岛以花市闻名。在岛上观光时我没见到花市，却在一条街的拐角处邂逅了一家鸟店。店里有各种各样的鸟儿，我觉得很有趣，就进去看了看。一进门就看到桌上摆着各种鸟食，其中就有成捆的繁缕。原来法国人也喂鸟吃繁缕呀！

繁缕遍布世界，欧洲各地随处能见野生的繁缕，被法国人拿来喂鸟也没什么好稀奇的。

不过那一次我确实有些惊讶，至今印象深刻。

　　繁缕在古时候写作"蘩蒌"。《万叶集》里，它以"波久倍良"的名字登场，这便是"繁缕"的词源（日语中"波久倍良"的读音与"繁缕"相似）。繁缕也是"春之七草"之一，在日本各地都可见到，是常见的冬型草。它的根部会生出许多匍匐茎，在地上蔓爬。叶子对生，呈卵圆形，前端略尖。当春天到来时，繁缕的茎叶便开始伸展生长，在顶部开出五瓣的白色小花。花朵虽小但模样可人，又由于总是沐浴着晨光盛开，故有"朝开"这一别名。那小小的花朵并不显眼，能观察到的人还真是不简单。偶尔也能看到花瓣和萼片同样大小的类似植物，那是叫作小花繁缕的小型变种。还有一个形态相反的变种，叶子大而茂密，因体形硕大而得名牛繁缕。普通繁缕的茎多为绿色，而牛繁缕的茎偏紫红，看茎的颜色就能大致分辨它们。牛繁缕和繁缕一样，是日本随处可见的杂草。它们都是繁缕属，拉丁名 Stellaria，有"星星"的意思，想来是因为繁缕的花形像星星吧。繁缕属的许多植物名字里都有"繁缕"二字。中部以南的山区有山繁缕，山谷一带有泽繁缕和深山繁缕，还有比泽繁缕小一号的蔓繁缕。北方的海边还可以见到滨繁缕，类似海滨植物，叶片厚实，虽然它的名字里有"繁缕"，却并非繁缕属。

　　战争时期闹饥荒，繁缕也常和荠一样被采回来凉拌着吃。它口感清爽，颇受欢迎。很多人偏爱植株较大的牛繁缕，其实它口感较硬，味道没那么好，还是普通的繁缕更适合入菜。和牛繁缕相比，鸟儿似乎也更青睐普通的繁缕。

　　以前有人说将繁缕碾碎后流出的白色汁液有治疗乳腺癌的奇效，实际上好像也没什么用。更有意思的是，还曾有人将繁缕的叶子晒干，磨成粉，混在盐里制成牙粉，取名为"繁缕盐"。我一度想试试效果，却迟迟未能行动。据说繁缕有阵子被用来止牙痛，可能这"繁缕盐"真的对牙齿健康有点帮助。

　　繁缕虽是惹人喜爱的"春之七草"之一，但若在田间或花坛里扎了根，就会摇身变成让人头疼的杂草。它从根部向四周长出匍匐茎，人们用力拉扯时只能扯断茎，根依然留在土里，不久又会发芽，再度繁茂。要想彻底清除，须找到主茎，连根拔起才行。一株繁缕能开出无数朵花，结出数不尽的种子。它们像所有杂草一样繁殖力旺盛，四处生长，刚拔掉一株，很快又长出新的来。而在拔除前先采下种子的行为极易弄巧成拙，反而会为它播种。想要一劳永逸，就得赶在开花前拔除它。不只繁缕，对所有的杂草都该如此……繁缕本是杂草，《万叶集》中却用大篇幅将它歌咏了个遍，大概是因为它有种打动人心的温柔和恬静吧。

点评

　　由喂鸟而起，作者为我们讲述了一种野草的故事。观察之细致，知识之丰富，抒写之从容，都让人不得不佩服。看似平和的叙述，到最后一刻，作者才让自己的感情流露出来："繁缕本是杂草，《万叶集》中却用大篇幅将它歌咏了个遍，大概是因为它有种打动人心的温柔和恬静吧。"

火烈鸟的启示

郑衍文 编译

当今我们所面临的一些重大问题中，有些是由于过度使用以及滥用资源而造成的环境不断恶化。大煞风景的褐色云团，野生动物的灭绝，无法饮用的水资源，古冰川的消失——这些问题似乎全都那么严峻。

于是，我们一家人做了些力所能及的事：去杂货店购物，我们带着布袋，而不使用杂货店的纸袋或是塑料袋；我们尽可能购买有机食品；我们步行前往那些不是非得开车才能去的地方；和很多家庭一样，我们家里装的都是荧光灯，水龙头也是节水型的。

可我们这样做到底有没有效果？在杂货店排队结账的长龙中，我是唯一一个用布袋的人，我的努力有效果吗？我步行去商店，我在淋浴头下的"毛毛细雨"中瑟瑟发抖，我这样做真的能改变世界吗？

最近，我从火烈鸟的身上得到了一些启示。这些姿态高雅的鸟儿会以上千甚至更多的数量聚集成群。每到需要迁徙的时候，总有少数火烈鸟率先飞离湖面，拉开迁徙的序幕。然而，其他的火烈鸟好像并没注意到，于是这一小群火烈鸟又飞回到湖面上。

可是第二天，这少数的先行者会继续进行尝试。这一次，更多的火烈鸟和它们一道起飞，然而绝大多数的火烈鸟依然是毫不在意。所以，这些先驱又飞了回来。

这样的尝试要持续好多天。每次都有更多的火烈鸟加入飞行的大军，可终因大多数的火烈鸟依然没有注意到，大迁徙的计划一再搁浅。

但有一天，情况终于改变了。和以前一样，那些少数的火烈鸟再次扇动翅膀，有一小部分火烈鸟加入它们的行列。这一次飞起来的火烈鸟还是少数，但它们的行动已经足以起到决定性的作用。整群的火烈鸟都飞了起来，大迁徙开始了。那是多么壮观的一幕啊——数千只火烈鸟同时腾空而起！

少数人的确能够改变世界。世界上所有重大的难题，都是因为少数人坚持不懈的努力而最终得到解决的。

人类学家玛格丽特·米德是这样说的："毋庸置疑，极富思想而又信念坚定的少数人可以改变这个世界。是的，这正是唯一可以改变世界的方法。"

如果你信仰一种事业，请不要放弃！总有一天，别人会开始关注。携起手来，我们就能解决我们最大的难题。

点 评

先提出问题：个体在某个方面细微的努力到底有没有效果？是否真的能改变世界？然后，作者从火烈鸟迁徙的生活场景中得到启示：少数通过"先做"的带动作用，引起群体的行动，最后的确能够改变世界。再引申强化观点。在生活中遇到的疑惑，作者从自然中得到答案，这是一种常见的表现"人与自然"关系的思考逻辑，值得借鉴。

品味春风

〔美国〕特里·米勒

有个词适合于这个飘雨的冬日，这个词就是"阴沉的"。它描绘了铅灰色的天空正向我们压来，它描绘了炉膛里闷烧的火苗，似乎它在神秘地吮吸这惨淡阴湿的房间中的每一丝温暖。

但总的说来它表达了我的心情，我渴望地盯着窗外那挂满白霜的公主树，还有那光秃秃的棕色的花坛。不久前我还站在户外的阳光里，呼吸着迷迭香和熏衣草的芳香，采摘着一束束银莲花。我的大脑记得这件事，可我的心却早已忘了。

现在风吹着雨滴敲打着窗户，我冻得发抖。我根本不想出去，但一件事很明白：那就是我必须得去倒掉垃圾。

我穿上一件雨衣和沉重的黑雨鞋，抓起牛奶箱走出房间。

雨点拍着我的面颊就像鱼尾在抽打我，它压迫了我的呼吸。风吹得我只好弯腰俯身地前进。那边，离我只有两步之遥的地方有朵黄色的藏红花，在它后边是朵紫色的，每个花茎上端都有个即将开放的花蕾。我抬眼看到一个闪着绿光的蜂鸟在一棵冷杉枝上寻觅，躲在了这棵大树的树干下。它看见我好像并不像我看见它那么惊讶。

我把垃圾扔在垃圾堆上。在返回小山上时，我尝到了那生机勃勃的、湿润的春风的甜蜜味道。纤细的绿色黄水仙的叶子透过草地冒了出来，有些甚至冒出了黄芽。只有一朵矮小的蔚蓝色的蝴蝶花在我的印象里呈现出夏季天空的颜色。一个栗色和橘黄色相间的蝾螈悄悄穿过了我前行的小路——极像一只小恐龙。

快乐从那高高的杉树枝条间传遍了全身。"你在看什么？"它似乎在问，"你看到了什么？"

这就是我看到的，我无声地告诉它，我从月亮的盈亏中看到了冬的影子，它慢慢地去迎接春天。我想有一天我会再次跪在我的花坛边，阳光照耀在我肩膀上的披肩上，玫瑰花的香味太强了，我闻到了。

我看到了嫩芽儿，爬行动物。但我看见最多的还是：即使在一个寒冷的冬天，我也看到了春的壮丽。

点 评

开篇"阴沉的""铅灰色""惨淡阴湿""发抖""沉重"等词语，渲染了阴沉寂寥的氛围，先抑后扬，为下文做铺垫。后半部分写"我"看到听到嗅到春天的滋味，心情有所缓解，结尾一扫开篇的清冷，转向温暖，在寒冷的冬日看到了春的壮丽。"春风"具有强烈的象征意义，预示一种朝气蓬勃的生命力。

满溪流水香

林新居

我住的地方在山谷中，楼前有条小溪，溪水日夜相续清唱，无论何时，只要侧耳倾听，水响如珮，声声流淌于耳、于心；只要万缘放下，倾听片刻，自能心空如洗，妄念顿除，禅悦油然而生……

满溪的流水，只是顺其自然地流向低处；偶尔遇着了障碍物，打个旋、绕个弯，就通过去了。

水能载舟，也能覆舟。水能刚、能柔，能弯、能直，能屈、能伸。水更能映照我们本来的面目。

《华严经》上说："净心水器，莫不影显，常现在前；但破器浊心之众生，不见如来法身之影像。"清净的水器，永远会映现物影；但是破器、浊心的众生，则无法显出如来（真如法性）的身影。何以如此呢？清净之水如镜，当然可以影显万物；但是破了的水器无法容水，浊了的心，也看不到自己的容颜，当然就见不着自性的光明了。

这句话，主要在于托事显法，无不讲一个"心"字。

满溪的流水，发源于人迹罕至的山，而这山泉，无不是来自天上的云雨；追根究底，实乃水的循环之作用。

我们自性的溪流呢？它日夜流淌，未曾片刻滞留。禅定功夫高的人，不但可以听到（不只是感觉）心跳声，也可以听到血液流动的声音，像溪流，或潺潺低吟，或淙淙高歌；甚至可以听到原本就存在的天籁，在耳际、心间萦回。我们为什么听不到？只因我们的耳忙着辨别各种声音；只因我们的心忙着胡思乱想；只因我们妄念纷飞，噪音、乱波干扰，所以不见亦不闻。

能够万缘放下，念念分明、活在当下的人，不但可以让自己更有信心、更有创见，也更生机无限；就像沛然而下的溪流，小小的石头、杂物，岂能阻挠它勇往直前的冲劲？意志力的锻炼也是。它是相续不断的流水，当深度、广度、纯熟度合而为一时，便形成"流水相继三昧"，此时，再也没有任何事可以成为我们的阻碍，此时，天籁美音，遂破空而来……

我们的身心何时如花脱落，便可闻到满溪流水的芬芳，忽将鼻孔冲开！

点　评

本文使用由物及理的写作技巧。把在"物"身上所具备的、所发现的某种哲理，应用到人生中，便产生了某种更深层次的"理"。这也是哲理性议论文写作的常见思路。在生活中用心去体会物，就会发现万物蕴含的奥秘，进而将其转化为人生智慧。

你见过那棵树吗？

[美国] 罗伯特·S.凯弗

关于那棵树，最初是我的邻居加根太太告诉我的。那天，我坐在后院欣赏着10月的暮色，加根太太过来问我："你见过那棵树吗？"

她接着说："就是那边下去拐角的一棵，五颜六色的，漂亮极了，好多车路过都停下来看，你该去看看才是。"

我对她说我会去看的，可转眼我就把这事全忘了。三天后，我在街上跑步，脑子里牵挂着几件恼人的小事，昏昏沉沉的，忽然，一片耀眼的橘红色跃入眼帘，一时间，我还以为是谁家的房子着火了呢，但我马上就想到了加根太太说的那棵树。

我朝那棵树走去时，不由渐渐地放慢脚步。这棵树的形状并没有什么特别之处，只是一株不大不小的枫树。但加根太太说得不错，它的颜色确实奇特。整棵树就像画家手中五彩斑斓的调色板，树底部的枝丫是鲜艳的梅红色，树的中部则燃烧着明快的鹅黄色和橘红色，再往上，到了树梢，枝条又缓缓地过渡成绛红色。在这火样的色彩中，流淌着浅绿的叶子汇成的小溪，深绿的叶子则斑驳点缀其间，竟似至今未曾受过一点秋天的侵袭。

这棵枫树集各种颜色于一身，它张开宽大的枝丫，历数着四季轮回，容纳着五湖四海，俨然是一个缤纷的地球。深浅错落的绿叶，昭示着南半球的春夏，灿黄的叶子和光秃秃的枝丫勾勒出北半球的秋冬。整个星球就围绕这一时空的交集点和谐运转。

我慢慢走近这棵枫树，就像虔诚的朝圣者缓缓步向神殿。我发现靠近树梢的地方有几根光秃秃的枝丫，上面黑乎乎的小枝像鹰爪一般伸向天空。这些枯枝上落下的叶子一片猩红，像地毯似的铺在树干周围。

我不禁为这棵树无所不包的美惊叹不已。这时，我想起了著名作家拉尔夫·沃尔多·埃默森有关星星的那段评论。他在《自然》一书中写道："倘若星座一千年才出现一次，那么，星座的出现是一桩多么激动人心的事；可正因为星座每夜都挂在天上，人们才很少去看上一眼。"

对于眼前这棵树，我也有同感。这棵树此时的华美只能维持一个星期，所以它对于我们就相当珍贵。可我竟差一点错过了。

有一次，当著名诗人艾米莉·狄金森的父亲偶然看见马萨诸塞州上空一道炫目的北极光时，他立刻跑到教堂鸣钟以告知所有市民。现在，对这棵树，我也产生了这种传颂它的冲动。我愿成为秋天忠诚的信使，让田园乡村每一个角落的人们都了解它的奇妙。

可我没有教堂的大钟，也没有快马，但我会在回家路上每遇见一位邻居，就去问他那个加根太太曾问过我的极其简单又极其重要的问题："你见过那棵树吗？"

点 评

题目使用疑问句，自然会造成一定的阅读期待。你会想，那是一棵怎样的树呢？接着便是浓墨重彩的描写，一棵美丽绝伦的枫树映入眼帘，拨动了我们生命的琴弦。作者引用两个例证来证明美的魔力，并发誓要问每一位邻居："你见过那棵树吗？"这仿佛是被大自然的优美击中后的喃喃自语。既照应开篇，又升华了主题。议论文乎？记叙文乎？抒情文乎？三者皆是。

逆风的香

林清玄

阿难是佛陀的十大弟子之一。

有一天，阿难独自在花园里静坐，突然闻到园中的花，随着黄昏吹来的风，飘过来一阵一阵的花香。

平常有风吹着花香的时候，由于心绪波动，不一定能闻到花香。当心静下来的时候，又不一定有风吹来，所以也嗅不到花香。

那一个黄昏，阿难的心情特别的宁静，又是春天——花朵最香的时节；正好春风飒飒，缓缓吹送。在这么多原因的配合下，阿难闻到了有生以来最美妙的花香。

花香围绕着阿难，花香流过他的身心，然后流向不可知的远方。这些花香使阿难从黄昏静坐到夜里舍不得离开，这些花香也使阿难非常感动。

在感动中，阿难宁静的心也随着花香飘动起来，他想到了一些从未想过的问题：草木都是开花的时候才会香，有没有不开花就会香的草木呢？花朵送香都限制在一个短暂的因缘，有没有经常芬芳的花朵呢？春花的香飘得再远也有一个范围，有没有弥漫全世界的香呢？所有的花香都是顺风飘送，有没有在逆风中也飘送的香呢……

阿难想着这些问题，想到入神，竟然使他在接下来的几天无法静心。有天，阿难又坐在花香中出神，佛陀走过他静坐的地方，就问他："你心绪波动，到底是为了什么呢？"阿难就把自己苦思而难解的问题请教了老师。

佛陀说："守戒律的人，不一定要开花结果才有芬芳，即使没有智慧之花，也会有芳香。有禅定的心，就不必要在因缘里寻找芬芳，他的内心永远保持喜悦的花香。智慧开花的人，他的芬芳会弥漫整个世界，不会被时节范围限制。一个透过内在开展戒、定、慧的品质的人，即使在逆境里也可以飘送人格的芬芳呀！"

阿难听了，垂手而立，感动不已。佛陀和蔼地说："阿难，修行的人不只要闻花园的花香，也要在自己的内心开花——有德行的香。这样，不管他居住在城市或山林，所有的人都会闻到他的花香！"

如果我们的内心就是一个花园，人生的哪一天不是最美的花季呢？

如果我们的内心春风洋溢，人生的哪一个时候不是最好的春天呢？

如果我们有着怜爱、珍惜、欣赏的心，即使在人生的无寸草处行走，也会看见那美丽神奇的一瞥。

所以，花季的时候，不要忘了在自己的心里种花。

> ## 点评
>
> 层层递进，先是心静，又是心不静，最后心绪重归宁静。这种写法，情绪跌宕起伏，会让读者产生深刻的阅读体验。

曾是今春看花人

张晓风

台北有一棵树，名叫鱼木，从南美洲移来的，长得硕大伟壮，有四层楼那么高，暮春的时候开一身白花。这树是日据时期种下的，算来也该有八九十岁了。

今年四月花期又至，我照例去探探她。那天落雨，我没带伞，心想也好，细雨霏霏中看花并且跟花一起淋雨，应该别有一番意趣。花树位于新生南路的巷子里，全台北就此一棵。

有个女子从对面走来，看见我在雨中看花，忽然将手中一把小伞递给我，说："老师，这伞给你。我，就到家了。"

她虽叫我老师，但我确定她不是我的学生。我的第一个反应是拒绝，素昧平生，凭什么拿人家的伞？

"不用，不用，这雨小小的。"我说。

"没事的，没事的，老师，我家真的就到了。"她说得更大声更急切，显得益发理直气壮，简直一副"你们大家来评评理"的架势。

我忽然惊觉，自己好像必须接受这把伞，这女子是如此善良执着，拒绝她简直近乎罪恶。而且，她给我伞，背后大概有一段小小的隐情：

这棵全台北唯一的鱼木，开起来闹闹腾腾，花期约莫三个礼拜，平均每天会有一千多人跑来看她。看的人或仰着头，或猛按快门，或徘徊踯躅，至于情人档或亲子档则指指点点，细语温婉，亦看花，亦互看。总之，几分钟后，匆忙的看花人轻轻叹一口气，在喜悦和怅惘中一一离去。而台北市有四百万人口，每年来看花的人数虽多，也只是两三万，算来，看花者应是少数的痴心人。

在巷子里，在花树下，痴心人逢痴心人，大概彼此都有一分疼惜。赠伞的女子也许敬我重我，也许疼我怜我，但其中有一分情，她没说出口来，想来她应该一向深爱这棵花树，因而也就顺便爱着在雨中痴立看花的我。

我们都是花下过客，都为一树华美芳郁而震慑而俯首，"风雨并肩处，曾是今春看花人"。

那天雨愈下愈大，我因有伞，觉得有必要多站一会儿，才对得起赠伞人。花瓣纷落，细香微度，我们都是站在同一棵大树下惊艳的看花人，在同一个春天。我想，我还能再站一会儿。

> **点评**
>
> 　　语言优美，兼具情趣、理趣，值得细细品味。至少可以学到三种技巧：一是由物及人。开始写深爱花树，然后从树过渡到看花的"我"，引出议论主体。二是借物写人。通过写花树，表达对美好事物的欣赏和对善良品质的追寻。三是托物言志。写花树身上所具有的美好品质，表达对具备像花树一样品质的人的赞美。

一种为"美国梦"献身的鸟

王　昱

提到美国的自然环境，欧洲人总会酸溜溜地调侃"上帝即便不是美国人，也有一半的美国血统"。但仅仅这样说，你依然无法想象美国得天独厚的自然条件在塑造这个国家民族性格中所起的作用。今天我们来讲一种被美国人硬生生吃绝种的鸟类，它对美国今天的版图形成、美国的拥枪文化，乃至美国的大国地位都起到了不可估量的神奇作用。

1914年9月1日，美国政府宣布，由于最后一只人工饲养的叫"玛莎"的雌性旅鸽在俄亥俄州辛辛那提动物园死去，旅鸽正式绝种。

旅鸽，又称漂泊鸠，是欧亚大陆分布广泛的家鸽的近亲，也是人类目前已知的唯一一种曾以亿为单位进行集体迁徙的陆生脊椎动物，它曾经广泛分布于北美大陆，尤其是今天美国的版图内。17世纪，当欧洲人刚刚开始开发北美时，旅鸽数量在50亿到100亿只，由于它们喜欢集群迁徙，这种数量出奇庞大的鸟类在美洲大陆上构成了一道令人难以想象的壮丽景色——印第安土著用"鸟之云"来形容上亿只旅鸽同时迁徙的情景。而欧洲的拓荒者则如是说："当它们在远处时，那是一条飘荡在天边的缎带，而当这条缎带朝你飞来，它们几乎在一瞬间遮蔽了太阳和大半个天空，宛如一只从天际伸来的巨人的手。"

如此数量众多的鸟类，是怎样被吃光的呢？事实上，这只花了大约一个世纪。在18世纪末以前，无论印第安人的弓箭，还是殖民者的滑膛枪，都不能对旅鸽构成实质威胁。但进入19世纪，由于枪械技术的飞速进步，猎杀旅鸽变得轻松起来。于是，肉味鲜美、尝起来比鸡肥嫩又不像家鸽那么油腻的旅鸽成了当时美国穷人蛋白质和脂肪的主要来源。1805年的纽约，一只旅鸽只卖一美分，再穷的人每天都能吃上一顿。而如果你有一杆猎枪，又愿意参与西部拓荒，靠打猎顿顿吃肉也不是问题，多打一点还能卖了换钱花。

仅顿顿吃肉这一项，对同时代的欧洲穷人就是一个无法抵挡的诱惑。19世纪中期，一个有志气的欧洲穷小子的奋斗史很可能是这样的：他在家乡做 10 年左右的工，攒够去美国的船票钱，而后在纽约登岸，在工资较高的美国再做工一年左右，攒钱购买步枪和马匹，而后趁着初秋加入西进拓荒大军。这个时候，栖息在美国东北部的旅鸽也刚好开始迁徙，它们迁徙的目的地是佛罗里达、路易斯安那、新墨西哥等地，这些地方刚好又是美国西进移民的目的地。所以你只要跟着旅鸽走就可以了，一路走一路打旅鸽等野物充饥，多余的猎物还可以沿途跟农户换点粮食。等到冬天到达目的地时，你再依靠林肯颁布的《宅地法》获取一大片土地，待到来年春天就可以开始过小地主的生活了！

可以说，土地、淘金和旅鸽肉是构成那个时代"美国梦"的三根支柱。没有旅鸽的支持，当时的美国不可能迅速吸纳从欧洲拥来的成批的饥民，鼓励他们西进以完成土地拓植更是不可想象的。

到 19 世纪末，旅鸽虽然基本被打光，却巩固了美国人本已浓厚的拥枪传统，有枪就有肉吃成了美国人的共识。时至今日，当年旅鸽迁徙的沿线各州依然是拥枪文化最浓厚的地区。更要命的是，这种狩猎文化还把美国人培养成真正的"战斗民族"。旅鸽灭绝时刚好赶上"一战"开打，军国文化传统浓厚的德国人高傲地认为美国军队人员稀少，加入战争也没啥。但等到美国人真的进入战场，他们却吃惊地发现，美国平民中习惯玩枪的人居然如此之多。整个"一战"中，最迟加入战争的美军中涌现的神枪手数量居然超越英法，仅次于德国。美国人还带来了他们新发明的霰弹枪——这玩意儿最开始就是为大规模猎杀旅鸽而发明的，当美国人不拿它打鸟而改打人时，意外发现它在近距离作战中一喷一个准，打得德国人不得不向美军抗议，说这武器太残忍了，出于人道主义考虑应当予以禁止。

"一战"结束后，德国总参谋部曾开过一个反思会。会上，在总结美国拥枪文化对战局产生的影响时，兴登堡元帅沉痛地说："我们竟然忽略了，这其实是一支用现代武器武装的游牧民族。"

是的，19 世纪的美国拓荒者可能是世界上最后一支现代游牧民族，他们的精神气质已经融入了今天的美国文化，而对于这一点，被美国人硬生生吃光的旅鸽可谓居功至伟。

点评

有枪就有肉吃！文章讲述几十亿只旅鸽竟然被美国人用枪灭绝的故事，令人大长见识。作者给出了一种动物影响一个民族历史的逻辑链条，资料翔实，论述可信，是一篇文采飞扬、思想深刻的佳作。

一柿情缘

夏 俏

中国北方的秋天是最美的季节，天空又高又蓝，白云如丝如絮，连空气中都隐约飘着丝丝甜味。这时候坐在院子里发会儿呆，忽然就会从高高大大的柿子树上"咚"地砸下一个大柿子来，恰好就摔扁在布满青苔的树根旁边，稀烂的柿子渗出金黄色的甜浆来，虽已面目全非，却依然勾起了食欲。

小时候在上海，其实并没有太多机会吃到甜糯熟透的柿子。买回家的柿子多半是硬邦邦的，不能立刻解馋，而是要放一段时间，方可开吃。为了捂软柿子，大人会找个纸箱，把柿子和苹果之类的其他水果放在一起"过过日子"。小孩子对这种行为的直接理解是，要让柿子染上些苹果或者梨的香味，但吃的时候使劲闻，也觉察不到串味。后来才知道，这是为了催熟、去涩。柿子果然是性情慢热的水果啊。

在北方，人生中第一次吃到了脆柿子，甜似桃，脆如瓜。在朋友的小院子里，硕果累累的柿子树下，摆上木桌条凳，切好脆柿子块，加点葡萄干和些许黑醋，拌成了一道爽口又应秋景的柿子沙拉。切好的柿子薄片腌渍一下，再用烤箱做出一个异国风情的焦糖柿子挞。朋友说，就这么使劲吃，使劲想，每天发明各种柿子的吃法，好像也还是吃不完这一树的柿子呢。沉默了一整年的柿子树，正是在秋天这个季节，忽然就捧出了让人意想不到的丰硕果实。"尽管每年都会结，但每年到了这个时候，仍然是满满的惊喜啊。"朋友感叹。年复一年的守望和收获，这便是人类与食物最美好的关系吧。

对于吃不完的柿子，朋友最终研究出了做柿子果酱的方法，切好的柿子块加上白糖，放在大锅里长时间地熬煮，最后做成果酱，口感倒是出人意料地清甜。然后，自己买来玻璃瓶，一瓶瓶地封存起来，贴上签了夫妻俩名字的小纸片，作为秋天最特别的礼物送给亲朋好友。这让我想到了某位北京大厨，也是柿子的爱好者。每年柿子丰收季，他都会囤下大量的柿子，放在自家的冷库里冻起来，到了来年夏天酷暑难当的时候，就把这些冻柿子拿出来，给每一位来自家餐馆的客人作为饭后免费的甜点吃。大家看到这甜点的第一反应都是："哇，冻柿子，好像回到了小时候啊！"丝丝的爽快，透心凉的甜，这一份心意造就的，是童年时的冰激凌。

手工柿饼也是近些年很难见到的好东西了，制作全靠手感。我所见过的柿饼制作过程是：先削掉柿子皮，将果肉在太阳底下晒脱水分，风干出紧实的质感，然后进烤炉用龙眼木熏烘，再脱一层水分，接着继续日晒风干。这其中有一个步骤不可少，便是定时用手按摩柿子果肉，这个动作尤其需要掌握力度，为的是不让柿子在晾晒过程中变得太过僵硬，也可以让柿子里的单宁酸尽快地转化成葡萄糖，变酸涩为甜美。而柿饼做成之后，最诱人的，莫过于表皮上那层浅浅的白色糖霜，称为"柿霜"。柿霜是柿饼晾晒过程中从柿子内部析出的糖分结晶体，不仅从外观上将柿饼晕染成晶光覆面的橘红色。吃的时候，先含化表面的柿霜，再咀嚼韧性十足的果肉，也是一种别样的乐趣。

又圆又大的柿饼就算不马上吃掉，放在家里也有种丰收满盈的喜气。有种小型的柿饼，十几个一串，用绳子结着挂在屋檐下，更是讨人喜欢。总有人不知道要怎样吃掉一整个柿饼，觉得太甜。我见过客家人炖鸡汤，里面要放十多颗小柿饼和土鸡同炖，出来的味道自然鲜甜无比。还见过有人写回忆自己童年的散文，说父亲总喜欢在白米饭上放一个大柿饼同蒸，蒸出来后，连饭都是甜糯的。下次，这两种做法都可以自己试试看。

巴西木

李国文

　　朋友送我一盆巴西木，我把它放在朝阳的窗台上。

　　由于我对花草虫鱼知之甚少，所以也不觉得这盆巴西木有什么出奇之处。说得不好听一点儿，除根部粗可盈握的树桩稍显别致外，通体几乎毫无可取之处。尤其那像鸡毛掸子一样的茎叶，更是让人不敢恭维。真还不如田野里的老玉米，郁郁葱葱，枝壮叶肥，精神蓬发，生机勃勃。也许这盆巴西木知道我不识货，便也没精打采地生长着。后来，还匆匆忙忙开了一串小花，散发出一股并不雅致的香味。接着，它就恹恹地萎黄了，我也没将它当回事，懒得调治，就将它搬离窗台，不再浇水，拉倒了。

　　一天，我见到我的朋友，告诉他这回事。

　　他不禁摇头，面露一副怅然若失的表情。因为这是他好不容易坐飞机从广州给我带过来的。

　　"噢，噢。"我的朋友没有再说什么。

　　于是，我想起《聊斋志异》里的一则故事，说有一个年轻人养了许多鸽子，都是些名贵的品种，如坤星、鹤秀、腋蝶、诸尖、靴头、点子、大白、黑石。蒲松龄笔下的这些品种，至今还有人在养。由于这位养鸽人全神贯注、情有所钟、爱鸽如命、孜孜不倦，终于感动神明，送给他一对人世绝少的佳种。

　　一个人，大凡过度痴迷于癖好，弄到无法自拔的程度，往往会疏离世俗人情，显得迂腐和呆头呆脑。

　　有一天，这个年轻人遇到了他父执中的一位老人家，不得不垂手作唯唯状，执子侄礼。当老人家问起他养鸽子的事情时，他不知该如何是好。问题在于他还没有傻到只认鸽子不认人的地步。这就坏事了，他得揣摩老人家的用意，考虑应对之道。这种人，该傻时不傻，不该傻时倒犯了傻。他竟以为对方也是同好，和他一样，是个鸽迷呢！于是割爱，献出那对佳种。

　　过了些日子，他又碰上这位老人家，谁知对方无任何表示。他便问了："怎么样，那对鸽子？"

　　回答说："还算肥美吧！"

　　他大惊失色："您给炖着吃啦？"

"是啊！"

"那可是非常名贵的品种啊！"

这位老人家回想了一下，说道："也没有什么特别的地方！"

当我把这个故事讲给我的朋友听后，他笑了，说了一句让我不能忘怀的话，我好久也不能平静。他说："好赖一锅煮，是人类唯恐失去平衡、彼此心安的典型心态。对那些新奇的东西、出类拔萃的事物来说，最可怕的命运，莫过于碰上这种整个社会的不肯接纳和区别对待的惰性了。"

我连忙跑到小院去找那盆巴西木，很遗憾，早枯死了。

点　评

文似看山不喜平。作者使用递进式说理方式，让文章一波三折，也使思考不断加深。记住：思辨式思考，能给予读者更多的精神享受。

关于海洋，给儿子的一封信

林文静

儿子：

那天带你去看《海洋》，电影里有只海狮，在一片脏兮兮的海域穿梭游弋，彷徨而好奇地注视着身边的垃圾和超市里的手推车，我不禁难过起来。我想起了家乡的那片海。曾经，那里天蓝蓝，水盈盈，各色贝壳沿着波浪的弧线，点缀着洁白的沙滩。我的童年，都与那片海有关联。海边是连绵的椰子林，大片的马鞍藤盛开着美丽的紫色小花，一直由椰林蔓延到海边。小螃蟹横行沙滩，刚被发现，就会迅速消失在某个隐形的洞穴里。

儿子，你的运气不如老妈。如今的海滩已经沧海桑田。就如《海洋》的导演雅克·贝汉带儿子参观灭绝生物博物馆时所做的凝重诠释与回顾一样。因为人为的破坏，上一代人所经历的很多事，所看到的海洋和生物，这一代人都可能不再知道了。

十几年前，先是有人在妈妈的家乡开挖海沙和海底珊瑚礁。因为过度开采，海水变得越来越浑浊，海水慢慢上涨，没过白色的沙滩，漫进椰林，很多从海里漂浮上来的垃圾四处散落。近几年，政府开始严打挖沙和挖珊瑚礁的行为，投入资金重新买沙填海……

没承想，一个资金雄厚的商人把椰林周围的地全都承包了，建起了海边度假村。原来的椰林不见了，到处是外表原始内在奢华的小木屋。人们要想再去那片海，已不似从前，那么容易了。若不是到度假村去住宿或吃饭，到村口就会被阻拦，要不掏点钱，就甭想去海滩。

以前海滩上人很少，到处都是贝壳；现在，海滩上贝壳要比人少。水上摩托艇和沙滩直升机不停地忙碌，不断发出嗡嗡呜呜的声响，海面一片喧嚣；海边布满遮阳伞，游人如织，海滩一片吵闹——照我看，海没有以前的蓝，连沙都没有以前的白。

过去，渔民为了近海捕鱼发生矛盾与争吵是家常便饭，这个不和谐的场景如今倒是没有了——近海的鱼类越来越少，谁也不知道它们是迁徙到了别的地方，还是跟着这片海域的静谧一起消失了。雅克·贝汉说："我们经常能听到，这一年又有多少物种消失了。我不禁想反问人们，这就是它们的意义吗，仅是一些数字？在我小的时候地中海有很多沙丁鱼，但是经过工业捕捞后，它们少了很多；西班牙和法国等国家还因为捕捞鳕鱼的问题发生过争端，但是后来争端没有了，为什么？因为鳕鱼没有了。"

没有了，没有了，一切都没有了。我心里想。

鲨鱼的宿命并不比鳕鱼好到哪里去，看过《海洋》的人，都会对鲨鱼被割掉背鳍和尾鳍，然后被活生生地丢回大海的片段感到难过。在唱诗班沉重低吟的音乐背景下，鲨鱼习惯性地试图摆动业已不见的鳍，痛苦而绝望地坠入海底，等待死亡。我真希望你没有看到这一幕。"它们花了几百万年进化到今天，却在几十年内消失了，因为人类"——环保主义者说人类是"地球之癌"。我希望你长大后，能成为一个有反省能力的人，能过一种更有意思的生活，懂得人的局限，懂得自然之美，并且和自然万物和平共处。

我带着你，走在海边，脑子里又想起了自己童年时的那片海，想起了海边的那几块礁石。小时候，我们还常常爬到礁石上玩，可现在礁石不见了，有人说它们被淹没到了海水里，有人说它们被加工成了度假村里的假山，也有人说它们被冲到另一个海滩去了……

没有了。儿子，世界上没有什么比这三个字更让人空虚了。

爱你的妈妈

点 评

作者以书信形式描写母亲和儿子两代人眼中看到的海洋及其变化：一切都不复存在了。作者希望自己的孩子以后能够珍惜现在所拥有的，不要轻易抛弃，不要盲目追逐改变，不要让这个世界上原本美好的事物渐渐地消亡，要懂得自然之美，并且与自然万物和平共处。语言朴实，发人深思。

虎鲸的反击

英国那些事儿

2020 年 7 月 29 日，23 岁的维多利亚·莫瑞斯跟随 3 名水手在直布罗陀海峡航行。

那天下午，她看到有高耸的背鳍从远处游来。是虎鲸，数了数，足足有 9 条！

对于一个学海洋生物学的学生，眼前的一切无疑是令人兴奋的。

但没想到，这 9 条虎鲸围绕着船一直没散去，反而把船包围起来，并开始猛烈地撞击船身，攻击底部的船舵和龙骨，一边攻击，一边发出震耳欲聋的叫声。

因为攻击力度太大，船的引擎和舵全部失灵，船头被调转 180 度。所有人都慌了。

维多利亚和水手们开始收帆，准备救生筏和用无线电发出求救警报。海警用了好一会儿时间才相信他们说的话——有一群虎鲸在攻击他们。

虎鲸？攻击人？这是从来没有发生过的事。

更让人没想到的是，虎鲸的攻击时间超过一个小时。后来维多利亚告诉记者，她感觉虎鲸们是想把船掀翻。

还好，这艘船有 14 米长，最后虎鲸们还是放弃了。舵和引擎被损坏的船漂流到西班牙巴尔瓦特镇的一条运输专线上，过了一个半小时船员才获救。

等船被拖上岸后，人们发现船舵的三分之一被损毁，上面还有虎鲸的牙印。

这事儿真的太奇怪了。塞维利亚大学海洋生物实验室的研究员罗西奥·爱丝帕达得到消息后，一开始根本不相信。她说，确实有虎鲸和船互动的案例。作为一种高智商哺乳动物，有些虎鲸会把船舵当成玩具，咬它或者轻拍它。但攻击船只超过一个小时，并毁坏船舵和引擎，这种事从来没发生过。

但维多利亚经历的事件并不是唯一一起。

从今年 7 月下旬开始，就不断有航海者报告自己在直布罗陀海峡被虎鲸攻击。

7 月 23 日，31 岁的阿方索·马丁像往常一样开着货船，有 4 条虎鲸把他们的船逼停，猛烈地攻击船身，船舵被损毁。据马丁说，整场攻击持续了 50 分钟。最后，船体开始倾斜，船头被调转 120 度，还有一个船员的肩膀因为冲击力差点脱臼。

7 月 22 日，来自英国的退休护士贝弗利·哈瑞斯和她的老伴在帆船上航行。当他们航行到巴尔瓦特附近时，船突然停了下来，被调转方向。他们拿着手电筒一看，发现是一群虎鲸。夫妇俩把船头调过来，但每次都会被虎鲸调回去。来来回回很多次，过了 20 分钟后，虎鲸们才游开。这艘船的船舵也被毁坏，哈瑞斯说，她感觉虎鲸们有几次想把船抬起来。

也有没那么暴力的虎鲸。至少 7 月份有两起记录，虎鲸在和船只接触后，只控制了船舵，不让船前进，其余没有做什么。

"这些事情都很奇怪。"鲸鱼研究员卡泽拉在《卫报》的采访中说，"我不认为它们是故意要攻击人类，但这些事不同寻常。"

很多研究人员都表示，他们之前从未听说过此类事件。不过他们猜测，之所以会发生这样的情形，可能是由于直布罗陀海峡里的虎鲸生存压力实在太大了。

生活在直布罗陀海峡的虎鲸只有不到 50 条，濒临灭绝，问题出在多个方面。

首先，直布罗陀海峡是一片非常狭窄的海域，也是当地主要的运输通道。过往的货船很多，海洋噪音与污染也很严重。

因为海域很窄，虎鲸们非常容易被看到，所以当地兴起了一项利润丰厚的产业：鲸鱼观赏。

每天，都会有游船开到虎鲸身边，游客们对着虎鲸大呼小叫。虎鲸游到哪里，他们就开到哪里，骚扰它们的生活，阻碍它们捕食。

更糟糕的是，当地蓝鳍金枪鱼数量严重不足。

直布罗陀的虎鲸以这种体型巨大的金枪鱼为食。倒霉的是，这种金枪鱼也很受人类喜欢，大的能卖到上百万美元一条。受利益驱使，人类过度捕捞这种金枪鱼，使得它们的数量从 2005 年到 2010 年间骤降，已到了濒危的地步。

因为能被抓到的金枪鱼太少，虎鲸们从 20 世纪末开始，学会从渔民手中抢鱼，把被勾住的鱼咬走，只剩下鱼头。这种方法很危险，有的虎鲸会被钓上去，有的虎鲸的鳍会被钓线割断。

渔民们把虎鲸称为"小偷"，非常讨厌它们。曾经，有渔民用电棍击昏虎鲸，或向虎鲸扔点燃的汽油罐，还有的渔民会切断它们的背鳍。

"虎鲸是保护动物，但在不被人看到的时候，渔民们想怎么做就怎么做。"海洋生物学家乔恩·塞林说，"他们把虎鲸视为竞争者。"

因为金枪鱼太难找，所以渔民们会以虎鲸作为搜寻目标，看到它们的背鳍后，便在它们下方撒网。有的时候，他们是对的，于是这些鱼到了渔民的网里。

严重的食物短缺，造成虎鲸超高的幼鲸死亡率；和渔民抢食，也让成年虎鲸们伤痕累累。

不过，直布罗陀的虎鲸们已经忍受这种糟糕的环境几十年，为什么会突然从今年 7 月起，决定报复人类呢？

塞林说，这可能是由于新冠肺炎疫情的影响。

"在过去几个月，没有大型钓鱼比赛，没有赏鲸活动，没有帆船、渡轮和货船，海洋世界终于清静了。""大部分虎鲸从出生起，从没遇过这样的好事，所以，当噪音再次出现时，它们生气了。"

在《卫报》的采访中，很多研究人员都用"生气"这个词来形容虎鲸从 7 月份开始的行为。他们认为，虎鲸其实明白，这所有的一切——夭折的幼崽、日常受伤、不足的食物——都和人类有关。

鲸鱼研究中心的肯·巴尔科姆说："我看到它们盯着渔船，我觉得，它们明白眼前的食物短缺是人类造成的。它们也知道，是食物短缺造成它们身体虚弱，使它们失去孩子。"

被欺负这么多年，怎么会不愤怒呢？

在攻击事件发生后，研究员保琳娜·高费耶向西班牙环境局提交了一份保护计划，希望在巴尔瓦特附近海域划分"低噪音区"，还虎鲸们一片清静。

经历过被 9 条虎鲸围攻的维多利亚也找到了自己的研究专题，打算未来专门保护这群濒危的生物。

希望在未来，这群虎鲸能有更好的生存条件。这些海洋的精灵们，真的禁不起折腾了……

点评

通篇采用递进式写法。抽丝剥茧，像剥洋葱一样逐层递进分析，寻找虎鲸攻击人的原因。最终从表层原因过渡到深层原因，得出令人信服的结论。议论文写作中经常会涉及原因分析，影响一个事情的原因往往是多方面的，而且有主次之分。如何进行一果多因的探究，文章提供了示范。

考拉之死

秋　池

托尼·多尔蒂看到车窗外那只考拉时，它刚刚从燃烧的丛林里爬出来，歪歪扭扭穿过马路，深灰色的毛变得焦黑，它像是被吓坏了，慌不择路地爬向马路对面另一片燃烧的树林。

"它看上去非常脆弱。"托尼从车上跳下来，边跑边脱下身上的白色 T 恤，冲进树林用 T 恤裹住它，把它抱了出来。

她将它放在远离火焰的地上，给它喂矿泉水。考拉是一种平时几乎不喝水的动物，它们靠吃桉树叶获取大量的水分。然而此时这只惊恐的小动物用两个爪子死死抱住托尼的矿泉水瓶子，快速吞咽。托尼把水浇在它身上降温，它的躯体被大面积烧伤，当水和手触碰到皮肤时，它发出了痛苦的呜呜声。

"我从来没有听考拉那样叫过，几乎像是在哭喊。"托尼说。她用毯子将它裹起来，毯子上布满了暗红色的血迹。

这只考拉被迅速送往澳大利亚麦考瑞港，那里有全世界唯一一家专门照顾和保护考拉的考拉医院。

从 2019 年 9 月开始，澳大利亚的森林大火已经燃烧了将近 5 个月，过火面积迄今超过 1000 万公顷，至少 24 人死亡，2000 多座房屋被毁，死伤动物不计其数，"连沼泽都在燃烧"。而大火主要席卷的 3 个州——东海岸新南威尔士州、昆士兰州和维多利亚州正是澳大利亚最重要的考拉栖息地，如今，这些栖息地大约有 80% 已被摧毁。据《纽约时报》2020 年 1 月中旬的报道，大约有 2.5 万只考拉死于这场大火。

"它们几乎不可能逃脱。袋鼠会跳，鸟会飞，可考拉只会缓慢地爬。"一位消防员说。遇到山火时，它们只会往树顶上爬，蜷成一个球。桉树是世界上最耐热的树种之一，但依然无法抵挡这种规模的山火，当树顶的温度过热时，它们不得不爬下树，爪子被滚烫的地面灼伤，再也回不了树上。

濒危已久

托尼给自己救下的那只考拉起了名字——路易斯，这是她外孙的名字。她在考拉医院见到了它。它卧在篮子里，安静地啃着桉树叶，托尼轻轻抚摸它的头，它抬头看了她一眼，又低下头继续啃树叶。

考拉生性温顺，行动缓慢，一生的大部分时间都趴在桉树上睡觉。美国前总统奥巴马、俄罗斯总统普京、德国总理默克尔……几乎每位到访澳大利亚的政要都留下了怀抱考拉的照片。它们像抱住桉树一样紧紧抱住人的脖子或小腿，憨态可掬。对于到访澳大利亚的游客，"如何正确地抱考拉""到哪里抱考拉"是必做的功课之一。

但事实上，早在这次大火之前，考拉在澳大利亚的生存环境已经不容乐观。

据澳大利亚生物多样性中心统计，2016 年的考拉数量在 30 万只左右，而随着近年气候变化加剧和人类对考拉栖息地的侵占，考拉的数量锐减到 4 万至 10 万只。它们死于山火、干旱这样的天灾，也死于车祸、偷猎这样的人祸。在部分地区，考拉数量甚至锐减 80%。目前，考拉在澳大利亚多个地区已被列入濒危动物名录。

除了天灾人祸，考拉还常常死于人类莫名其妙的恶意。2018 年，澳大利亚动物保护人员在昆士兰州一个公园里发现一只大约 5 岁的考拉，它的前肢被人用钉子钉在木柱子上，被发现的时候已经因失血过多而死。

澳大利亚考拉基金会主席黛博拉·塔巴特在 2019 年 5 月的一份声明中悲观地写道："考拉在整个澳大利亚已经功能性灭绝。"这一判断在动物学界引发争议，功能性灭绝通常被用到数量只剩几百只的动物族群身上，很多人认为考拉的数量依然能维持自我繁殖，并未达到如此危险的地步。但黛博拉女士坚信自己的判断，认为按照目前的速度，考拉将在未来三代内灭绝。

"我开车去了它们几乎全部的栖息地。我清楚地知道没有一个考拉族群是安全的。我不在乎其他人说什么，我到过现场，我看到它们处在什么状况之中，我要把这些写下来，这份工作我已经做了 31 年。"她语气激动地告诉媒体。

政治短视

这种特大火灾无法通过水弹飞机或消防人员扑灭，人们只能无力地等待雨季的到来。那也意味着，将有更多的考拉死于这场大火。

有人尝试寻找真正的解决方案。"气候变化似乎已经变成一种新的常态，这意味着考拉接下来的生存将更加艰难，如果我们不做点什么，我们就会渐渐失去它们。"从事野生动物救治保护工作 20 年的派恩说。

近年来，澳大利亚森林大火越发频繁，人们普遍认为这与全球变暖密切相关。新南威尔士州前消防和救援专员格雷格·穆林斯在《悉尼先驱晨报》的专栏文章里写道："火灾在从未发生过的地方，以前所未有的频率发生……雷暴引发的火灾以前很少见，而现在越来越频繁。"

在如今的澳大利亚，气候变化已经变成一个敏感的政治议题——考拉生活在荒无人烟的野外，却被卷入人类世界复杂的政治博弈。

在这场导致大量考拉死亡的大火发生之前，30 万澳大利亚人曾走上街头游行，呼吁政府对气候变化采取行动，控制温室气体排放，然而收效甚微——澳大利亚的政党在气候议题上存在巨大的分歧，左翼工党呼吁"减排、去煤、应对气候危机"，而执政的自由党总理斯科特·莫里森一直支持传统能源行业，认为"去煤"将会导致无数人失业，"减排"则会牺牲经济发展。

根据新气候研究所、气候行动网络和德国观察等智库机构联合编制的《2020 年气候变化绩效指数》，在对国家和国际气候政策的评估中，澳大利亚被认为是表现最差的国家。

这次的火灾发生之后，有媒体问及莫里森此次火灾和气候变化的关系，莫里森没有回答。

在澳大利亚国立大学气候科学家乔尔·格雷格看来，政客的短视和冷漠正在葬送这个国家的未来。"天气会变得越来越酷热，我们在未来将看到更加极端的灾害。政客们把球踢来踢去，我们真的错失了为将来所要面临的一切做好准备的机会。"

英国历史学家罗曼·克鲁兹纳里克曾提出过"空白时间"的概念："英国十八九世纪殖民澳大利亚时，利用'无主地'的法律原则来为自己的征服与殖民统治辩解，无视原住民的存在和他们的土地所有权。今天我们的态度也像对待'无主地'一样，把未来当作'空白时间'，无人居住、无人认领，任凭我们主宰。"

如今，考拉的命运似乎正在"任凭我们主宰"，而它们对此并无发言权，它们甚至不会出现在那个"空白时间"里，就像被救下来一周的路易斯，最终还是没能挺过去。志愿者喂它桉树叶，它一个小时才能吃下去一片，它闭着眼，嘴里含着树叶，眼角渗出眼泪，医生猜测它承受着巨大的疼痛。为了使它免受更多的痛苦，它被实施了安乐死，在小筐里安静地离世。

未来，在那个"空白时间"里，人类也许会成为最孤独的动物。

> **点 评**
>
> 资料详实，分析精辟，为我们描绘了一幅考拉的悲惨生存图景。由一只被烧伤的考拉之死，引申到整个群体的生存危境，现场和历史勾连自然，在深度和广度上都得到有力的拓展。

鹩鹩还在唱歌

帕梅拉·R.布莱恩

沉闷、多雨的春天，尽管并不太冷，阵阵寒意却袭上心头。春雨连绵无尽，我的心情逐渐陷入黯淡，开始被天气支配。

又是一个雨天。我做完零活儿，以最快的速度返回温暖的房子。忽然，一阵清脆、嘹亮的声音穿透淅淅沥沥的雨声飘进我的耳朵。我从后门跑进屋中躲雨，然后，转身向纱门外张望，试图寻找声音的来源。当我静听的时候，那清亮的声音再度响起。我的眼睛聚焦于不远处的丁香丛。时值丁香花盛开，在大团氤氲的紫色中，很容易辨认出一只站在细枝上的小鹪鹩。它将自己的巢筑在空番茄汁瓶中，那是我妈妈多年前挂在丁香枝上的。风将鹪鹩的房子吹得摇摇晃晃，雨下得越发紧了。鹪鹩用小爪子紧紧抓住细枝，仰着头，对着天空忘情地歌唱。尽管它的巢摇摇欲坠，它仍然在唱歌。

也许我们可以从鸟的身上学到许多。向它们学一学怎么筑巢、怎么喂养幼子，以及怎么对命运歌唱。鸟不要求更好的巢。它们不抱怨自己的遭际、命运，只是平静地接受发生在自己身上的一切，并且尽最大的努力用生命创造一些美好的东西。

风、雨和生命的风暴同样地光顾人与鸟。当你的世界摇晃时，请抬起头，记得鹪鹩还在唱歌！

无须忧虑吃什么，无须忧虑穿什么。因为，生命胜于食物，身体胜于衣裳。

点 评

从这篇文章中，可以学到一种以情绪作为线索的作文法：比如开篇"黯淡"，进而"清脆""响亮"的歌声，让作者心情发生转变，结尾要"抬起头""无须忧虑"。可以试试。

动物为什么不锻炼

袁 越

一个人报名参加 3 个月后举行的体育比赛，这 3 个月里他会做什么？答案是显而易见的。一只候鸟 3 个月后必须迁徙到南方过冬，这段时间它在做什么呢？答案是：不停地吃。

所有野生动物要想在自然界生存下去，都需要极佳的体能，但我们很少看到动物会有意识地锻炼身体，为体能做储备，候鸟就是一个好例子。大部分候鸟迁徙时都要不间断地飞行成千上万公里，其难度绝不亚于一场马拉松，但没人见过候鸟会在出发前先锻炼一下，它们就知道不停地吃，似乎只要储备足够多的能量就行了。

另一个案例是那些需要冬眠的动物，比如黑熊。它们在冬天会找个山洞钻进去睡上好几个月，直到第二年开春再苏醒。令人惊讶的是，黑熊们醒来后立刻就能活蹦乱跳地出洞觅食，好像什么事情都没有发生过。如果一个人在床上躺 3 个月不动弹，肌肉肯定会大幅度萎缩，因为人类的肌肉需要维持一定的刺激才能保持原样。太空站的宇航员之所以每天都要锻炼身体，就是因为太空的失重环境不足以给肌肉足够的刺激。如果不锻炼的话，宇航员们回到地球后甚至会连站都站不起来。

为什么动物不需要锻炼呢？这个问题自古以来就有很多人问过，但直到最近才有科学家试图去寻找答案。研究发现，冬眠之所以不会让熊的肌肉萎缩，是因为熊的血液里存在某种因子，能够让肌肉细胞维持健康。曾经有人把小鼠的肌肉组织浸泡在熊血之中，发现如果是在夏天采的血，那么小鼠的肌肉会持续萎缩，但如果采的是冬眠中的熊的血，肌肉的萎缩速度会减缓40%。这个结果说明，冬眠中的熊会分泌某种化学物质，对肌肉有保护作用。

迁徙的鸟类之所以不需要锻炼，似乎也和基因有关。加拿大一位科学家曾经研究过一种名叫黄腰林莺的北美候鸟，他发现，只要通过人为控制光照和温度的办法模仿季节变换，这种鸟的肌肉细胞内就立刻会有上百个基因发生变化，为即将到来的长途奔袭做好准备。

从这两个例子可以看出，大部分野生动物的生活模式是相当固定的。它们每天的每个时刻应该做什么事情都是事先安排好的，所以这些动物干脆进化出相对固定的生长模式，无须锻炼就能保持肌肉的活性。

人类肌肉没有这种功能，因为我们的生活模式是不固定的。我们的肌肉需要时刻做好准备去应对不同的场景，没法按照某个固定模式去生长。也许有人会问，那为什么我们的肌肉不干脆进化得永远保持强壮呢？答案在于，肌肉是一种非常昂贵的奢侈品，维持肌肉健康需要付出极大的代价。研究显示，休息状态下的肌肉组织每天每公斤需要消耗15千卡的能量，运动状态下的消耗更是会成倍增加。肌肉组织平均要占到一个人体重的40%左右，我们吃下去的食物有20%是为了维持肌肉健康而被消耗掉的，这是一笔很大的开销。自然选择不会允许我们浪费宝贵的资源去养活一支强大的常备军。

自然状态下的人类是无须担心肌肉萎缩的，我们的祖先几乎每天都要出门觅食，无论是捕猎还是采集，都需要不停地运动。一个因为某种原因而不能动的人是吃不到足够的食物的，这时他身体里的肌肉组织就会被当作食物储备消耗掉，帮助他渡过难关。

现代社会情况发生了变化，世界上出现了很多整天坐办公室的人。他们的心跳和呼吸频率长时间维持原样，他们的肌肉根本得不到足够多的刺激，这就导致他们的运动能力大幅度下降。这些人要想维持一定的运动能力，就必须人为地创造出某些场景，强迫自己动起来，这种场景被我们称为"锻炼身体"。

换句话说，体育运动的目的，就是让现代人用最少的时间，高效率地满足我们的动物本能，让我们这些靠脑子吃饭的人可以相对健康地活下去。

点　评

一篇让人脑洞大开的文章。从候鸟和冬眠动物两个例子，证明动物不锻炼。然后引用科学家的研究结果，得出结论：大多数动物已经进化出相对固定的生长模式，无须锻炼就能保持肌肉的活性。然后与人对比，因为人的肌肉没有这个功能，故需要体育锻炼满足自己的动物本能，保障健康生存。证据丰富可信，论述严密清晰。

进入宁静之地

孙穆田

在平均海拔 3000 米的维龙加火山群上，乔治·夏勒先生又穿了同样的衣服，在同一处低矮的树干上蹲着，像过去的十几天一样，让自己尽量显得像一根木桩。不远处是一群山地大猩猩，它们开始还对他抱有警惕，一段日子过去，大猩猩们的眼神已经变成：哦，这个东西又来了。他感觉时机成熟了，开始坦然坐在那儿。

这是野外生物学家夏勒最享受的一刻——静静地观察它们。1959 年的这次经历让他成了世界上第一个进入野外研究大猩猩的人。此前，人们认为它们非常凶残。但在那次观察中，一只带着孩子的母猩猩慢慢爬到夏勒旁边的树干上，和他蹲在一起，他看见了母猩猩的眼睛，一双有着迷人褐色和温柔神情的眼睛，就像人的一样。

夏勒今年 83 岁了，当他坐在北京一家酒店说到母猩猩"美丽的眼睛"时，他灰色透明的眼睛微张，就像看到了什么神秘而美丽的东西。

他不喜欢城市，车辆的声音太吵了，过马路时需要左顾右盼，就像穿越青藏公路时慌张四顾的藏羚羊。他不用手机，对不停更新换代的产品毫无兴趣。而进入野外，各种鸟鸣以及野兽的叫声让他感到平静。跟动物打交道比和人打交道要容易，动物"更加诚实""更加平和"，那些能通过表情判断出情绪的动物都不必害怕。一次他听到背后树叶的窸窣声，回头发现一米之外一只老虎正盯着他。他将脸慢慢转回以避免注视它，过了一会儿老虎走开了。有一次他撞上了一头硕大的熊，他一动不动，熊转身离去。他将这归结于"动物极大的宽容"。

"真正的危险总是来自人类。"他讨厌把自然称为自然资源，这让它听起来就像一种可以被买卖或丢弃的商品，而不是真正出于爱的珍惜。他也是世界上第一个揭露沙图什披肩和猎杀青藏高原藏羚羊之间关联的人，此前，售卖者一直声称制作披肩的绒毛是藏民捡藏羚羊蜕下的绒毛而不是猎杀所得。

夏勒总是尽可能多地参加讲座和接受采访，因为他相信"只有人们真心对它有感觉的时候，科学才能派上用场"。他愿意不厌其烦地讲述有趣的经历，比如一次他在等待一只被麻醉的豹子苏醒时睡着了，倒在豹子松软的身上，当他醒来，豹子正好奇地看着他。

与动物之间的亲密感，令他愉悦和满足。在人迹罕至的羌塘高原，很多动物从来没有见过人。一次，夏勒遇见了一只狼，狼走过来了，它望向夏勒，又走开了，平静地保持距离。他们走了几百米，对视了一会儿，最后狼走上了山丘，消失了。那一刻，他感到自己被它接受了。

环境破坏永远不会停止，但夏勒信仰一种超越科学的理想：帮助那些荒野碎片永存。"在这里，我们能体验到生命平静的律动，重新感觉到自己属于自然世界。"在他看来，荒野是一种心境。未来的人们应该有"瞥见大自然落日余晖的权利"。

荒木寂然

傅　菲

　　去深山之前，我不会料想到自己会看见什么，是什么令自己产生意外之喜。譬如，巨大的蜂窝吊在三十米高的乌桕上，一棵被雷劈了半边的树新发青翠的树枝，壁立的岩石流出汩汩清泉，松鸦抱窝了一群叽叽喳喳的小鸟……这些景象让我迷恋。

　　我收集了很多来自深山的东西，如树叶、花朵，如动物粪便，如羽毛，如植物种子，如泥土。我用薄膜把收集的东西包起来，分类放在木架上。木架上摆放最多的，是荒木的腐片。

　　之前，我并没想过收集腐片，去了几次荣华山北部的峡谷，每次都看见巨大的树，倒在溪涧边，静静地腐烂，有一种说不出的东西撞击着我。有树生，就有树死。生，是接近死亡的开始。有一次，我和街上扎祭品卖的曹师傅，去找八月瓜，找了两个山坳也没找到。曹师傅说，去南浦溪边的北山看看，那边峡谷深，可能会有。我们绑着腰篮，渡江去了。

　　立冬之后，幽深的峡谷里，藏着许多完全糖化的野果。猕猴桃、八月瓜、地菍、寒莓，这些野果，在小雪之后，便凋谢腐烂了。我和曹师傅沿着峡谷走，眼睛瞄着两边的树林。"这么粗的树，怎么倒在这里？"曹师傅指着深潭问。我拨开灌木，看见一棵巨大的树，斜倒在潭边的黑色岩石上。

　　这是一棵柳杉，穗状针叶枯萎，粗纤维的树皮开裂，有部分树皮脱落。我对曹师傅说："柳杉长在沙地，沙下是岩石，根深扎不下去，吃不了力，树冠重达几吨，就这样倒了。它的死，缘于身体负荷超出了承重。"柳杉倒下不足半年，它棕色的树身还没变黑，它还没经历漫长的雨季。

　　雨季来临，树身会饱吸雨水，树皮逐渐褪色，发黑，脱落；再过一个秋季，木质里的空气抽干水分，树便开始腐烂。我从腰篮里拿出柴刀，开始劈木片，边劈边说："倒在涧边，柳杉成了天然的独木桥，可以走二十多年呢。"

　　荒木要烂多少年，才会变成腐殖质层呢？我不知道。泡桐腐化需要五年，然后肌骨不存。山茶木倒地二十年后仍如新木。枫香树，只需十年便化为泥土。木越香，越易腐化——白蚁和细菌，不需要一年，便噬进木心，无限制地繁殖和吞噬。白蚁和细菌是自然界内循环的消化器。粗壮的枫香树，锯成木板，可以用作一栋大房子的楼板，却最终成了这些生物体的果腹之物。

最好的树，都是老死山中的，可谓寿寝南山。

倒下去，是一种酣睡的状态，横在峡谷，横在灌木丛，横在芭茅地，静悄悄的，不需要翻动身子，不需要开枝长叶。它再也不需要呼吸了。它赤裸地张开四肢，等待昆虫、鸟、苔藓。树死了，但并不意味着消亡。死不是消失，而是一种割裂。割裂过去，也割裂将来。死是一种停顿。荒木以雨水和阳光作为催化剂，进入漫长的腐熟阶段。这是一个更加惊心动魄的历程，每一个季节，都震动人心。

对腐木来说，这个世界无比荒凉，只剩下分解与被掠夺。对自然来说，这是生命循环的重要一环。

这一切，都让我敬畏，如同身后的世界。

点 评

本文阐述一种豁达的死亡观。对荒木死后分解过程的描述，让人有惊心动魄之感，这就是死亡。依据大自然的运行规则，死亡是生命循环的必由之路。"死是一种停顿"，这种富于诗意的哲思，或许有慰藉之用。

人类创造的畸形宠物

L

人们常说，狗是人类最好的朋友。

狗也是最受人类欢迎的宠物，现在，照料一只狗的费用在逐年递增，那么，它们真的幸福吗？

人类无法接受近亲结婚，却一再追求狗的血统。我们很多人都知道纯种狗不好养，但你了解它为什么不好养吗？因为相当一部分纯种狗饱受遗传病的折磨。

比如拳师犬患有严重的心脏病、癌症，尤其是脑瘤的发病率极高，癫痫的发病率更是人类的20倍。

比起近亲交配，更可怕的莫过于为了人类的审美，而强行扭曲狗的模样。比如，查理士王小猎犬。

这是一类玩具犬，它们活泼优雅，拥有小巧的头颅。但为了这个小脑袋，它们付出了惨重的代价。

查理士王小猎犬的头盖骨实在太小了，以至于无法容纳它的大脑。因此，它们会患有神经性疾病，名为脊髓空洞症。当你试图触碰它的头时，查理士王小猎犬会迅速后缩，以避免对头盖骨形成压迫性刺激。三分之一的该犬种饱受脊髓空洞症的折磨，其阵发性的头疼犹如遭受鞭打或烧伤。

由于这种疾病源自遗传，唯一的治疗方法就是手术——帮助小狗移除一部分头盖骨，来减轻头部的压力。或者，对病情严重的狗施行安乐死。

此外，由于近亲交配，查理士王小猎犬还患有心脏病，很小的时候心脏就有杂音，上了年纪患病率则达百分之百。它们的活动量会急剧减少，大部分时间只能一动不动地趴着。

然而，很多人却将此视为常识，甚至有专业人士质问狗主人："脊髓空洞症本就是查理士王小猎犬这类玩具犬的多发疾病，这在养犬手册上都写了，你到底是怎么养狗的？"

"育犬协会标准"列明了一系列的纯种狗应该具备的特点，以外观特征为主，详细到每一类狗的大小、体态、颜色甚至性格。

罗德西亚脊背犬拥有突出的脊椎，这使得其背部线条看起来威风而流畅，而这类犬大多会出现轻度脊柱裂。但"纯种犬分类学"声称，罗德西亚脊背犬天生脊背突出，这是它的自然特征。

"如果没有突出的脊背，那还是罗德西亚脊背犬吗？"不叫脊背犬叫什么？没有"突出的脊背"，反而被叫作基因有缺陷的狗，这类狗会被实施安乐死或者绝育。

具有多年纯种狗育种经验的人表示："我们现在的问题是，一些年轻的兽医拒绝将它们安乐死，他们会说，这是一只健康漂亮的小狗，只是脊背不突起而已。"

所有犬类，从几斤重的吉娃娃，到几十公斤重的藏獒，都属于灰狼中的家犬亚种，全部没有生殖隔离。但由于体型上的差距过大，狗的"种"和"种"之间，在物理上的生殖隔离是显而易见的。

其实，人为选育的体型和外观，仅仅满足了人类自身的审美。

为了"漂亮而卷曲"的尾巴，哈巴狗的脊椎严重变形，而过于扁平的面部，也使它呼吸不畅；腊肠犬的腿比 100 年前短了很多，原因只是为了参加犬赛；拉布拉多的眼睛和关节都不太好；史宾格犬患有酶缺乏症；金毛得癌症的概率很高……

为了"巩固优点，摒弃缺点"，据国际著名犬展——克鲁夫兹犬展的说法，他们不断"改良"某种品类的狗的基因，使之更加符合犬种标准。

赛犬是用来比赛的，它的身形更能体现犬种的优点。赛犬不是工作犬，工作能力不如工作犬是很自然的"分工"。

2003 年的英国犬赛上，出现了触目惊心的一幕。当时，只见一只奇怪的动物颤颤巍巍地走向台前。它浑身是毛，面目扁平，气喘吁吁。由于腿太短，它走不了几步路。现场解说员戏称："对它来说，这真是很长的一段路。"

言外之意，这个在野外毫无生存能力，在室内生活范围严重受限，连从后台走向前台都办不到的奇怪家伙，很可爱，很有魅力。

毫无意外，这只狗成为这届犬赛的冠军。

领奖时，解说员继续说道："这是近几年来第一只能够被放进奖杯中的冠军狗。它的体形如此娇小，如此惹人怜爱。"

而这只狗由于散热困难（毛厚加鼻子短），不得不坐在冰块上领奖。

为了追求小脸，覆盖它喉咙后部的软组织已经被挤压到极度狭小的空间。为此，它做了软腭切除手术；为了缓解天生的慢性咽炎，它做了拉皮手术。

人类为了追求美，会动手术抽掉自己的肋骨，削尖自己的下巴。而为了追求另一种美，他们也可以将自己的喜好凌驾于另一个物种之上，培育出畸形的宠物——人造纯种狗。

狗是人类最好的朋友？

不，狗是人类最好的玩具。

点评

题目已经昭示了作者的态度。文章用一系列确凿的事实，说明人类为了满足自己的心理需求，把狗变成了畸形的玩具，狗的尊严和健康荡然无存。首尾呼应，结论铿锵有力，让人警醒。

北极熊

陈丹燕

北极是大熊星座正对着的荒野，每个晴朗的夜晚，雪野上到处是七星洒下的星光，北极星就在它的上空闪烁。在北极难得遇到一个风平浪静的夜晚，那晚我去户外晒了一次星星。

只要抬头，就能直直地看到大熊星座和小熊星座在头顶上。这先让我觉得有点像在做梦，然后我才想起来，这是在北极。又想起凡尔纳的小说情节——某人手中的指北针突然胡乱晃动，拼命指向地下，好像中了魔一样。探险家们都惊慌失措，继而意识到，他们来到北极的地磁点了——那是我七岁时读的人生第一本小说，故事情节和人物的名字都已经忘记，但模糊而强烈地记得这个有关指北针的细节。

这里的星星好像离地面很近，看上去很大，而且是彩色的。我以为自己眼花了，特意拍了张照片传到电脑上放大了看。它们真是彩色的，有的是黄色的，有的是红色的。聚集在一起，形成了一只大熊和一只小熊的身影。就像早在七天创世时，上帝已为北极熊将要灭绝准备好了纪念碑。像希腊神话一样，凡在地上活不下去的，就逃到天上，变成了星星，夜夜照耀自己的故乡。

这里是北极熊唯一的故乡。

飞机降落到斯瓦尔巴群岛一个民用小机场，还在等行李时，我就看见一头白色大熊。它在行李传送带的中央直立着，是一头成年的北极熊，有2米高，大约600公斤重，黑色的鼻子，仔细看，它脸上有种凶残与无辜交织的表情，并无卡通画中的那种天真。这个北极王者直立着，厚实的前掌松弛地挂在腕上，可那毛茸茸的前掌只要一拍，就能把海豹的脑壳打碎——不过，它是个标本。

等行李的时候，一道脑筋急转弯题浮上心头："北极熊是北极之王，什么都吃，可就是不吃企鹅，为什么？"

在朗伊尔城的道路边竖着北极熊可能出没的三角形警告牌。这个岛上小城被辽阔的海冰、雪山以及冰川包围着，那些地方都是北极熊的领地。它们在雪洞里抚养小熊，在海冰上猎杀海豹，在冰川上漫步。它们有着孤独的秉性，一辈子独往独来。

为防备北极熊的袭击，朗伊尔家家都有来复枪，理论上说，朗伊尔的居民一旦离开街道，就应该将来复枪上膛。即使进教堂，在门厅里换鞋的地方，也有一个淡灰色的铁盒子，专门存放教徒和牧师随身携带的来复枪。北极熊通常不伤害人类，它更喜欢吃海豹和海象，它也不喜欢人类群居的地方，因为太吵闹。从前它伤害人类，多是因为它想跟人玩耍，不知道人的身体经不起这种游戏；近来它袭击人类，多是因为它实在找不到食物，太饿，迫不得已。

从前朗伊尔的男人们会去猎杀北极熊，将完整的皮硝好，当家里的装饰。后来熊渐渐少了，朗伊尔城的来复枪越来越像北极传奇中才用得上的道具。几年前，城里突然出现了一头北极熊，它甚至拍死了一个 24 岁的女孩，所以人们在它再次进入 100 米法定危险范围时射杀了它。研究北极熊的教授们解剖了它，才发现，这个北极之王已有半年没吃到一点东西，瘦弱到不成样子，它已是北极的濒危物种。

北极熊之所以缺乏食物，说起来竟要追溯到北冰洋中渺小的磷虾。磷虾处在北极生物链的末端，因为北极的污染，生活在水中的磷虾一年年减少，于是，以磷虾为生的海豹和鸟类也相应减少，从而影响到北极熊的生存状况。除了人类，它本没有天敌。但冰川缩小，冰盖断裂，即使它一小时能游 60 公里，在冰上 4 秒钟就能攻击 100 米之内的猎物，也变得无济于事。它除了找不到猎物，还会因为持续游泳时间过长而被淹死。它不得不攻击人类，最终被人类射杀。那头北极熊如今留在朗伊尔的博物馆里，在聚光灯下它看上去很壮硕，而且自负，因为它此刻已是标本，人们通过标本填充，掩饰了它的穷途末路。

我有生以来的第一堂海洋生物学课，是由强·阿尔博士上的，很幸运。他是挪威著名的北极熊研究专家。21 世纪初，科学家们陆续将斯瓦尔巴群岛上的北极熊麻醉，然后为它们戴上卫星定位的项圈，再放回野外。这样，被卫星定位的北极熊，连斗殴都会马上被人掌握。他参加了挪威科学家为北极熊建立卫星定位系统的项目。

北极熊的生存环境出了问题，身体也出了问题。由于身体里残存多氯联苯，北极熊的身体开始发生变异，小熊的存活率也下降了。北极熊的生存状况，让我想起那些人类古老王朝的末路时代，内外一起崩坏。现在，它们又被发现还有心理上的疾患。有些熊似乎已经疯了，疯狂地攻击自己的同类。而有些母熊甚至会吃掉自己照顾的小熊。

"北极熊是北极之王，什么都吃，可就是不吃企鹅，为什么？"答案是：因为北极没有企鹅。企鹅防御能力差，在北极动物的生存竞争中惨败，被北极熊甚至北极狐大量吞食。19 世纪，又遭进入北极的人类大量猎杀。1844 年 6 月 2 日，最后两只北极企鹅被猎人射杀，从此北极便再没有企鹅。而强·阿尔博士在课上说，也许下一个灭绝的北极动物，就是北极熊。

如今，北极熊只能在朗伊尔城居民家的门厅里保留它的传奇，在博物馆里陈列它的传奇，或者，晚上在天上看到它们被星星勾勒出的模样。渐渐地，无法见到北极熊的遗憾情绪开始主宰人们的心情，大家都意识到，在北极看到一个人不容易，看到一头活的北极熊更不容易。这儿、那儿，我们看到的都是与它有关的，却不是它本身。

也许，将来研究北极熊，就不再是海洋生物学家的工作，而是星相学家的事了。但现在的希腊人，还会以当年那样古典的心境描述大熊星座的新故事吗？即使有新故事，在那故事里，会怎么表达永久性的有机污染物多氯联苯呢？

所幸的是，我还能在一个四下无声无息的寒冷夜晚，沐浴在明亮的大熊星座的星光里。雪地里的细小冰凌，在星光下蓝幽幽的，就像在朗伊尔丽笙酒店停车场里看到的一样。那是我第一次看到雪中有什么在淡淡地闪烁，还茫然无知。现在我能分辨出那是冰凌的碎片。它们混在雪中，就好像破碎的镜子。曾有人推测，也许北极熊这个物种可以演变成北极棕熊。这就像萨米人如今生活在现代社会一样，他们虽然在朗伊尔城还有一个说萨米语的电视频道，但曾经属于他们的世界已经消失了。萨米语这种历史悠久的语言已是世界濒临灭绝的语种之一。挪威也立法保护萨米语，就像立法保护北极熊一样。

这可真是令人感伤的明亮星光，它像寓言一样在北极的上空夜夜闪烁。

点 评

逻辑严谨的论说文，可以有效传达作者观点，但似乎仅仅作用于人的理性层面，而抒情散文的笔调则让观点更能打动人，令人产生强烈的情感共鸣，这是文章给人的突出启发。细致的观察，再配合敏锐的感受，以及建立在逻辑分析基础上的透彻而准确的判断，使得文章呈现一种博大深沉的气象。